教育部哲学社会科学系列发展报告
MOE Serial Reports on Developments in Humanities and Social Sciences

# 中国都市化进程报告 2017

Report on Metropolitanization Advance in China 2017

刘士林 主编

北京大学出版社
PEKING UNIVERSITY PRESS

## 图书在版编目(CIP)数据

中国都市化进程报告.2017/刘士林主编.—北京:北京大学出版社,2018.4
(教育部哲学社会科学系列发展报告)
ISBN 978-7-301-29321-8

Ⅰ.①中… Ⅱ.①刘… Ⅲ.①城市化进程—研究报告—中国—2017 Ⅳ.①F299.21

中国版本图书馆 CIP 数据核字(2018)第 036709 号

| | |
|---|---|
| 书　　　　名 | 中国都市化进程报告 2017<br>ZHONGGUO DUSHIHUA JINCHENG BAOGAO 2017 |
| 著作责任者 | 刘士林　主编 |
| 责 任 编 辑 | 魏冬峰 |
| 标 准 书 号 | ISBN 978-7-301-29321-8 |
| 出 版 发 行 | 北京大学出版社 |
| 地　　　　址 | 北京市海淀区成府路 205 号　100871 |
| 网　　　　址 | http://www.pup.cn　新浪微博　@北京大学出版社 |
| 电 子 信 箱 | weidf02@sina.com |
| 电　　　　话 | 邮购部 62752015　发行部 62750672　编辑部 62750673 |
| 印 刷 者 | 三河市博文印刷有限公司 |
| 经 销 者 | 新华书店<br>730 毫米×980 毫米　16 开本　15.25 印张　282 千字<br>2018 年 4 月第 1 版　2018 年 4 月第 1 次印刷 |
| 定　　　　价 | 52.00 元 |

未经许可,不得以任何方式复制或抄袭本书之部分或全部内容。
**版权所有,侵权必究**
举报电话: 010-62752024　电子信箱: fd@pup.pku.edu.cn
图书如有印装质量问题,请与出版部联系,电话: 010-62756370

# 《中国都市化进程年度报告》编委会

顾　　问　张　杰　李朴民
主　　任　范恒山
委　　员　（以姓氏笔画为序）
　　　　　于合军　马　娜　王　军　王　郁　王晓红　王晓静　孔　铎
　　　　　田成川　宁越敏　冯　奎　司劲松　朱宁嘉　朱逸宁　向德平
　　　　　刘士林　刘学华　刘新静　汤莉华　苏晓静　杨荫凯　杨　滔
　　　　　李江涛　李庚香　张书成　张东强　张克林　张鸿雁　张懿玮
　　　　　林　拓　林家彬　罗守贵　岳修虎　高小康　郭　杰　唐亚林
　　　　　谈　毅　盛　蓉　蒋　宏　蔡继明　潘玛莉　穆荣平
主　　编　刘士林
主编助理　盛　蓉　周　枣

# 主编简介

刘士林,博士,教授,博导,上海交通大学城市科学研究院院长、首席专家,主要从事城市科学、文化战略、智慧城市、城市文化研究。国家"十三五"发展规划专家委员会委员,文化部文化产业专家委员会委员,教育部《中国都市化进程年度报告》负责人,住房和城乡建设部《中国建设信息化》专家委员会委员,国家教育国际化试验区指导委员会委员,光明日报城乡调查研究中心副主任,中国国际广播电台智慧城市与特色小镇建设咨询委员会副主任,中国人民大学文化产业研究院特聘专家,《中国都市化进程年度报告》主编,《中国城市群发展年度报告》主编,《中国城市科学》集刊主编,中国人民大学《文化研究》编委会委员,同济大学《城市规划学刊》编委会委员等。

# 内 容 简 介

　　由上海交通大学城市科学研究院主持的《中国都市化进程年度报告》是国内外唯一以中国都市化进程为观察与研究对象的年度报告,以"记录关键要素、再现本土经验、分析内在矛盾、阐释深层结构、创新发展理念、推动城市转型"为主旨,全景展示和重点解读中国城市化的宏观进程和深层逻辑,深度梳理和理性阐释中国城市发展的主要矛盾与关键问题,倾力探索传统城市研究升级路径和切实推动城市科学新兴交叉学科建设,为提升我国城镇建设质量和开展全球城市社会治理,奉献具有鲜明中国话语特色和价值立场的理性思考与人文关怀。

# 目　录

**前沿观察** ………………………………………………………… 1
　协力开创中国品牌建设新时代 ……………………………… 3
　"十三五"中国城镇化仍将保持中高速增长 ………………… 6
　省级空间规划的问题与应对 ………………………………… 9

**主题报告** ………………………………………………………… 15
　2017国家中心城市发展报告 ………………………………… 17

**专题报告** ………………………………………………………… 37
　2017中国大都市治理与公共政策报告 ……………………… 39
　2017中国城市群竞争力评价 ………………………………… 55
　2017世界设计之都创新发展报告 …………………………… 73
　2017城市科学发展趋势与全球科研实力排名报告 ………… 92
　2017世界都市文化发展报告 ………………………………… 108

**决策咨询** ………………………………………………………… 117
　雄安新区战略解读与主题规划 ……………………………… 119
　我国"土地财政"的成因、效应及前景 …………………… 126
　全球科技资源配置中心的内涵解读与经验借鉴 …………… 136
　城市转型发展与宁波"东方文明之都"的建设 …………… 140

**调研报告** ················································ 155
 从公共产品供给模式入手的社会治理创新
  ——深圳市龙岗区"社区民生大盆菜"的经验和启示 ·········· 157
 农业转移人口市民化成本测算及分担机制研究
  ——以山东省淄博市为例 ································ 161
 中国小城镇开发建设的现状与趋势 ························ 175

**城市镜像** ················································ 185
 武汉和郑州算不算国家中心城市 ·························· 187
 找准国家中心城市战略定位　全面提升城市的综合竞争力 ···· 190
 郑州建设国家中心城市的理论探索与实践进程 ·············· 193

**热点扫描** ················································ 203
 建设文化城市群,打造中国"文化高地" ···················· 205
 成都与西安:中国西部城市群建设中的"双城记" ············ 210
 智慧城市促进产城融合发展 ······························ 217

**城市文献** ················································ 219
 大运河城市群及其对中国古代文明的影响 ·················· 221
 以文化型城市群引领丝绸之路经济带 ······················ 224
 向全球化的世界讲述中国海上丝绸之路城市故事 ············ 230

**后记** ···················································· 236

**上海交通大学城市科学研究院简介** ························ 238

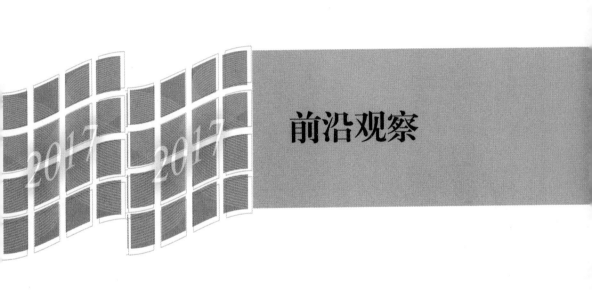

# 前沿观察

# 协力开创中国品牌建设新时代

品牌是供给侧和需求侧的结合点,是生产者和消费者共同的追求,是企业乃至国民经济综合竞争力的重要体现。十八大以来,党中央、国务院高度重视品牌发展工作。习近平总书记提出推动中国产品向中国品牌转变,国务院办公厅印发了《关于发挥品牌引领作用推动供需结构升级的意见》,对推动品牌发展提出了具体要求,并决定将5月10日设立为中国品牌日。这些重要决策对凝聚社会共识、发展品牌经济、建设品牌强国将产生深远影响。

当前,我国经济总量已位居世界第二,人均国民总收入已从低收入阶段跨入中等收入阶段,并向高收入阶段迈进,经济增长速度从高速转为中高速,经济结构发生全面深刻变化、不断优化升级,经济增长动力从要素驱动、投资驱动向创新驱动转换。面对经济发展新常态,党中央做出了在适度扩大总需求的同时,着力加强供给侧结构性改革的战略部署。贯彻落实供给侧结构性改革要求,就是要针对需求结构的升级变化,从供给侧发力,改变继续单纯依靠增加要素投入扩大生产规模的做法,切实采取措施转变发展方式,以改革创新促进产品和服务质量提升,进而提高经济发展的质量和效益,增强供给侧对需求侧的适应性,以优质供给激发并满足人们日益增长的物质文化需要。

加强品牌建设发展品牌经济,是我国经济转型升级的方向,是推动供给侧结构性改革的重要举措,是培育经济发展新动能的重要途径,对经济、社会、文化发展具有重大战略意义。一是有利于推动经济大国向经济强国转变。我国经济发展正处在转型期,贯彻落实新发展理念、深化供给侧结构性改革、加快经济发展方式转变是党中央做出的战略抉择。加强品牌建设发展品牌经济,就是要以品牌为切入点,充分发挥市场决定性作用、企业主体作用、政府推动作用和社会参与作用,全面改善质量、创新、诚信、文化、人才、营销和环境等品牌影响要素,提升产业发展素质,改善供给结构,提高供给体系的质量和效率,推动经济发展方式由外延扩张型向内涵集约型转变、规模速度型向质量效率型转变,打造一批国际知名自主品牌,实现经济强国梦想。二是有利于满足人们更高层次物质文化需求。随着我国经济快速发展,居民收入水平逐步提高,消费者越来越注重品质,将品牌作为消费选择的重要参考。加强品牌建设发展品牌经济,就是要提供更多的消费者信得过的自主品牌产品,提振自主品牌消费信心,引领新供给,创造新需求,不断满足人们日益增长的物质文化需要。三是有利于弘扬中华文化,提升中国形象。品牌承载着文化元素,品牌发展是灵动、具体、持久、深入展现一国文化的过程。加强品牌建设发展品牌经济,就是要以自主品牌为载体,更好地传播中华文化,展示中华文化独特魅力,极大增强民族自信心和自豪感。众多中国自主品牌的培育、发展和壮大,有利于传递中国声音、讲好中国故事、丰富中国形象。

目前,我国加快品牌发展的条件已经具备,发展品牌经济正当其时。一是品牌发展基础条件较好。目前我国农业、制造业领域一大批产品产量位居世界第一,服务业门类齐全、规模已超过经济总量的一半。随着经济快速发展,一些优势行业的品牌发展成效显现,特色区域品牌日益增多,特别是部分企业品牌快速成长,开始在世界舞台上崭露头角。同时,支撑品牌发展的法律法规、政策、标准、监管等体系架构初步形成,专利年申请量、商标年申请量和注册商标总量均居世界第一。这些都为加快品牌发展奠定了良好基础。二是消费需求呼唤品牌产品。我国经济发展进入中高速阶段,特别是全面小康社会建设不断深入,中等收入群体持续扩大,消费结构不断升级,个性化、多样化、体验式消费特征快速呈现,消费者对产品和服务提出更高要求,讲究品牌消费,追求情感满足,这在客观上要求加快品牌发展。三是品牌发展社会共识已经形成。近年来,越来越多的人大代表和政协委员强烈建议加快推动品牌发展工作。有关部门结合自身职能出台了一系列促进品牌发展的措施,并形成了加快品牌发展必须合力推进的共识。一些地方政府业已认识到品牌引领供需结构升级的重要作用,积极采取行动,设置专门协调机构,统筹多部门联合推动品牌发展。龙头企业品牌发展意识不断增强,通过创品牌来提高综合竞争力、培育竞争新优势已成为企业发展的战略指引和自觉行动,特别是"一带一路"战略实施为我国自主品牌走出去创造了良好条件。新闻媒体、中介机构等积极推动品牌发展,社会氛围已经形成。

但也要清醒地看到,与发达国家相比,我国品牌发展严重滞后于经济发展,国际知名品牌少、品牌影响力弱、品牌话语权小、品牌价值低、品牌总体形象欠佳。提高我国品牌形象,打造知名自主品牌,建设品牌强国,必须牢固树立新发展理念,深化供给侧结构性改革,紧紧围绕加快推动自主品牌发展这一主线,调动企业、政府、社会等各方面积极性,走中国特色的品牌发展道路,全面改善品牌发展影响要素,补齐自主品牌发展短板。一要提升产品和服务质量。质量是品牌发展的基石,是消费者对产品和服务建立信任的前提。要牢牢树立质量意识,大力实施质量发展纲要,夯实质量发展基础,追求卓越质量,不断推进质量强国建设。二要增强品牌发展创新能力。创新是品牌发展的动力,是品牌生命力的源泉。要坚持以科技创新为核心带动全面创新,大力实施创新驱动发展战略,积极推动国家技术创新工程,持续提升自主创新能力。三要加强企业诚信体系建设。诚信是品牌发展的底线,是企业发展壮大的基本要求。要加快以社会统一信用代码为基础的信用体系建设,加强信用信息归集,推动政府、企业、中介机构和消费者信息共享。四要激发品牌发展文化活力。文化是品牌发展的精髓,赋予品牌鲜活的个性。要弘扬社会主义核心价值观,挖掘中华优秀传统文化资源,凝练企业发展历史和企业领袖创业精神,形成主题突出、个性鲜明、奋发向上的品牌发展理念和品牌文化。五要打造多层次人才队伍。人才是品牌发展的支撑,是最具创造性的要素。要积极贯彻国家人才发展纲要,统筹推进各类人才队伍建设。发挥企业家作为品牌发展领军人物作用,培养品牌发展专业人才,造就一批技艺精湛、技能高超的工匠。六要提高品牌营销整体水平。营销是品牌发展的手段,是品牌连接消费者的渠道。要深刻认识品牌营销内涵,准确把握品牌定位,丰富品牌营销手段,改变依靠广告进行营销的传统做法,讲好品牌故事。七要营造品牌发展良好环境。环境是品牌发展的保障,是品牌成长的土壤。必须坚持法制环境、政策环境和市场环境建设并重,完善知识产权制度,制定精准产业政策,维护市场公平秩序,保障消费者合法权益,营造品牌发展的良好环境。

当前,我国品牌建设正处在爬坡过坎的关键期,既有机遇,更有挑战。我们要抓住有利时机,锐意改革创新,攻坚克难,奋发有为,不断营造良好的政策环境,建立有利于品牌发展的体制机制,努力打造国内外知名的自主品牌,为加快推动经济转型升级、全面建成小康社会、实现中华民族伟大复兴中国梦奠定更加坚实的基础。

# "十三五"中国城镇化仍将保持中高速增长

目前,我国日趋严重的"城市病"与对城镇化发展形势的错误估计和判断有很大关系。要从根本上改变和扭转不利局面,必须坚持中央城市工作会议提出的"尊重城市发展的规律"和"走出一条中国特色城市发展道路",研究和建构符合中国城市发展规律和实际需要的中国城镇化率增长计算预测系统。

## 一、中国城镇化发展预测存在的两大问题

**1. "测不准"成为城市问题频发的根源之一。**

当前,中外对中国城镇化进程的预测"严重估计不足"。2002年,国内学者曾预测,中国人口城镇化率将在2020年达50%,但实际上2011年末占比就达到51.27%。2007年,世界人口基金会预测到2030年中国城镇化率上升到64%,但《国家新型城镇化规划》的相关预测是到2020年我国城镇化率将超过60%。

中外关于我国城镇化率的预测研究,比我国城市发展的实际进程差不多都晚了10年。由此导致的严重后果是:我国总是被迫要拿现有的城市设施和容量,去应付和承载10年后的人口规模和生产生活需要,这既是城市规划建设一再陷于"还没有建成就已落后"的恶性循环,也是我国近年来城市问题频发和城市病日趋严重的根源之一。

**2. 趋势预测"两极分化"影响国家城市发展政策和战略规划。**

目前,对中国"十三五"期间城镇化发展趋势的预测,存在两种截然不同的声音。一种是"减速降温"。有专家对"十三五"时期年城镇化增长率保持在1%以上提出质疑,也有专家提出未来五年的城镇化年增长率为0.8%。另一种则是"持续加快"。例如,上海交通大学城市科学研究院预测未来五年的城镇化年增长率为1.2%左右。

不同的预测将直接影响到国家城市发展政策和战略规划、政府和企业的城市建设、公共服务投入预算和投资规划以及普通市民的人生发展规划等,已成为当下亟待解决的战略性判断问题。

## 二、研究建立中国城镇化率增长预测系统

造成对中国城镇化率预测结果不同的最主要原因,是使用了不同的预测模型

和系统。目前,基于西方国家城镇化实践的 Logistic 增长模型和其他预测计算方法等,得出了中国城镇化"减速"的结论。

然而,中国城镇化率与经济规模的历史数据表明:城镇化率与经济增长正相关,但不具备协整关系,即不具有长期稳定关系。我国近 10 年 GDP 增速整体呈下降趋势,尤其是近 4 年 GDP 增速均未超过 8%,2016 年国家设定的 GDP 预期增速在 6.5%—7%之间。而同期城镇化率增速整体上也呈下降趋势,但降幅较小且波动较大,显现出与 GDP 不同的变化。这意味着,基于西方国家城镇化实践的 Logistic 等城镇化演变模式,并不适用于研究和预测中国城镇化。

为此,我国需开展中国城镇化率增长分析预测研究,建立基于中国城市发展规律和实际的城镇化率增长预测系统,以实证和"社会计算"的方式解决"加快还是减速"的论争。这可以为我国的城市规划、建设和治理提供决策依据。

## 三、2020 年我国城镇化率将达到 63%

近日,上海交通大学城市科学研究院课题组以城市人口为研究对象和范围,在批判和借鉴简单线性回归模型、Logistic 增长模型、BP 神经网络模型等西方理论方法的基础上,通过深入研究政治体制、市场经济、社会制度、文化价值对我国城镇化进程的具体影响,研究完成了国内外首个数据测算与理论推演相结合、具有自主知识产权的中国城镇化率分析预测系统。

上述预测系统得出的基本结论,与其他基于西方相关预测计算方法得出的"减速"结论截然不同。该系统预测,"十三五"期间我国城镇化将稳步推进,2020 年我国城镇化率将达到 63.4%,2018 年我国城镇常住人口将超过 8 亿,未来五年城镇化持续发展的态势不会改变。

具体而言,"十三五"时期各年度城镇化率和城镇常住人口情况为:2016—2020 年,中国的城镇化率将分别达到约 57.5%、59.2%、60.7%、62%、63.4%;城镇常住人口将分别达到约 7.8 亿人、8.0 亿人、8.1 亿人、8.2 亿人、8.4 亿人。

由此可知,未来五年内我国城镇化仍将保持相对稳定的中高速增长,城镇化率的变化情况与过去五年基本一致,在总体上略慢于"十五"和"十一五"期间的快速发展,但不会出现"急刹车"的问题,也远未到城镇化的"拐点时刻"。预计在 2018 年的"十三五"中期,我国城镇常住人口将达到 8.1 亿人。

此外,基于上述预测系统的研究发现,北京、上海和广州"十三五"时期的城镇化率,将呈略有增长但基本保持稳定的态势。这与伦敦、巴黎、纽约等较早城镇化的城市相似,说明三大城市的城镇化进程已基本完成并逐渐稳定。

不过,这三大城市在城镇化数据的统计口径上各不相同,统计标准亟待统一和规范化。北京采用的是与国家统计局相同的统计口径,即以城镇常住人口占常住总人口的比例为城镇化率,上海以户籍人口作为考察城镇化的对象,即以户籍非农业人口占户籍总人口的比例为城镇化率,广州与上海的统计口径基本一致,但在具体的数据判定标准上也略有不同。而由此得出的最终数据,会对预测结果产生相关影响。

# 附录 交大城市科学研究院城镇化率预测与国家统计基本吻合

2017年1月20日,国家统计局网站发布2016年全年国民经济运行状况报告,显示年末中国大陆总人口(包括31个省、自治区、直辖市和中国人民解放军现役军人,不包括香港、澳门特别行政区和台湾省以及海外华侨人数)为138271万人,2016年城镇化率为57.35%。2016年12月29日,由上海交通大学城市科学研究院、北京交通大学中国城市研究中心主办的"新年论坛——中国城镇化率增长预测报告发布会"在北京举办,依据上海交通大学城市科学研究院具有自主知识产权的中国城镇化率分析预测系统,预测得出2016年我国的城镇化率约为57.5%。该预测结果与实际统计结果误差为0.15%,与国内外相关预测一般比实际情况误差10年左右相比,是最接近我国城镇化率增长真实情况的预测。

# 省级空间规划的问题与应对

2017年1月,中共中央办公厅、国务院办公厅印发了《省级空间规划试点方案》,提出为贯彻落实党的十八届五中全会关于以主体功能区规划为基础统筹各类空间性规划、推进"多规合一"的战略部署,深化规划体制改革创新,建立健全统一衔接的空间规划体系,提升国家国土空间治理能力和效率,在市县"多规合一"试点工作基础上,制定省级空间规划试点方案。试点范围在海南、宁夏试点基础上,综合考虑地方现有工作基础和相关条件,将吉林、浙江、福建、江西、河南、广西、贵州等纳入试点范围,共9个省份。

"多规"不合的矛盾由来已久,表面看上去是各类规划之间图斑的不协调,存在大量的冲突差异,实质则因为各类规划遵循的上位法律、管理体制相互掣肘,导致各类规划在规划期限、坐标系统、基础数据、管控分区、技术标准等方面的互不衔接和统一。因此,科学编制统一的省级空间规划成为实现"多规合一"的重要推手。

## 一、与城市化水平相伴的空间规划

城市化是人类文明的产物。当城市发展到一定程度,其影响力超过城市范围时,就需要站在区域高度研究城市问题。而当涉及多个区域而不是单一区域问题时,就需要针对不同区域之间的关系站在全域高度研究空间问题。空间规划是继城市规划、区域规划之后一种规划类型,是社会经济发展到一定阶段的产物,主要是指各项活动的空间组织。

从1933年的《雅典宪章》、1977年的《马丘比丘宪章》到2016年联合国人居署发布的《城市与空间规划国际导则》,表明不同城市化(和工业化)阶段的规划响应。根据国际经验,城镇化水平30%—50%属于快速城市化期,50%—70%区间是加速后期,50%—70%是平稳期。对比各国空间规划发展轨迹,通常城市化水平30%的时候,会出现城市问题,城市规划会相应产生。而当城市化水平达到50%时,会出现城乡或区域的空间问题,经济发展与环境保护的矛盾问题等可持续发展问题,空间规划是促进可持续发展的重要手段,而被各国政府所采用。而当城市化水平达到70%时,空间规划作用减弱,城市设计成为重点。

## 二、市县"多规合一"的升级版

空间规划是指为社会、经济、环境等方面的活动提供空间表达,厘清空间管治事权,协调空间运作机制,指导空间资源分配。例如,城市总体规划和控制性详细规划就属于典型的以空间为主体的规划。2015年9月中共中央国务院颁发的《生态文明体制改革总体方案》中,明确提出"构建以空间治理和空间结构优化为主要内容,全国统一、相互衔接、分级管理的空间规划体系,着力解决空间性规划重叠冲突、部门职责交叉重复、地方规划朝令夕改等问题",并要求"整合目前各部门分头编制的各类空间性规划,编制统一的空间规划,实现规划全覆盖。空间规划分为国家、省、市县(设区的市空间规划范围为市辖区)三级"。

我国提出的空间规划与"多规合一"密不可分。多规合一是指将国民经济和社会发展规划、城乡规划、土地利用规划、生态环境保护规划等多个规划融合到一个空间区域上,实现一个市县一本规划、一张蓝图,解决现有各类规划自成体系、内容冲突、缺乏衔接等问题。而省级空间规划则是市县"多规合一"的升级版。其本质在于不同类型的规划在空间和时间维度上进行协同,解决由于那些规划所管理的空间不一、技术标准不一、规划年限不一等带来的深层次问题。

空间规划的概念在欧洲出现得较为频繁,目标是为了整合欧洲不同国家、不同部门、不同机构的不同规划。在1983年的《欧洲区域/空间规划宪章》中,空间规划被定义为"经济、社会、文化、以及生态政策的地理表达;它是一门学科、行政管理工具以及政策;它也是跨学科的综合方法,整体战略制定,面向区域平衡发展,促进物质性空间结构形成"。

1997年《欧盟空间规划集》给出了一个更具普遍性的定义,即"影响未来各种活动的空间分布的常用方法",其目标是"布局更为合理的用地模式及其用地之间的关联,平衡发展与环境保护需求,实行社会和经济目标",还包括"洲域和国家规划、区域政策以及详细的用地规划等"。

## 三、"空间"是规划之间的协调突破口

很多规划并不直接涉及空间,然而它们之间的协调突破口在于空间。首先,人们的社会经济环境活动都有空间性,需要在空间中落地,如果那些活动不能落地,诸如投资、民生改善、污染治理等都是空中楼阁。

其次,任何规划政策都暗含了空间实施单元,往往也依赖于空间性的行政区划单元,然而那些行政区划单元与空间性的功能单元也许并不完全一致。例如,住宅和劳动力市场单元与行政区单元不吻合,流域单元与行政区单元不吻合,这使得相关的住宅、就业、流域治理规划并不能在行政区划单元内得以完整实施。

因此,省级空间规划强调"三区三线",即城镇、农业、生态空间以及生态保护红线、永久基本农田、城镇开发边界,这些都是空间管控政策和措施的实施范围和边界。

最后,空间一词本身是抽象的概念,可平衡空间的丰富含义的具体应用。"空间"既可指城乡规划中较为强调的"物质性空间",又可指国民经济和社会发展规划中偏重的"政策性空间"。空间还超越了领域的概念,还可指空间主题,例如社会的空间结构、人口与货物的流动以及栖息地的关联等。这样有利于在空间的框架下,平衡某个规划发展的主题。

因此,空间规划不是用于取代其他规划,也不是强调某种规划比其他规划更合理,而是找到各类规划的共同点,即规划实施的载体空间。在此,空间包括两层含义:一是空间本身的构成或格局,例如发展轴带、公共空间体系乃至道路结构等;二是社会经济环境活动的空间分布,城镇体系、能源结构、用地布局等。前者属于物质空间形态的建构,后者属于空间资源的分配。

## 四、"一张蓝图绘到底"要如何做?

省级空间规划秉承了"一张蓝图绘到底"的战略思路,提出了四个"一"的目标,即一套规划成果、一套技术规程、一个信息平台、一套改革建议。在此基础上,明确了形成美丽国土空间的规划思路,统一规划期限、基础数据、用地分类、目标指标、管控分区,开展基础评价,绘制规划底图,编制空间规划,搭建信息平台等。

其核心是综合平衡、战略协同、良好管治、高效实施。综合平衡就是以"空间"作为理性工具,基于可持续发展,试图把更为复杂、各不相同的政策决策和体制机制综合起来,包括土地利用、经济发展、环境保护、治安、医疗、教育等,实现平衡发展,这成为空间规划的核心目标。

战略协同是强调在空间战略方面达成共识,从而较为容易地协同不同类型或不同部门的规划。甚至在社区参与性规划中,规划决策需要平衡所有规划参与者的战略性想法,这需要基于对空间场地的概念认知,才可能实现规划参与者之间的协作。

良好管治是指空间规划鼓励不同机构和利益相关者形成合作关系,从以项目为导向的规划转向了以空间整合和部门协调为导向的规划,基于政府、公共机构、私人机构、社区等形成合作伙伴,在多种空间层级上促进社会、环境、经济等方面的管治。

高效实施是解决以往各种类型规划相互牵制而导致效率低下的问题。"占据空间"的明晰化将使得规划编制与公共参与有了焦点,采用自上而下和自下而上相结合的方式,并强调竞争性与实施性。从而,空间战略转化为行动计划,有政策和预案,包括不同部门和所有者的资源协调与衔接,使得规划能落地、有资助、获推力,实现场所营造。

上述四点的实现,还在于多尺度或多精度的协调,平衡不同规模的空间占据与空间流动。战略性的空间规划最终还是为了实现具体而鲜活的社会经济环境活动。"三区三线"还需要最终落实到实施层面上,且它们将会随下一步的微观建设而调整。那么,建立更为精细的空间统计单元和"流空间体系",如社区人口流动等,这将有利于更为深入而全面地摸清社会经济环境现状,有利于更为准确地搭建信息服务与管理平台,有利于更为创新地开展基础评价与规划编制。

## 五、为何选择这九个省份作为试点?

九个试点省份中,海南、宁夏是中央全面深化改革领导小组批准的试点。除了直辖市、港澳台之外,海南与宁夏排在各省之后。这两个省的空间规划是被当成"大城市"的规划来编制,有利于尽快地开始省域"多规合一"改革试点。此外,海南代表了沿海省份,而宁夏代表了内陆省份。

海南是我国第一个省级空间规划编制试点。《海南省总体规划》有以下特点:编制方法上,通过部省合作、省委省政府直接领导、住房城乡建设厅牵头、各部门和市县深度参与,形成了良好的合作机制;规划内容上,落实了中央"多规合一"改革精神,以空间布局为主体,按照"发展战略、空间布局、实施策略"的思路,通过"定性、定量、定形、定界、定策"综合集成,统一"发展目标、技术指标、空间坐标、图例标准、实施平台",形成引领海南科学发展的一张蓝图;工作效果上,坚持守住生态底线、优化功能结构、实现各类规划有机衔接、致力于行政审批提速,取得了初步成效。

福建、江西和贵州是我国设立的首批国家生态文明试验区,而我国空间规划或多规合一在很大程度上借助了生态文明的东风。吉林、浙江、河南、广西四省区的现有工作基础和相关条件较好,在吉林省开展试点还有利于进一步支持东北地区振兴发展。

因此,九省份的国土面积、资源本底、地形地貌、发展水平、陆海统筹等情况各不相同,具有一定代表性,有利于丰富试点探索经验、校验试点成效并向全国复制推广。

## 六、空间规划的国际经验

大部分发达国家都编制过空间规划,但是由于政治和经济体制、发展水平的不同,其名称也不同。比如德国叫"空间规划",日本称为"全国综合开发规划",法国称为"综合服务规划",韩国称为"国土建设综合规划"。各种空间规划内容不同,发挥作用各异,但都是针对具有综合性、层次性和地域性的空间问题的政策工具。

近代城市规划主要源于工业化最早的英国,区域规划源于德国。西欧、北欧以及亚洲日韩等国家的空间规划主要是"二战"以后开始的。北美的国家层面不编制空间规划,但是大部分具有独立权力的州以及地方政府非常重视空间规划的编制。

### 1. 类型多样和规划体系重塑为重点的欧洲空间规划

欧洲各国中,北欧是典型的福利国家,西欧经济最发达,其次是中欧,然后是南欧,东欧的多数国家处于转型中。与此相适应,空间规划类型各异。1997年发表的"欧盟空间规划体系和政策纲要"指出,欧盟各成员国空间规划根植于各自行政、法律及规划传统,规划体系类型分综合型(法国、德国、奥地利等)、土地利用法规型(英国、爱尔兰等)、区域经济型(葡萄牙等)和城市化型(地中海国家)。

欧盟空间规划委员会通过建立空间监测网站、整合各国空间规划术语和体系研究等,促进欧盟空间规划体系的构建。1999年欧盟委员会通过《欧洲空间展望》,对推动欧盟空间规划体系重塑发挥重要作用。2007年发布《国土议程》,2011年发布《国土议程2020》,欧盟尺度的空间规划不断发展。

### 2. 宏观指导和地方控制相结合的亚洲空间规划

亚洲空间规划以经济发达的日本、中国香港、中国台湾、新加坡、韩国等"四小龙"为代表。日本的空间规划更多传承德国经验,各层各类规划并重。从1962年开始先后完成了六个"全综"。"一全综"和"二全综"期间正值经济快速发展时期,规划目标以国土均衡为主,采取重点项目开发方式。"三全综"期间,日本快速发展带来的环境问题以及资源有限性问题凸显,建立了"定居构想"目标。进入20世纪80年代,日本经济走向成熟阶段,国民的追求从物质为主走向精神为主。"四全综"提出了"多极分散"国土结构目标和"休闲娱乐区"的开发构想。进入90年代,日本经济陷入了战后最严重的萧条期。"五全综"提出"参与和协作模式"来实现"多轴型"的国土目标。

进入21世纪,东亚经济快速发展,日本谋求同世界各国的合作,并顾及地方多样化和国民价值多样化的特点。提出通过"广域协作"实现"多级分散模式"国土。"四小龙"中的韩国从1963年颁布《国土综合建设计划法》开始先后编制5次,目前执行的是第四次国土综合规划(2000—2020)的修订版国土综合规划(2011—2020)。

### 3. 地方规划为主导的北美空间规划

北美洲空间规划以经济发达的美国和加拿大为代表,具有多样性,强调地方层面规划。首先是规划体系自由,各州的情况有所不同。其次,高层不编制空间规划。《美国2050空间展望》是研究成果,不是政府文件。州级层面即便有规划,也属公共政策方案,没有空间内容,甚至没有空间示意图。加拿大安大略省规划称为省政策陈述,不称为规划。第三,区域规划依据需要而设定,如美国《加州旧金山湾区规划》主要以交通安排和减少二氧化碳排放为主,而加拿大《安大略省大金马地区区域规划》则以大城市扩展,保护农地和绿地为主,划分城市扩展边界,区域规划具有多样性。第四,市县综合规划(加拿大称为官方规划)通常具有综合性和空间安排,但只是示意性,规划的实施主要靠法定的《土地用途管制分区》落实以及公共投资。

**4. 不平衡的非洲、南美洲和大洋洲的空间规划**

非洲经济最发达的国家是南非,南非2003年发布国家空间开发规划,2012年发布国家开发规划(2030远景)。利比亚在欧盟资助下,编制了《国家空间开发框架(2013—2025)》。南美洲最大经济体是巴西,从《国家发展规划(1975—1979)》开始,增加关于区域与城市政策的空间内容,逐步发展轴作为规划单元,强化空间战略。大洋洲的14个国家中,经济发达的澳大利亚是联邦体制,以区域规划、城市规划和土地用途管制分区为主,类似北美。

# 主题报告

# 2017 国家中心城市发展报告

**内容摘要** 国家中心城市综合评估排名依次是:北京、上海、广州、重庆、天津、武汉、成都和郑州。一级指数"综合实力"排名依次为:北京、广州、上海、武汉、天津、重庆、成都和郑州。国家中心城市的核心职能是承担国家战略使命和战略意图。在设立国家中心城市的标准方面,应高度警惕目前流行的"万亿元 GDP"标准。这个标准既是过去长期流行的"以 GDP 论英雄"的惯性思维在作祟,也表明这个已被历史淘汰的"旧发展观"正在国家中心城市的战略布局中"卷土重来"。从我国区域发展战略的角度,下一个发力点应放在西北和东北。

## 一、国家中心城市的基本内涵与理论研究

### 1. 国家政策与战略语境下的国家中心城市

#### 1.1 "全国城镇体系"的"塔尖"调整重构

在我国城市化进程持续加快的背景下,城市化率从 1978 年的 17.8% 增长至 2000 年的 35%,再到 2010 年的 52%,2016 年城市化率高达 57.35%。在这个过程中,如果细分城市层级和类型,我们会发现作为全国城镇体系的"塔尖"部分也经历着不断的调整和重构。

在新中国成立以来的城市建制体系中,直辖市和省会(首府)城市是最为常见的两种"塔尖"城市。直辖市是国家重要的省级行政区,由中央政府直接管辖,也是城市层级中行政意义最重大的类型。直辖市通常具有人口多、空间大、综合实力雄厚并在某一方面具有重要国家职能等特点。目前,我国共设有 4 个直辖市,分别是北京市、上海市、天津市和重庆市。省会(首府)城市是省的政治、经济、文化及交通中心,是全省的资源配置和行政管理枢纽。如广州市是广东省的省会城市,郑州市是河南省的省会城市,武汉是湖北省的省会城市等。从行政层级体系来讲,直辖市和省会城市长久以来一直占据着全国城镇体系的塔尖位置。

在以上行政层级体系之外,在计划经济向市场经济的转变过程中,出现了计划单列市和副省级城市。计划单列市即"国家社会与经济发展计划单列市",一些省辖市在行政层级不变的前提下成为计划单列市,在国家计划中单列户头,被赋予省一级的经济管理权限。20 世纪 50 年代,第一批计划单列市有沈阳、武汉、广州、重庆和西安。此后经过不断的调整,到 1993 年共设立计划单列市 14 个,分别

是重庆、沈阳、大连、长春、哈尔滨、南京、宁波、厦门、青岛、武汉、成都、广州、深圳、西安。1994年2月25日,中央机构编制委员会发布并施行中编[1994]1号文件,省会城市取消计划单列,同时设立了"副省级城市",原14个计划单列市和杭州市、济南市等16市被正式确定为副省级城市,而计划单列市则减少为6个。1997年,重庆升级为直辖市,不再是计划单列市,也不再是副省级城市,因此目前计划单列市减少至5个:青岛、大连、宁波、厦门、深圳。副省级城市减少至15个,分别是广州、深圳、南京、武汉、沈阳、西安、成都、济南、杭州、哈尔滨、长春、大连、青岛、厦门、宁波。进入副省级城市行列后,省辖市在经济管理和规划权限上有很大提升,可获得更多的经济资源和政策倾斜。

进入新世纪,在新的国家发展战略需要下,全国城镇体系的"塔尖"再次进入调整和重构期。2005年"国家中心城市"理念的提出,使北京、上海等在经济发展、科技文化创新、交通通讯及生态治理等方面承担起更加重大的职责和使命。"国家中心城市"诞生于城市行政体系之中,以城市经济发展及综合实力为基础,着眼于国家战略的大局需要,因此成为新型城镇化和国家现代化建设的核心平台和支撑体系,备受关注和重视。

### 1.2 我国目前八个国家中心城市的由来

目前,国家中心城市已有北京、上海、广州、天津、重庆、成都、武汉、郑州8个,这是"全国城镇体系"一次新的提拔和排队。如同在原始森林中争得了最高处的天空和阳光,它们一个个踌躇满志,雄心勃勃,厉兵秣马,蓄势待发。不仅在观念上改变了我国城市的范畴体系和分类框架,也在祖国的城市天空上绘出了一道更高更远更壮阔的新天际线,并在深层次上重构着我国新型城镇化的基本思路和发展道路。

据媒体报道,"国家中心城市"的提法最早出现于2005年,当时建设部(现住房和城乡建设部)委托中国城市规划设计研究院编制《全国城镇体系规划(2006—2010)》,提出了4个国家中心城市,分别是北京、上海、广州、天津,但上报国务院后并未获得批复。① "国家中心城市"及这份"城镇体系规划"真正引起社会的广泛关注是在2010年2月,住房和城乡建设部公布了《全国城镇体系规划(2010—2020)》,除了已有的4个,还将重庆列入其中,国家中心城市增加至5个。在这个文件中,只有一个性质和功能的描述,并未给出国家城市明确的评价体系和认定标准。但从"全国城镇体系规划"入选的5个看,给人的感觉就是北上广+直辖市,所以其他城市基本上断了此念头。

---

① 《国家中心城市抢位战激烈:8城争夺仅剩的4个名额》,凤凰网转载,原载于《中国新闻周刊》,http://news.ifeng.com/a/20170320/50802490_0.shtml,2017年4月10日。

最新的变化是在2016年,国家发展改革委先是在《成渝城市群发展规划》中把成都(2016年5月),接着又在两份复函中把武汉(2016年12月)和郑州(2017年1月)纳入国家中心城市建设行列,也包括一段时间以来坊间流传的10个乃至更多的名额,围绕这三个新进城市,关于什么是国家中心城市及谁能够成为下一个,迅速成为各界关心和议论纷纷的热门话题。本来一直相对稳定和平静的城镇规划体系,一下子变得街谈巷议、人声鼎沸,特别是一些一直盯着、追求着的实力派城市,对此更是耿耿于怀、朝思暮想。因为这不是一个概念游戏,也不只是对改革开放以来很多城市辛勤跋涉、努力奋斗的认可和奖掖,更是一个城市从诞生以来遇到的一个重大历史转机,是关于一个城市未来的规模、层级、地位、形象和前景的制度安排。很多城市争先恐后、全力以赴,也自在情理之中。

## 1.3 媒体的关注与学界的争论

"国家中心城市"从一开始就受到媒体和专家的关注和热议。在媒体界,以《青岛或已入选国家中心城市名单》为酵母迅速发酵。据该报道透露,新编全国城镇体系将国家中心城市设置为四个层级,分别是全球城市、国家中心城市、国家边境中心城市、国家区域中心城市,其中"北京、上海为全球城市,天津、重庆、广州、深圳、南京、杭州、武汉、郑州、成都、西安、青岛、厦门、沈阳等13座为国家中心城市"①。也有报道将上述的"2+13"表述为"4+11",即"北京、广州、上海、深圳为全球城市,天津、重庆、沈阳、南京、武汉、成都、西安、杭州、青岛、郑州、厦门11座城市入选国家中心城市"②。对此"4+11"国家中心城市的名单,住建部发言人曾表示,该报道毫无根据,属于不实报道。但由于无风不起浪的原因,各种小道消息还是不胫而走、屡禁不止。如所谓的"十百千万"城镇体系说,有媒体披露正在编制的《全国城镇体系规划(2016—2030)》将要构建一个"十百千万"的城镇体系,即十个国家中心城市、一百个国家特色城市、一千个中小城市和一万个特色镇。③

在学术界,关于国家中心城市的划分和评价标准,目前主要有两种不同的声音。一是清华大学中国新型城镇化研究院课题组的研究,将国家中心城市分成两级三类,即综合性国家中心城市:各项功能均具备国家引领、辐射影响力,此类进一步区分为具备全球影响力的全球城市(北京、上海、香港等)和国家影响力的综合性国家中心城市(广州、深圳、天津、重庆、成都、武汉等);特色性国家中心城市:具备若干项(三项以上)国家引领、辐射影响力,其他各项在区域中有重要影响力

---

① 李小木:《青岛或已入选国家中心城市名单》,微信号:青记 qingdaomeitiren,2016年11月11日。
② 《中国确定11座国家中心城市青岛上榜》,大众网,2017年1月14日。
③ 《揭秘国家中心城市入选标准有哪些》,《中国经济周刊》2017年2月21日。

(郑州、沈阳、厦门、乌鲁木齐)。二是上海交通大学城市科学研究院明确反对将"国家中心城市"划分为三六九等。首先,在经济全球化的背景下,贸易、市场、信息、服务、文化、人口均呈现出全球化趋势,很难说哪个城市的影响是全球的而哪个城市的影响限于本土,因为不同城市的全球影响力只有量的差异,并无质的区别。其次,把国家中心城市分为"全球中心"和"国家中心"很不恰当,既不符合当今中国政治、经济和文化的国际影响力不断提升的现实,也违背了开放发展的理念,更忽略了国家中心城市必定要走在开放发展最前沿的基本使命。再次,"特色性"一般比较适合描述中小城市,在国家中心城市这个"塔尖"上,城市尽管也可以有特色,但更重要的是枢纽和综合功能,把"特色"作为国家中心城市建设目标,明显有悖于设置的初衷。①

中国城市新天际线已经撩开,但现实中的路还要自己去走。这就涉及"人的问题"。不管是已经戴上帽子还是正在争取的,最重要的是制定好的战略,做出好的规划,不辱使命,不负所托,避免最后沦为政府、开发商和媒体的又一次"话语狂欢"而最终于事无补。

**2. 国内外中心城市相关理论与研究情况**

2.1 国际学界对中心城市理论的研究

国家中心城市本质上是一个新的"中心地",要正确认识其本质和功能,需要回到德国城市地理学家克里斯泰勒的中心地理论去。简单地说来,一个城市的形成和发展,都与被他称为中心地的聚集功能密切相关。在某种意义上,国家中心城市可以被看作是一个容积更大、吸附功能更强的新中心地,是对我国城市整体布局和结构的一次大改组,也是一次全局性的再造,以及一次政策、资源和人口的大调配。

克里斯泰勒从城市的服务型消费入手,认为每一种商品在既定的地理范围内存在一个最低需求门槛。在这个基础上,某区域内的各个城市(镇)围绕中心城市形成一个层级性城市系统,共同完成城市的服务功能。在这个系统内有两个突出的特点,一是城市之间的依赖关系单向存在,其他城市(镇)依赖于中心地城市,反向的依存关系则不存在。二是区域内城市间只有纵向的层级关系,同等规模和功能的城市间横向关系不存在。总体来说,这是一个中心城市主导区域发展的体系。② 该模式自 20 世纪 30 年代初期提出后,一直是城市研究的主导模式和方法体系,尽管现实世界的情况与该研究模式存在出入,中心地理论在解释现实城市区域的发展方面遇到越来越多的困难,其方法体系受到诟病,但是中心地理论影

---

① 刘士林:《国家中心城市绘出中国城市新天际线》,《瞭望东方周刊》2017 年第 9 期。
② Christaller W:Die zentralenOrte in Süddeutschland,Jena:Fischer,1933.

响深远,直到今天还可以在学者们的研究体系中找到中心地主导模式的影子,如萨斯基雅·萨森(Saskia Sassen,1991)指出,全球城市通过专业服务公司建立起全球城市网络体系,该体系中全球城市的基本特质表现在其与其他城市广泛而密集的相互作用上,这种作用强度甚至超过了其与自身广阔腹地乃至所在国家的经济联系度。

同时,国家中心城市还与中国城市化的内在机制密切相关。不同于欧美和拉美,与邓小平所说的"中国式现代化"相适应,我国已走出了一条"中国式城市化"道路。与西方城市化主要由市场主导、拉美城市化主要由西方主导不同,中国城市化的突出特点是"政府和市场共同主导",政治体制和社会制度构成了推进城市发展的核心机制。引申言之,最高层级自有最高层级的待遇。一个城市的地位和层级,不仅现实地影响到它能集聚怎样的资源和人口,也决定着其经济生产方式的品质和普通市民的精神面貌。今天的"国家中心城市"和"普通城市",如同过去的"城市"和"乡村"。以前中西部思想不够解放、传统因袭较多、缺乏底气和自信、凡事都向东部看齐,主要是它们觉得"自己就是农村"。

### 2.2 国内对国家中心城市的相关研究情况

在理论和战略上,上海交通大学城市科学研究院教授刘士林提出,国家中心城市本质上是一个新"中心地",会引发城镇空间和区域经济双重变奏。一个城市在城镇规划体系中层级越高,可以集聚起更多的人口、资源乃至文化财富。西部先后设立了重庆、成都两个国家中心城市,为深入实施西部大开发战略确定了两大支点。而武汉和郑州的成功晋级,则出于解决长江经济带"中部塌陷"和中原城市群"缺乏支柱"的战略需要。

在概念和特征上,王凯、徐辉、周阳等研究者提出,国家中心城市是全国性的核心城市,国家中心城市具有和重点城镇群互为依托、全球城市网络的重要功能节点、等级和格局随经济重心的转移而变化、共性和特色并存等特征,对国家中心城市的属性以及功能的理解必须从中心城市予以入手,从国家乃至全球化的视角来把握。

在指标评价上,王琳、周阳、李晓江等研究者认为应从国家中心城市的职能入手,从管理、经济、文化、科技枢纽作用、网络特征、国际化等对国家中心城市进行综合性或者单项评价。此外,在经济全球化与信息化的交互作用背景下,城市日益成为"流动的空间",城市间的交流水平、频繁程度和密集程度,决定了它们在全球经济中的地位。因此,中心城市的对外交流与连接程度也应纳入指标评价体系之中。

在研究对象上,从总体上,上海交通大学刘士林教授提出国家中心城市主要为北京、上海、天津、广州、重庆、成都、武汉和郑州,也有研究者分别对北京和上海

（如许治等）、广州（如姚华松、廖丽平、姚丽霞）、重庆（如李国辉、陈国富、王伯承，）、武汉（彭丽敏、刘兰、罗凡、张璇）、郑州（王中旸、吴海峰）进行了研究。此外，在媒体上也有一些对"准国家中心城市"如西安、长沙、青岛、济南、南京、杭州等的研究报道。

**3. 国家中心城市的界定与阐述**

目前的相关理论研究和职能研究大多集中于商贸、管理、文化、生态等具体领域，比较散乱且不成体系，重复性也比较高，没有把国家中心城市的中心作用及战略影响提到应有的重要位置。

结合相关理论、政策和战略，可将国家中心城市界定为：在国家城镇体系和区域化发展的背景下，国家中心城市是以雄厚的综合发展实力为基础，在城市集聚、综合服务、科技创新等领域具有国家枢纽功能，同时在国际商贸流动、文化交流等方面发挥着核心作用，是实现国家战略意图和需要的主平台和支撑体系。

在细化的意义上，可将国家中心城市的内涵具体划分为以下要素：

（1）空间和政策背景：国家中心城市的产生和建设是基于两个出发点，一是国家城镇体系，二是国家区域战略实施；

（2）综合实力基础：主要包括人口基础数量和发展趋势、经济和产业的发展、社会生活发展及文化发展水平等；

（3）中心集聚扩散作用：主要包括城市化水平，以人、物和信息流动为特点的综合服务枢纽，科技创新中心作用等；

（4）战略布点影响：以落实国家三大区域战略（京津冀协同发展、长江经济带以及"一带一路"战略的覆盖）为主要目标，同时包含国家级新区、国家级经济技术开发区、国际商贸、产业和文化交流等最具发展活力的区域和领域。

（5）对外交流与连接程度：主要包括城市在经济、政治、科技和文化等领域内的交流水平、频繁程度和密集程度。

## 二、2017年八个国家中心城市的发展现状及综合评估

**1. 八个国家中心城市的基本定位**

2010年2月，住房和城乡建设部发布的《全国城镇体系规划纲要（2010—2020年）》，将国家中心城市的建设数量增加至5个，即在北京、天津、上海、广州的基础上增加了重庆，明确了城镇体系规划背景下国家中心城市的基本布局。2016年5月，国务院批复《成渝城市群发展规划》，首次将成都定位为国家中心城市。2016年12月14日和2017年1月22日，国家发改委先后出台《国家发展改革委关于支持武汉建设国家中心城市的复函》《国家发展改革委关于支持武汉建设国家中心城市的指导意见》及《国家发展改革委关于支持郑州建设国家中心城市的复函》

《国家发展改革委关于支持郑州建设国家中心城市的指导意见》,明确提出支持武汉、郑州建设国家中心城市。这表明,国家中心城市有两个出处,一个来自住房和城乡建设部,一个来自国家发展改革委,其中,北京、天津、上海、广州、重庆出自"城镇体系规划",而成都、武汉和郑州出自国家相关区域规划。

在这些文件中,关于八个国家中心城市各自的定位和职能均有明确表示。(具体见表1)

表1 八个国家中心城市的定位表述

| 国家中心城市 | 文件名称 | 定位表述 |
| --- | --- | --- |
| 北京 | 《全国城镇体系规划纲要(2010—2020年)》 | 着眼建设世界型大都市,强化首都功能,发展首都经济,建成国家创新型城市,提升国际化程度和国际影响力,联袂天津引领环渤海地区发展。 |
| 天津 | 《全国城镇体系规划纲要(2010—2020年)》 | 提升国际港口城市、生态城市和北方经济中心功能,重点开发天津滨海新区,建设成为对外开放的重要门户、先进制造业和技术研发转化基地、北方国际航运中心和国际物流中心,协同北京辐射带动环渤海地区发展。 |
| 上海 | 《全国城镇体系规划纲要(2010—2020年)》 | 优化提升经济功能,形成服务经济为主的产业结构,建成国际经济、金融、贸易、航运中心和国际大都市,联袂南京、杭州辐射带动长三角地区发展。 |
| 广州 | 《全国城镇体系规划纲要(2010—2020年)》 | 增强高端要素集聚、科技创新、高端服务和综合服务等功能,强化综合性门户城市和区域文化教育中心的地位,联袂深圳、香港、澳门建成创新型国际大都市,推进珠三角地区现代化。 |
| 重庆 | 《全国城镇体系规划纲要(2010—2020年)》 | 推进统筹城乡科学发展,强化主城核心区的综合服务功能,加快国际贸易大通道建设,发挥"两江新区"、西永综合保税区等物流集散功能,加速提升先进制造和综合服务水平。 |
| 成都 | 《成渝城市群发展规划》 | 以建设国家中心城市为目标,增强成都西部地区重要的经济中心、科技中心、文创中心、对外交往中心和综合交通枢纽功能。 |
| 武汉 | 《国家发展改革委关于支持武汉建设国家中心城市的复函》及《国家发展改革委关于支持武汉建设国家中心城市的指导意见》 | 武汉市作为我国中部和长江中游地区唯一人口超千万人、地区生产总值超万亿元的城市,区位优势突出,科教人才资源丰富,文化底蕴深厚,具备建设国家中心城市的基础条件。武汉建设国家中心城市,有利于增强辐射带动功能、支撑长江经济带发展。 |

(续表)

| 国家中心城市 | 文件名称 | 定位表述 |
|---|---|---|
| 郑州 | 《国家发展改革委关于支持郑州建设国家中心城市的复函》及《国家发展改革委关于支持郑州建设国家中心城市的指导意见》 | 《促进中部地区崛起"十三五"规划》和《中原城市群发展规划》有关要求,推进郑州建设国家中心城市,有利于增强综合服务功能、引领中原城市群发展和支撑中部地区崛起,有利于加快新旧动能转换、带动中部地区供给侧结构性改革,有利于打造内陆开放高地、积极服务和参与"一带一路"建设。 |

注:上海交通大学城市科学研究院课题组根据相关数据整理。

除了提出的时间先后和发布部门的不同,八个国家中心城市在定位上的区别可表述为两方面:一是从国内和空间上讲,北京强调的是"首都"与引领"环渤海"职能,天津市强调的是"北方"中心与引领"环渤海"职能,上海和广州分别引领"长三角"和"珠三角",成都和郑州分别为"西部"和"中部"中心,武汉则支撑的是"长江经济带"。由此可知,除了东北和西北,这些中心城市已覆盖了我国的主要区域。二是从国际和功能定位上讲,北京、天津、上海、广州、重庆的国际职能和影响力显得更加重要,主要涉及航运、物流、经济、金融、贸易、城市建设等领域,而成都、武汉和郑州只是作为区域性中心而兼有对外开放及交流的功能。这和这两组中心城市的发展阶段和现阶段承担的国家战略使命不同有着密切的关系。从长久看,这些区别会变得越来越小。

**2. 八个国家中心城市的发展现状分析**

当今世界的城市化是以大都市和城市群为中心的都市化进程。都市经济对区域经济发展作用巨大。据上海交通大学城市科学研究院的《中国都市化进程报告2016》,我国大都市在国家和区域发展中占据着举足轻重的地位,目前已有的36个大都市的国内生产总值占到了全国的41.06%。

关于8个国家中心城市的发展现状,可以从常住人口、经济总量、城市化率等方面的比较中来把握。(具体见表2)

表2 国家中心城市的基本情况(2015)

| 国家中心城市 | 常住人口(万) | 面积(平方公里)* | GDP总量(亿元) | 人均GDP(元人民币) | GDP增速(%) | 城市化率(%) 2014 | 城市化率(%) 2015 | 城市化率净增长(%) |
|---|---|---|---|---|---|---|---|---|
| 北京 | 2170.5 | 16410.54 | 22968.6 | 105822 | 6.9 | 86.35 | 86.5 | +0.17 |
| 天津 | 1546.95 | 11917 | 16538.19 | 106908 | 9.3 | 82.27 | 82.64 | +0.45 |
| 上海 | 2415.27 | 6341 | 24964.99 | 103100 | 6.9 | 89.6 | 87.6 | −2.23 |
| 广州 | 1350.11 | 7249 | 18100.41 | 134066 | 8.4 | 85.43 | 85.53 | +0.12 |

(续表)

| 国家中心城市 | 常住人口（万） | 面积（平方公里）* | GDP总量（亿元） | 人均GDP（元人民币） | GDP增速（%） | 城市化率(%) 2014 | 城市化率(%) 2015 | 城市化率净增长（%） |
|---|---|---|---|---|---|---|---|---|
| 重庆 | 3016.55 | 82400 | 15719.72 | 52330 | 11 | 59.6 | 60.9 | +2.18 |
| 成都 | 1454.3 | 12119 | 10801.2 | 74273 | 7.9 | 70.37 | 71.47 | +1.56 |
| 武汉 | 1060.77 | 8494 | 10509.6 | 104132 | 8.8 | 74 | 79.41 | +7.31 |
| 郑州 | 956.9 | 7446 | 7315.2 | 77217 | 10.1 | 68.3 | 69.7 | +1.49 |

注：上海交通大学城市科学研究院课题组根据相关数据整理。鉴于数据的准确性和可比性，*列数据为2012年。

从常住人口看，截止到2015年，重庆的常住人口超过3000万，北京、上海常住人口均超过2000万，天津、广州、成都、武汉的常住人口均超过1000万，只有郑州常住人口为950多万，略低于1000万。但作为人口第一大省的省会，这个差距基本上可以忽略不计。由此可知，8个国家中心城市的常住人口基本都达到了千万水平，均属于超大型城市。

从经济发展水平看，北京、上海仍然具有相当大的优势，GDP总量均超过2万亿元，人均GDP超过10万人民币元，广州虽然GDP总量不及北京、上海，但因常住人口数量适中，因此人均GDP反超北京和上海，在8个国家中心城市中名列第一。相比之下，重庆的GDP总量处于中等水平，但是常住人口数量大，因此人均GDP水平在8个国家中心城市中暂列最后。整体来看，8个国家中心城市的GDP水平基本都在万亿左右，只有郑州略低。从GDP增速来看，北京、上海最低，均为6.9%，而GDP增速超过两位数的是郑州和重庆，分别为10.1%和11%。

从城市化率看，目前上海的城市化率最高，尽管受人口调控影响，上海常住人口及城镇人口开始下降，城市化率从2014年的89.6%下降至2015年的87.6%，下降了约两个百分点，但在8个国家中心城市中仍居于首位。北京、天津、广州、武汉的城市化率相差不大，均在80%左右。成都、郑州的城市化率在70%上下。以上7个国家中心城市的城市化率可以说均达到了发达国家的水平，进入了城市化的稳定期，未来吸纳的农村人口会比较有限。在8个国家中心城市中，唯有重庆的城市化率偏低，但也超过了60%，已达到"十三五规划"提出的2020年城市化率水平。在城市化率净增长方面，上海目前已出现了负增长，北京、天津、广州的增长态势较低，其中增长率最高的是武汉，2015年的净增长率为7.31%。

把8个国家中心城市与我国城市总体情况进行比较研究，就很容易明白这个强大阵营在我国经济社会发展中具有的重大意义。截至2015年，全国人口为137462万，8个国家中心城市人口总量达到13971.35万，占比为10.1%。2015年全国 GDP 为 689052.1 亿元,8 个国家中心城市 GDP 总量达到 126917.91 亿元,占比为 18.42%。2015 年,全国人均 GDP 为 50000 元人民币,8 个国家中心城市人均 GDP 达到 94731 元人民币,为全国人均水平的 1.89 倍。2015 年,全国 GDP 增长速度约为 6.9%,8 个国家中心城市的 GDP 增长速度约为 8.67%,为全国水平的 1.26 倍。2015 年全国城市化率为 56.1%,8 个国家中心城市的城市化率为 77.97%,是全国平均水平的 1.39 倍。(具体见表 3)

表 3　8 个国家中心城市与全国的情况对比(2015)

|  | 常住人口(万) | GDP 总量(亿元) | 人均 GDP(元 RMB) | GDP 增速(%) | 城市化率(%) |
| --- | --- | --- | --- | --- | --- |
| 8 个国家中心城市 | 13971.35 | 126917.91 | 94731 | 8.67 | 77.97 |
| 全国城市 | 137462 | 689052.1 | 50000 | 6.9 | 56.1 |
| 8 个国家中心城市/全国城市 | 10.1% | 18.42% | 1.89 | 1.26 | 1.39 |

注:上海交通大学城市科学研究院课题组根据相关数据整理计算。

其他城市也可能单个表现不错,如深圳、苏州、济南等,但与这个组团放在一起,其重要性就减少了很多。同时,也包括国家划拨给国家中心城市的资源以及这个名分可能带来的软实力等,更是其他城市望尘莫及的。这是很多大城市对国家中心城市趋之若鹜、夜不能寐的主要原因。

**3. 国家中心城市综合评估指数的建构和评估方法**

3.1　国家中心城市综合评估指标框架体系

根据上海交通大学城市科学研究院课题组关于国家中心城市的理论研究及评估框架,本报告设计出具有自主知识产权的"国家中心城市综合评估指标框架体系",具体包括 3 个一级指标、9 个二级指标和 32 个三级指标。

在指标体系上,国家中心城市综合评估指标框架体系主要包括国家中心城市综合实力、中心作用与战略影响 3 个一级指标。

在一级指标"综合实力"下设 4 个二级指标,即人口发展、经济发展、社会发展、文化发展。在"中心作用"下设 3 个二级指标,即城市发展中心、综合枢纽中心、科技创新中心。在"战略影响"下设 2 个二级指标,即国家及区域战略、国际影响。在二级指标下各设三级指标若干。(具体见表 4)

表 4　国家中心城市综合评估指标框架体系

| 一级指标 | 二级指标 | 三级指标 |
| --- | --- | --- |
| 综合实力 | 人口发展 | 常住人口、人口密度、人口自然增长率 |
| | 经济发展 | 人均 GDP、GDP 增速、固定资产投资额、第三产业占 GDP 比重 |
| | 社会发展 | 人均绿地面积、每千人执业（助理）医师人员数（人）、小学教育师生比、人均道路面积、建成区绿化覆盖率 |
| | 文化发展 | 人均公共图书馆藏书量、文化产业 30 强数量、文体娱从业人员数量 |
| 中心作用 | 城市发展中心 | 城市化率、建成区面积、市区人口密度 |
| | 综合枢纽中心 | 货运量、客运量、邮电业务量、互联网宽带用户数 |
| | 科技创新中心 | 发明专利授权数、科研技术服务等从业人员数、国家科学技术进步奖数量 |
| 战略影响 | 国家及区域战略 | 国家重大区域战略覆盖数量（京津冀协同发展战略、长江经济带、一带一路）、国家级经济技术开发区数量、国家级新区数量、国家级高新技术产业开发区数量 |
| | 国际交往 | 进出口总额、世界 500 强企业总部数量、国际旅游外汇收入 |

在"综合实力"一级指标下，设人口、经济、社会和文化四个二级指标，主要考察国家中心城市的综合发展现状；在"中心作用"一级指标下，设城市发展中心、综合枢纽中心和科技创新中心三个二级指标，城市承担着社会经济活动的集聚功能，城市化水平反映出地区的人口集聚水平。综合枢纽中心从交通和通讯两方面反映出人口、货物及信息服务的流动水平。设置科技创新中心指标的主要考虑是，在信息化和全球化的背景下，科技创新活动的集中和溢出效应将极大地改变人类的空间分布，因此科技创新也作为集聚中心的一个重要特征纳入指标体系中；在"战略影响"一级指标下，设国家及区域战略、国际影响两个二级指标，这是本指数评估框架的一个重要特点，在综合发展水平的基础上，引入未来可能引发巨大变革的战略性或潜在性因素，可以充分挖掘国家中心城市的引领作用。

本研究提出的国家中心城市综合评估框架体系及指标，将首先应用于 8 个国家中心城市建设的评估中，在经过指标框架体系的应用、修正及完善后，还将推广到希望加入这一行列的准国家中心城市的评估中。

3.2　国家中心城市综合评估指数的评估方法

按照上海交通大学城市科学研究院自主设计的综合评估指标框架体系，以"中国统计年鉴"、"中国城市统计年鉴"、各城市"国民经济和社会发展统计公报"、各城市官方网站等为数据源,分别收集8个国家中心城市的各项数据,同时鉴于指标数据的一致性和可靠性,除了"战略影响"一级指数下的"国家重大区域战略覆盖数量"(主要指京津冀协同发展战略、长江经济带、一带一路)、国家级经济技术开发区数量、国家级新区数量、国家级高新技术产业开发区数量等采用了截至2016年底的最新数据,其他数据的截止年份均统一为2014年。

首先,由于各项三级指标的量纲不同,课题组对32个三级指标进行了数据标准化处理。出于数据本身特点及评估方法的考虑,采取如下方法:

$$X_{ij}^* = \frac{X_{ij} - X_{ij\min}}{X_{ij\max} - X_{ij\min}} \quad (i=1,2,\cdots,n; j=1,2,\cdots,m) \tag{1}$$

其中,$X_{ij}^*$为第$i$个城市、第$j$个指标的标准化数值,$X_{ij\max}$是$i$个城市在第$j$个指标上的最大值,$X_{ij\min}$是$i$个城市在第$j$个指标上的最小值,且$X_{ij}^* \in [0,1]$。

其次,指标权重的确定。采取变异系数法决定每一个指标的权重,变异系数法是一种客观赋值法,利用各项指标所包含的内在信息,通过计算变异系数来得到每一项指标的权重。方法如下:

$$W_{ij} = \frac{V_{ij}}{\sum_{i=1}^{n} V_{ij}} \tag{2}$$

$$V_{ij} = \frac{S}{X_{ij}^*} \quad (i=1,2,\cdots,n; j=1,2,\cdots,m) \tag{3}$$

其中,$W_{ij}$是第$j$个指标的权重,$V_{ij}$是第$j$个指标的变异系数,$S$是第$j$个指标的标准差。

最后,根据2014年8个国家中心城市各项指标、相对应的权重计算综合指数及各级指标的得分,并据此对8个国家中心城市的总体发展水平做出科学判断和阐释。

### 4. 2017国家中心城市评估排名及比较分析

#### 4.1 2017国家中心城市综合评估情况

立足于上海交通大学城市科学研究院自主建构的国家中心城市基本理论、自主设计的国家中心城市综合评估指标框架体系及评估方法,以8个国家中心城市的各项发展数据为对象,得出8个国家中心城市综合评估指数及一级指数的评分结果。(具体见表5)

表5　8个国家中心城市综合评估得分一览表

| 综合指数排名 | | 一级和二级指数排名 | | | | | | | | | |
|---|---|---|---|---|---|---|---|---|---|---|---|
| | | 综合实力 | | | | 中心作用 | | | | 战略影响 | |
| | | 综合 | 人口 | 经济 | 社会 | 文化 | 中心 | 城市 | 枢纽 | 科创 | 战略 | 国家 | 国际 |
| 1 | 北京 | 1 | 5 | 2 | 1 | 1 | 1 | 2 | 4 | 1 | 2 | 4 | 1 |
| 2 | 上海 | 3 | 1 | 5 | 5 | 2 | 3 | 1 | 3 | 2 | 1 | 1 | 2 |
| 3 | 广州 | 2 | 2 | 1 | 2 | 3 | 2 | 3 | 1 | 4 | 5 | 7 | 3 |
| 4 | 重庆 | 6 | 4 | 7 | 6 | 8 | 4 | 8 | 2 | 6 | 3 | 2 | 5 |
| 5 | 天津 | 5 | 8 | 3 | 4 | 7 | 6 | 5 | 6 | 3 | 4 | 3 | 4 |
| 6 | 武汉 | 4 | 6 | 4 | 3 | 5 | 5 | 6 | 5 | 5 | 7 | 6 | 6 |
| 7 | 成都 | 7 | 7 | 6 | 3 | 4 | 7 | 7 | 7 | 7 | 6 | 5 | 7 |
| 8 | 郑州 | 8 | 3 | 8 | 8 | 6 | 8 | 4 | 8 | 8 | 8 | 8 | 8 |

注：上海交通大学城市科学研究院课题组根据相关数据计算。

### 4.2　2017国家中心城市排名综合分析

在国家中心城市综合评估指数排名上，8个国家中心城市的依次是：北京、上海、广州、重庆、天津、武汉、成都和郑州。

在一级指数"综合实力"评估指数排名上，8个国家中心城市的依次是：北京、广州、上海、武汉、天津、重庆、成都和郑州。其中最值得关注的是广州超过上海，武汉首次跃居第四位。

在一级指数"中心作用"评估指数的排名上，8个国家中心城市的依次是：北京、广州、上海、重庆、武汉、天津、成都和郑州。其中最值得关注的是广州超过上海，天津仅排在成都、郑州的前面。

在一级指数"战略影响"评估排名上，8个国家中心城市的依次是：上海、北京、重庆、天津、广州、成都、武汉和郑州。其中最值得关注的是广州排在重庆、天津之后，而武汉跌落到倒数第二的位置。

从综合评估看，传统的"北上广"三强依然占据着绝对优势，主要指标基本上处于前三甲的位置，只是在战略影响指标上，广州被挤出前三，排在第五位。重庆和天津作为"直辖市"，在整体评估中位于第四和第五，且在战略影响指标上挤掉了广州，排在第三和第四，这反映出它们近年来获得的国家战略支持较多，同时也意味着良好的未来发展潜力。位于中部地区的武汉，是长江流域历史悠久的重要大都市，在综合评估中排在第六，在"综合实力"上紧随上海，排在第四，位于天津和重庆之前，在"中心作用"上排在第五，处在重庆和天津之间，成为8个国家中心城市的"新贵"。同样位于中西部的成都和郑州，在综合评估上位于第七和第八，处于垫底的位置,它们在三个一级指数排名上,也基本处于这一位置,在国家中心城市中属于需要加快谋划和发展之列。

**4.3 2017各国家中心城市整体评估情况及分析**

(1)北京国家中心城市整体评估情况及分析

北京在整体评估中排名第一,"综合实力"和"中心作用"均位列第一,"战略影响"排在第二。从各项指标水平看,稳居"首位"国家中心城市之位,与其他国家中心城市之间拉开明显的距离。

在"综合实力"指数上,北京的社会和文化发展水平位居首位,经济水平位居第二,表现突出的指标主要是文化产业及从业人员、第三产业、经济、教育、医疗及绿化率等也达到较高水平。北京的人口发展水平位于第五,在常住人口水平较高的前提下,人口密集程度是制约人口水平的主要因素,北京城区人口密度与其他国家中心城市相比仅处在中游,北京的人口自然增长率为4.83‰,虽高于上海的3.14‰和天津的2.14‰,但远低于郑州的10.9‰和广州的8.02‰。北京在人口的基础密度及增长趋势上处于相对不利的位置。

在"中心作用"指数上,基于86.5%的城市化率和1385平方公里的建成区面积,北京的城市发展指数位居8个国家中心城市第二。作为首都,北京的综合服务枢纽仅位居第四,表明其在人流及客流的综合周转功能上不够理想,是北京开展城市治理和提升服务功能急需探讨和解决的。由于专利授权量、科研技术服务从业人员数量、国家科技奖项均居榜首,北京的科技创新中心作用位居第一,为北京科技创新中心提供了有力支撑。

在"战略影响"指数上,在国际交往上位于第一,无论是进出口总额、世界500强企业总部数量还是国际旅游收入等均位居前两位,反映出北京在国际商贸和文化交流上的重要影响。但在国家及区域战略上仅位于第四,排在上海、重庆和天津之后,主要原因是北京的国家经济技术开发区和高新技术开发区数量处于中等水平。上海和天津的国家级经济技术开发区数量均为6个,北京仅为1个。2017年4月,作为北京疏解非首都功能的集中承载区,河北雄安新区的设立未来将给北京带来巨大的新战略优势(由于雄安新区相关的规划和发展情况还不明朗,暂未列入本研究相关指标的统计中)。

(2)上海国家中心城市整体评估情况及分析

上海在整体评估中排名第二,"综合实力"和"中心作用"排在第三位,"战略影响"超越北京位居首位。这与上海作为我国最开放和最现代化的大都市的代表城市密切相关。

在"综合实力"指数上,上海的人口发展水平位居8个国家中心城市之首,尽管其人口自然增长率偏低,增长趋势也不理想,但常住人口和人口密度都很高,反映出上海基础人口数量和密度的水平较高。上海的经济和社会发展水平排在第五位,这多少有些出人意料。原因在于,尽管上海的人均社会消费品总额与第三产业比重水平处于前列,但人均 GDP 仅处于中游水平,而由于 GDP 增速垫底(2014 年仅为 7%,远低于重庆的 10.9% 这一最高值),所以在经济上排在第五位并不奇怪。同时,尽管上海的教育、卫生指标、绿化覆盖率均处于前列,但人均公园绿地和人均道路面积在 8 个国家中心城市中也几乎垫底(上海的人均公园面积为 7.33 平方米,远低于广州的 20.19 平方米,上海的人均道路面积为 4.11 平方米,远低于天津的 16.71 平方米)。上海的文化水平紧随北京之后排在第二,反映出上海文化及相关产业的发展水平具有领先优势。

在"中心作用"指数上,上海在城市发展上排在第一,原因在于上海的城市化率已高达 87.6%,在 8 个国家中心城市中位居第一,同时上海的城市建成区面积与市区人口密度也位于前列。上海的综合服务枢纽排在第三,排在广州、重庆之后,北京之前,这与其综合服务枢纽发展的不均衡有关。上海在货物、通信信息流动方面领先于其他国家中心城市,但客运指标处在垫底位置。上海在科技创新中心作用上排在第二,仅次于北京,但在指标的实际水平上与北京还有较大的差距,这是上海建设科技创新中心需要反思和尽快解决的。

在"战略影响"指数上,上海的国家及区域战略指数位于 8 个国家中心城市的首位,在国家三大区域战略匹配数量、国家级经济技术开发区、国家级新区、国家级高新技术产业开发区数量上均位于首位或并列首位,这表明国家近年来对上海的发展投入了巨大的政策和战略资源,也表明上海在国家战略布局上获得了全方位的优势。上海的国际交往指数位于第二位,主要原因在于,上海在进出口总额和国际旅游方面均位于 8 个国家中心城市的首位,但在世界 500 强企业总部数量上与北京差距悬殊。这是上海未来要建设全球城市的一个短板。

(3) 广州国家中心城市整体评估情况及分析

广州在整体评估中排名第三,"综合实力"和"中心作用"排在第二,"战略影响"排在第五。这与广州作为传统的"城市三强"的地位基本符合,但也表明在获得国家战略倾斜和支持上已不如改革开放的前 30 年。

在"综合实力"指数上,广州的人口发展水平在 8 个国家中心城市中位居第二,其中,常住人口数量和人口密度处于中上游,人口自然增长率高达 8.02‰,在 4 个直辖市中最高,在 8 个国家中心城市中仅次于郑州位列第二,这在各城市人口红利出现下滑的背景下是可喜可贺的。广州的经济发展力压北京排在第一,把位列第五的上海更是远远抛开,在北上广中一枝独秀。同时其人均 GDP 也是最高的,其他经济指标也均处于较高水平,比较均衡。广州的社会发展排在第二,在教育、卫生、城市生活环境等指标上处于前列,社会发展水平较高且相对均衡。广州的文化发展排在第三,位居北京、上海之后,主要原因是在文化产业及相关从业人员指标上处于劣势,与北京、上海的差距较为明显。

在"中心作用"指数上,广州的城市发展指数延续了"北上广"的传统优势,在8个国家中心城市中排在第三,城市化率、建成区面积、市区人口密度等均处于前列,反映出广州的城市化发展具有较明显优势。广州的综合服务枢纽超过北京和上海位居第一,客流、货流、通信信息流动等指标呈现出均衡和高水平发展,表明广州的城镇化建设质量优于其他国家中心城市。广州的科技创新中心作用排在第四,在相关指标上的集聚功能处于中等水平,是今后要花力气解决的短板。

在"战略影响"指数上,广州的国家及区域战略指数位于第七,这与广州作为中国城市三强的地位不相符合。广州在各个指标反映出的战略布点没有缺失,只是在数量上处于低水平。这既表明了作为改革开放前沿的广州在国家战略布局和资源投入中开始出现边缘化,同时也说明了广州在深化改革开放进程中缺乏思路和谋划不足。广州的国际交往只是位于第三,进出口水平、世界500强企业总部数量远也低于北京、上海。但广州的国际旅游水平较高,国际交往水平总体排在第三,这与广州的区域位置优越和历史移民情况是大体匹配的。

(4)重庆国家中心城市整体评估情况及分析

重庆在整体评估中排名第四,"综合实力"排在第六,"中心作用"排在第四,"战略影响"排在第三。从最好的排名看,表明近年来重庆获得的国家战略支持力度加大。而从最差的排名看,说明建设中心城市不是一朝一夕的事情。

在"综合实力"指数上,重庆的人口发展水平位居第四,其中,常住人口的绝对数量最大,但人口密度和人口自然增长率均处于较低水平,因此在8个中心城市中只能居于中游。重庆的经济发展水平排在第七,尽管重庆的GDP增速最高,2014年达到10.9%(高出全国3.5个百分点),但人均GDP、人均社会消费品零售总额、第三产业比重等偏低,这在某种意义上直接拖累了城市的综合实力。重庆的社会发展水平排在第六,其中,城市社会环境的指标相对较高,但教育和医疗的人均服务水平较低。在整体上看,重庆的经济和社会发展水平特别是人均水平处于劣势,说明近年来媒体上宣称十年"超沪赶京"是完全不切实际的。与同处在成渝城市群的成都相比,重庆的文化发展水平也比较滞后,在8个国家中心城市中垫底,相关文化指标也都处于较低水平,表明重庆的城市软实力建设也有很长的路要走。

在"中心作用"指数上,重庆的城市发展水平排在第八,主要是因为重庆的城市化率处于垫底位置,且与其他国家中心城市的城市化率差距显著。重庆的综合服务枢纽排在第二,是二级指标中排名最好的唯一的一个。这主要是因其客运、货运和通信信息流动水平很高,尽管这与重庆人口基础数量较高有关,但仍能反映出重庆的综合服务枢纽作用发展水平较高。重庆的科技创新中心作用排在第五,相关指标的表现处于中游水平,这与重庆作为西部直辖市的地位也是一致的。

在"战略影响"指数上,重庆的国家及区域战略指数位于第二,这是重庆在一级指数中唯一的一个亚军。重庆作为西部地区唯一的直辖市,不仅国家战略布点比较完整,在数量上也处于中上游,直接拉升了重庆的战略影响力。重庆在国际交往指数上位于第五,反映出其商贸聚集水平及国际文化交流水平在8个国家中心城市中均处于中游,与北京、上海差距较大,这是自在情理之中的。

(5) 天津国家中心城市整体评估情况及分析

天津在整体评估中排名第五,"综合实力"排在第五位,"中心作用"排在第六位,而"战略影响"排在第四位。天津三个一级指数均与前三甲无缘,属于"比上不足比下有余"的国家中心城市,未来发展有待进一步观察。

在"综合实力"指数上,天津的人口发展水平排在第八,其中,在人口基础数量、人口密度和人口自然增长率方面均处于较低水平,特别是其人口自然增长率仅为2.14‰,在8个国家中心城市中垫底,尽管没有北京、上海疏解人口的压力,但城市发展也缺乏足够的人力支撑,这很可能是滨海新区一直人气不足的主要原因之一。天津的经济发展排在第三,主要得益于10%的GDP增速以及均处于较高水平的其他经济指标。天津的社会发展水平排在第四,教育、医疗及城市环境指标均处于中等水平。天津的文化发展水平排在第七,这主要是由于北京的文化及第三产业集聚效应过强导致的,天津尽管在综合实力上处于中游,但文化资源的聚集水平却长期升不上去。

在"中心作用"指数上,天津的城市发展水平排在第五,在城市化率、建成区面积和市区人口密度上也处于中等水平。天津的综合服务枢纽排在第六,尽管货运量的流动水平尚可,但其客运、通信信息流动水平等相对较低,距离天津国家中心城市规划定位中提出的北方经济中心、北方国际航运中心和国际物流中心等还有不小的差距。天津的科技创新中心作用排在第三,尽管各项指标与北京相比差距很大,但绝对数量水平在8个国家中心城市中还是比较高的,主要是由于区位优势,在科技创新方面仍有可圈可点之处。

在"战略影响"指数上,天津的国家及区域战略指数在8个国家中心城市中位于第三,各项国家及区域战略的布点及数量相对较高。天津的国际交往指数位于第四,紧随"北上广"之后,这显示出沿海城市特有的区位优势在目前的国家中心城市建设中仍比较突出和明显。

(6) 武汉国家中心城市整体评估情况及分析

武汉在整体评估中排名第六,"综合实力"排在第四,"中心作用"排在第五,"战略影响"排在第七。主要拉武汉后腿的是"战略影响"。尽管作为中部崛起的

战略支点武汉已获得足够的重视,但在积累的国家战略资源上不如天津,在新增的国家战略支持上又不如西部的重庆。

在"综合实力"指数上,武汉的人口发展水平位居第六,其中,人口基础数量和密度上处于下游水平,优势是人口自然增长率比较高,以6.3‰排在第三的位置,处在郑州和广州之后。武汉的经济发展水平排在第四,其各项经济指标均处于较高的发展水平,特别是2014年GDP增速高达9.7%,但由于工业发展比重较大,第三产业占比相对不高,又将经济总体发展水平拉到了第四位,这也是武汉在所有指标中最具有明显优势的指标。武汉的社会发展水平排在第七,其各项指标水平多处于劣势地位,特别是城市生活绿化环境方面尤为突出。武汉的文化发展排在第五,主要是因为文化产业及相关从业人员的发展水平偏低。

在"中心作用"指数上,武汉城市发展水平排在第六,主要是由于建成区面积比较小,同时城市化率和市区人口密度处在中等水平的位置。武汉的综合服务枢纽排在第五。武汉的科技创新中心作用排在第六,主要是通信信息流动水平较低,显示出中西部在科技发展上依然比较落后。

在"战略影响"指数上,在国家及区域战略和国际交往指数上,武汉在8个国家中心城市中均处于第六位。在国家及区域战略方面,武汉的各种国内战略指标的数量水平处于中等位置。武汉没有国家级新区,在国家战略布点的覆盖上并不完整。同时,武汉作为内陆城市,其国际交往的各项指标与沿海发达城市的差距也比较大。

(7)成都国家中心城市整体评估情况及分析

成都在整体评估中排名第七,"综合实力"排在第七位,"中心作用"排在第七位,"战略影响"排在第六位。《成渝城市群发展规划》提出"增强成都西部地区重要的经济中心、科技中心、文创中心、对外交往中心和综合交通枢纽功能",但在全国一盘棋上看,成都建设国家中心城市要补的基础课还相当繁巨,与成都给人的"热闹和繁华"的感觉并不一致。

在"综合实力"指数上,成都的人口发展水平排在第七,这主要是受人口自然增长率偏低的拖累,成都的该指标仅为2.7‰,在8个国家中心城市中倒数第二。成都的经济发展水平排在第六,主要是由于人均GDP及人均社会消费品零售总额均处在偏低的位置,同时第三产业比重水平有限。成都的社会发展水平排在第三,文化发展水平排在第四,在教育、医疗、城市绿化环境上、文化服务、文化产业方面具有一定的优势,这两项也是成都在所有指标上优势较为明显的。

在"中心作用"指数上,成都的城市发展、综合服务枢纽、科技创新中心作用在8个国家中心城市中均排在倒数第二,反映出其各项指标的水平基本处于下游位置。

在"战略影响"指数上,成都的国家及区域战略指数位于第五。目前成都在国家基本战略布点的覆盖上没有缺失,但数量不多,所以排名仅在中游。成都在国际交往指数上位于第七,各项具体指标与"北上广"等差距很大。

（8）郑州国家中心城市整体评估情况及分析

郑州在整体评估中排名第八,"综合实力""中心作用"和"战略影响"均排在第八位。从三个一级指标全部垫底的角度看,郑州建设国家中心城市的家底和基础还相对薄弱。这说明《促进中部地区崛起"十三五"规划》提出"引领中原城市群发展和支撑中部地区崛起""打造内陆开放高地、积极服务和参与'一带一路'建设"等,主要是从国家区域战略大局出发。同时也说明设立国家中心城市不是看经济实力和整体发展水平,而主要是依据国家战略和发展的需要。

在"综合实力"指数上,郑州人口发展水平排在第三,是郑州在8个国家中心城市一级指数中排得最好的名次。郑州的常住人口数量不多,但人口密度水平较高,特别是人口自然增长率为10.9‰,是8个国家中心城市中最高的,这反映出郑州具有良好人口后续增长趋势,同时基础人口密度和发展趋势也是郑州在所有指标中优势较为明显的。郑州的经济和社会发展均排在第八,其各项经济、教育、城市绿化环境等尚有较大的提升空间。2014年郑州的GDP增速为9.3%,也表现出较为突出的优势。郑州的文化发展水平排在第六,文体娱从业人数在8个国家中心城市中位于中游,拉升了其表现欠佳的文化服务和文化产业指标水平,但作为文化大省的省会,郑州在文化发展上还有较大空间。

在"中心作用"指数上,郑州的城市发展水平排在第四,城市化率和建成区面积水平相对较低,只是借助市区人口密度水平较高才将城市发展指数拉升至第四位。郑州的综合服务枢纽和科技创新中心作用排在第八,各项相关指标发展水平比较有限。

在"战略影响"指数上,郑州的国家及区域战略只是位居第八,在国家战略发展布点上有缺失,没有国家级新区,其他的指标数量也偏低。郑州在国际交往指数上位于第八,各项指标的水平与其他国家中心城市相比差距相对较大。

## 三、我国八个国家中心城市发展的对策和建议

**1. 开展国家中心城市基础理论和概念界定工作**

由于缺乏公开、透明的概念界定和评判标准,围绕国家中心城市出现了不少的误读和曲解,也直接或间接影响到国家中心城市的规划和建设。

黑格尔有句名言:"密涅瓦的猫头鹰要到黄昏才起飞。"国家中心城市设置至今已过去了8年,但我们的政策和研究却明显滞后,以至于现在人们还不能清晰地知道哪个是、哪个不是和应该怎么建设,甚至至今还有人会怀疑郑州、武汉是不

是,以及成都、重庆够不够等。立足于国家战略设计和已有 8 个中心城市的经验,开展符合我国国情的中心城市基本理论问题研究并对国家中心城市的概念予以界定,避免国家、城市、学者和媒体自说自话乃至"另搞一套"。

**2. 建立权威的国家中心城市评估认定系统**

目前的相关理论研究和职能研究大多集中于商贸、管理、文化、生态等这些具体的领域,各类评估体系也相应地将之作为基本的分类框架,但对国家中心城市的中心作用以及战略影响作用却没有提到应有的重要位置。因此建议以综合发展实力(包括人口、经济、社会和文化发展等)作为评估基础,进一步引入中心作用(包括城市中心作用、综合服务枢纽作用、科创中心作用),并充分考虑国家及区域、国际战略布点的潜在影响,作为评估国家中心城市发展的框架体系,在此基础上建立权威的评估认定系统。

**3. 我国未来应重点培育国家中心城市的建议**

国家中心城市的核心职能是承担国家战略使命和战略意图。在设立国家中心城市的标准方面,应高度警惕目前流行的"万亿元 GDP"标准。这个标准既是过去长期流行的"以 GDP 论英雄"的惯性思维在作祟,也表明这个已被历史淘汰的"旧发展观"正在国家中心城市的战略布局中"卷土重来"。可以断言,如同"以 GDP 论英雄"曾严重影响了我国经济社会的健康发展,"万亿元 GDP"对方兴未艾的国家中心城市是"有百害而无一利"的。

从我国区域发展战略的角度,下一个发力点应放在西北和东北。东北地区目前已有哈长国家级城市群,再加上振兴东北的战略需要,所以完全可以考虑设置一个新的国家中心城市。在西部目前已有了重庆、成都两个国家中心城市,但它们在空间上都偏于西南,在广漠的西北地区还是一片空白。西北地区是丝绸之路经济带的核心区,依次分布着洛阳、西安、兰州、乌鲁木齐等区域中心城市,在国家区域发展中具有十分重要的战略地位,因此也可以考虑从中培育一到两个国家中心城市,与海上丝绸之路上的天津、上海、广州形成一种"对称的美",同时也使国家中心城市战略在空间布局上变得更加均衡和充实。

# 专题报告

# 2017中国大都市治理与公共政策报告

中国大都市的发展建设成为带动经济社会发展、推动国家现代化建设的重要引擎。2016年的中国大都市治理呈现出全新特点。

突破非均衡式的城市群经济优先型发展模式，中国城市群发展动力模式转型为整体性规划引领模式，为当代中国城市群的发展提供持续稳定的制度化新型动力，并将成为当代中国城市群发展的主导模式。

突破行政主导式的跨政府区域合作模式，"主动对接"成为区域合作的最大亮点，开启了区域协同发展的全新篇章。浙江省嘉兴市、江苏省南通市纷纷"主动对接"上海及上海大都市圈建设。嘉兴市创建浙江省全面接轨上海示范区，南通市建设上海大都市北翼门户城市，主动抢抓"一带一路"、长江经济带等国家重大战略机遇，对接上海建设有全球影响力的科创中心、上海大都市圈建设等发展机遇，全面对接、深入合作。区域合作成为地方政府真正共识，产生一系列实质性合作成果。

突破传统的城市粗放化管理模式，中国大都市发展进入精细化管理新阶段，促进社会治理标准化、信息化和多元化，推进国家治理体系和治理能力现代化。精细化管理能够推进城市管理体制机制创新，解决城市病等突出问题，切实提高城市治理能力，不断提升城市宜居质量、人民生活质量与城市综合竞争力，提高新型城镇化水平。

突破要素驱动、技术推动、需求拉动等发展方式，创新网络建设成为促进创新驱动转型、推动科技发展的全新动力。创新网络建设有利于发挥区域网络协同效应和辐射带动作用，提升区域创新整体水平。国家要求聚焦重大战略需求，加快区域协同创新网络建设，完善区域协同创新机制，打造区域创新共同体。

## 一、新引领：规划引领城市群发展新态势

在全球范围内，城市群作为城市和区域经济发展到高级阶段的产物，已成为各国参与国际经济合作与竞争的主体形态。当代中国经过近四十年的改革开放，城市群发展取得了巨大成效，最典型的是形成了以长三角、京津冀、珠三角等为代表的世界级城市群。城市群发展成为支撑全国经济增长、促进区域协调发展、参与国际竞争合作的重要平台。

**1. 经济优先型城市群发展动力模式的发展转型**

城市群发展持续引发关注,城市群发展动力模式出现全新转型。西方城市群发展动力模式及区域治理相关实践研究和理论总结经历了田园城市理论、单中心主义模式、多中心主义治理模式和新区域主义发展模式等主要阶段,是对西方国家自身城市群发展治理经验的阶段性理论总结。中国作为发展中国家,有关城市群发展动力模式和发展路径的相关研究注重分析和引进西方经验。与国外城市群发展动力相近,国内学者认同城市群演进的关键动力包括产业集聚与扩散、城镇化发展、技术驱动和政府政策等。

总体来看,当代中国城市群的发展演化,主要是以经济发展、经济增长为优先目标,靠市场经济、产业发展、全球化、信息化和政府政策等交织因素共同推动,由此而形成了具有中国特色经济优先型城市群发展动力模式。这种模式具有突出的效率优势,具有较高的适应性和普遍性,能够持续促进城市群发展;但其功能限度在于这种发展模式的非均衡性和历史局限性,易造成城市单向度发展、城市病爆发以及区域发展不平衡等现实问题,也难以提供支持城市群生长发展的全部动力。

因此,在当代中国新型城镇化战略格局背景下,城市群发展动力建构与治理机制创新等重大问题仍需从中国宏大壮阔的国家建设进程中寻求解答。结合当代中国城市群发展动力机制的创新需要和治理模式的转型实际,突破经济优先型发展模式,中国城市群发展动力模式正在转型为整体性规划引领模式。

**2. 整体性规划引领城市群发展动力模式的实践探索**

长三角、京津冀和珠三角是中国区域发展战略中优势地位最为突出的三大城市群,是当代中国参与全球竞争与国际分工的战略支撑点。长三角、京津冀和珠三角的城市群发展动力演化过程,呈现了三种各具特点的发展特色。

(1)京津冀:由中央政府主导的超省级行政动力性质的城市群发展模式

京津冀大都市圈行政化程度较高,发展演进过程面临行政分割严重的治理困境。因此,组建以中央政府及其有关部门主导的超省级行政动力性质的区域发展模式成为一个合理选择。2014年2月,习近平主持召开座谈会,专题听取京津冀协同发展汇报时,强调实现京津冀协同发展是重大国家战略。[①] 2015年4月,中共中央政治局审议通过《京津冀协同发展规划纲要》,核心是有序疏解北京非首都功能,要在京津冀交通一体化、生态环境保护、产业升级转移等重点领域率先取得突破。2017年2月,在京津冀协同发展推进三周年的时刻,尤其在疏解非首都功能、

---

① 《打破"一亩三分地"习近平就推进京津冀协同发展提出7点要求》,新华网,2014年3月27日。

产业转移、区域环境协同治理等方面取得了阶段性成果。① 2017年4月,中共中央、国务院规划设立河北雄安新区,成为京津冀协同发展的又一个历史性战略决策。②

在中央政府统筹下,由中央部委协同地方政府及其职能部门制定区域交通设施建设、区域生态环境治理等领域的协同发展规划。2015年12月,经国务院及京津冀协同发展领导小组批复同意,国家发改委和交通运输部发布《京津冀协同发展交通一体化规划》,三地交通主管部门则负责落实执行。2015年12月,国家发改委和环境保护部发布《京津冀协同发展生态环境保护规划》,划定了京津冀地区生态保护红线、环境质量红线和资源消耗上限,明确了京津冀生态环境保护目标任务。2016年2月,《"十三五"时期京津冀国民经济和社会发展规划》印发实施,成为全国第一个跨省市的区域"十三五"规划。③

(2) 珠三角:省内行政性组织主导的城市群发展模式

珠三角城市群内各城市均地处广东同一省内。2008年12月,国家发改委发布《珠江三角洲地区改革发展规划纲要》,规划范围以广东省内九市为主体,辐射泛珠三角区域。2016年3月国务院发布《关于深化泛珠三角区域合作的指导意见》,规划范围包括内地九省区和港澳特别行政区(统称"9+2"各方)。2017年3月,由国家发改委牵头,联合粤港澳三地政府规划编制《粤港澳大湾区城市群发展规划》,支持港澳在泛珠三角区域合作中发挥重要作用,推动粤港澳大湾区和跨省区重大合作平台建设,建设世界级城市群。④

(3) (泛)长三角:准政府组织形态推动的城市群发展模式

长三角区域的政府合作模式发展演化历程可谓一波三折:首先,20世纪80年代初由中央政府出面构建了跨区域政府行政组织,即上海经济区规划办公室,该组织于20世纪80年代中期消亡;其次,长江三角洲各区域政府作为合作主体主动介入区域治理的历程,构建如长江三角洲城市经济协调会等政府间合作组织,直至今天仍然发挥强大的作用;最后,长江三角洲两省一市(江浙沪,后来变成了江浙沪皖三省一市)之间建立制度化的政府间与民间合作组织体系,形成多元主体参与长三角区域公共治理的发展模式。

2010年6月,国家发改委印发《长江三角洲地区区域规划》,规划长三角城市群范围包括江浙沪两省一市,共计16个城市。2016年6月,国务院通过、国家发

---

① 《京津冀 协同发展这三年》,《人民日报》2016年2月13日第2版。
② 《中共中央、国务院决定设立河北雄安新区》,中华人民共和国中央人民政府网,2017年4月1日。
③ 《三地同下一盘棋 京津冀"十三五"规划印发》,《人民日报》2016年2月16日第1版。
④ 《国家发改委专家:粤港澳大湾区打造世界级城市群粤港澳大湾区打造世界级城市群》,中国新闻网,2017年3月23日。

改委发布《长江三角洲城市群发展规划》,以上海为长三角核心城市,提出建立南京都市圈、杭州都市圈、合肥都市圈、苏锡常都市圈、宁波都市圈五个都市圈的同城化发展之目标。长三角城市群由江浙沪皖三省一市,共计26个城市组成。

在国内三大城市群发展演化的实践经验中,城市群发展注重先由中央政府制定规划,再由各级政府及相关部门制定配套规划和贯彻实施,凸显整体性规划在城市群发展中的引领和推动作用。这是一种与经济优先型发展模式不同的动力模式。引领当代中国城市群发展的新型动力模式已经出现。

**3. 整体性规划引领模式成为中国城市群发展新型动力模式**

经济优先型发展模式在中国工业化、城市化和信息化进程同时发展、并举推进的过程中发挥重要作用,取得举世瞩目的成效。2003年10月,党的十六届三中全会通过《关于完善社会主义市场经济体制若干问题的决定》,提出"五个统筹"发展目标(统筹城乡发展、统筹区域发展、统筹经济社会发展、统筹人与自然和谐发展、统筹国内发展和对外开放),强调坚持以人为本,树立全面、协调、可持续的发展观,促进经济社会和人的全面发展。2015年10月,党的十八届五中全会通过《中共中央关于制定国民经济和社会发展第十三个五年规划的建议》,提出牢固树立并切实贯彻创新、协调、绿色、开放、共享的发展理念。这意味着中国城市治理与城市群发展理念的日趋深化,从偏重强调经济优先发展的非均衡式治理理念,转向强调经济发展与社会民生发展并重的包容性、系统性、整体性治理理念。当代中国城市群发展动力模式从经济优先型模式转型为整体性规划引领模式,其基本图景已经在中国城市群发展实践经验中得到体现。

整体性规划引领模式是实现城市群整体性协同发展的新型模式。从经济优先型发展模式到整体性规划引领模式的战略转型,是在以城市群为主题形态、推动大中小城市和小城镇协调发展的新型城镇化战略格局背景下,中国城市群的发展注重将区域经济发展与区域基础设施(交通信息为主)、区域产业结构、区域公共服务、区域治理制度等有机整合起来,通过整体性规划引领与制度对接战略建构城市群发展新模式。中国城市群发展将注重用整体性规划带动绩效提升,显示中国城市群发展模式从非均衡式发展到整体性协同发展的根本转变。至此,整体性规划引领模式作为一种对经济优先型发展模式的突破和超越,能够为中国城市群的发展提供一种持续性、稳定性和制度化的新型动力。整体性规划引领模式必将成为中国城市群发展的主导模式,开创当代中国城市群发展治理的新图景。①

---

① 于迎:《从经济有限型到整体性规划:中国城市群发展新型动力建构战略及其实现路径》,《行政论坛》2017年第5期。

## 二、新合作：主动对接开创区域合作新篇章

### 1. 主动对接成为跨区域合作最大亮点

浙江省嘉兴市、江苏省南通市纷纷"主动对接"上海及上海大都市圈建设，制定具体建设规划和实施方案，并得到浙江省、江苏省政府的正式批复。"主动对接"成为2016年、2017年区域合作的最大亮点，开启了中国大都市圈区域合作的全新篇章。

（1）嘉兴市创建浙江省全面接轨上海示范区

嘉兴市重视接轨上海由来已久。习近平总书记在浙江工作期间，高度重视接轨上海工作，2004年3月在嘉兴调研时强调，嘉兴作为浙江省接轨上海的"桥头堡"，承接上海辐射的"门户"，要在全省"接轨大上海，融入长三角"中发挥更大的作用。① 2014年，嘉兴市政府印发《嘉兴市深化接轨上海三年行动计划（2014—2016年）》，提出深入实施"与沪杭同城"战略，更好地发挥嘉兴接轨上海桥头堡作用，抢抓中国（上海）自由贸易试验区建设等重大发展机遇，全面深化与上海全方位、多层次、宽领域的合作交流。②

2016年8月，嘉兴发布《嘉兴市城市总体规划（2003—2020）》，提出"设立浙江省全面接轨上海示范区"：紧紧抓住国家推进"一带一路"、长江经济带、上海自贸试验区等重大战略机遇，深度融入长三角城市分工体系，加快建设浙江省全面接轨上海示范区、长三角高科技成果转化重要基地和江南水乡典范城市。

2017年3月29日，浙江省政府正式批复通过嘉兴设立浙江省全面接轨上海示范区。③ 批复要求嘉兴市牢固树立创新、协调、绿色、开放、共享的发展理念，紧密围绕浙江省委、省政府关于主动接轨上海、积极参与长三角区域合作与交流的战略部署，发挥毗邻上海的地域优势，牢牢把握上海打造国际经济、金融、贸易、航运中心和具有全球影响力的科技创新中心的重要机遇，以提高发展质量和效益为中心，全面深化与上海全方位、多层次、宽领域的交流与合作，着力打造浙江省与上海创新政策率先接轨地、高端产业协同发展地、科创资源重点辐射地、一体化交通体系枢纽地、公共服务融合共享地，为浙江省全面接轨上海提供示范。

2017年5月26日，浙江省发改委印发《嘉兴市创建浙江省全面接轨上海示范区实施方案》，明确浙江省有关部门积极支持嘉兴市轨道交通与上海轨道网对接、平湖与上海共建张江长三角科技城等八大重点事项，以及创立G60沪嘉杭科技创

---

① 《就在嘉兴！浙江设立"全面接轨上海示范区"》，《上海观察》2017年4月5日。
② 《嘉兴市深化接轨上海三年行动计划（2014—2016年）》，中国嘉兴网，2014年5月12日。
③ 《浙江省人民政府办公厅关于同意设立浙江省全面接轨上海示范区的复函》，浙江省人民政府网，2017年3月29日。

新走廊建设区域协同创新机制、创新省际产业平台合作共建机制等十五个创新改革项目。①

2017年7月24日,嘉兴市发布《嘉兴市创建浙江省全面接轨上海示范区行动计划(2017—2020年)》②,强调嘉兴要紧紧抓住创建浙江省全面接轨上海示范区契机,把接轨上海与"一带一路"、长江经济带建设等国家重大战略结合起来。规划提出,到2020年,嘉兴市力争成为上海创新政策率先接轨地、上海高端产业协同发展地、上海科创资源重点辐射地、浙沪一体化交通体系枢纽地、浙沪公共服务融合共享地,建成浙江省全面接轨上海示范区,成长为浙江新一轮发展的增长极。

(2)南通市建设上海大都市北翼门户城市

南通市积极主动对接上海,将对接服务上海作为南通市政府全局工作的重中之重。

2017年2月4日,南通发布《南通市国民经济和社会发展第十三个五年规划纲要》③提出建设长三角北翼中心城市的发展目标,推进"沪苏通经济圈"建设,深化沪苏通交通、科技、人才、产业、旅游、生态、社会等全方位合作,加快同城化进程,策应上海"五个中心"建设,打造科创成果转化基地、物流分拨中转基地、金融后台服务基地、贸易加工基地、产业承载基地。

2017年4月17日,南通市在上海举办"南通对接服务上海大会",强调南通对接服务上海是南通市落实国家战略及有关规划的必然选择,也是江苏省委、省政府给予南通的明确定位和要求,是策应上海城市定位和发展需求的主动作为。④大会突出"服务大上海、建设北大门"的主题,明确沪通合作关键在于更好的发挥政府和市场的积极作用,需要两地政府进一步加强引导、协调和服务,探索构建有利于推动资本、技术、产权等要素自由流动和优化配置的制度安排,加快形成更加完善、相互协同的管理机制、合作机制、服务机制和推进机制,推动双方合作迈向体制合作的高级阶段,在合作交流当中实现共同发展。

2017年5月16日,江苏省政府正式批复《南通建设上海大都市北翼门户城市总体方案》。⑤批复指出,加快建设上海大都市北翼门户城市是南通抢抓国家系列重大战略机遇的关键举措,是策应上海建设卓越全球城市的实际行动,有利于推动长三角区域协同发展、融合发展,能够在实现江苏"两聚一高"和建设长三角世

---

① 《省发改委印发我市创建浙江省全面接轨上海示范区实施方案》,中国嘉兴网,2017年5月31日。
② 《我市全面接轨上海示范区行动计划出炉》,中国嘉兴网,2017年7月27日。
③ 《南通市国民经济和社会发展第十三个五年规划纲要》,南通市人民政府网,2017年2月4日。
④ 《南通对接服务上海大会新闻发布会》,南通市人民政府网,2017年4月17日。
⑤ 《省政府关于南通建设上海大都市北翼门户城市总体方案的批复》,江苏省人民政府网,2017年5月16日。

界级城市群中发挥更大作用。批复要求南通市牢固树立创新、协调、绿色、开放、共享的发展理念,紧紧围绕江苏省委、省政府的部署要求,充分发挥靠江靠海靠上海的地域优势,积极参与上海大都市圈协同发展,全面推进交通互联互通、城市功能互补、产业协同配套、文化相通融合、生态共保共治,构建全方位、宽领域、高层次对接服务上海新格局,建设集"生态屏障、产业腹地、创新之都、文化名城"等功能于一体的上海"北大门"。

**2. 主动对接开创区域合作创新模式**

随着新型城镇化战略和区域协调发展战略的深入实施,国家积极支持城市群发展建设,持续推进区域一体化协同合作。但是在近40年的改革开放进程中,中国已形成了条块分割、各自为政的地方治理体系,为统一开放的区域大市场体系建设带来了诸多困难。与此同时,压力型政府绩效评估指标体系难以催生跨区域政府合作的真正动力,各地方政府往往出于自身利益的考虑,按照政府的业绩来组织和调控经济发展。因此,尽管中央政府出台多项措施,试图以行政手段来解决跨区域政府合作问题,但是区域合作进展有限,跨区域政府合作的共识难以真正形成。近年来,区域合作主要通过各种互访、会议、协议等方式推进,跨区域政府合作议题"议而不决、决而不行"的状况依然存在。①

主动对接成为跨区域合作创新实践的最大亮点,开创了区域合作的全新篇章。

(1) 主动对接都市圈发展战略机遇,区域合作成为地方政府真正共识。

地方政府充分认识到当前处于国家重大发展战略与区域一体化发展的重要交汇点,抢抓战略机遇有利于促进地方跨越式发展。因此,区域合作成为地方政府真正共识,促使地方政府主动出击、全面对接。

嘉兴市充分认识到,创建浙江省全面接轨上海示范区是嘉兴抢抓国家重大战略机遇的关键举措,是贯彻落实浙江省委发展战略任务目标的重要抓手,也是服务上海建设的应势之举,能够促进嘉兴市在更高水平、更深层次上接轨上海、融入长三角。因此,建设浙江省全面接轨上海示范区,嘉兴市多次提速加码。2016年嘉兴在城市总体规划中提出"设立浙江省全面接轨上海示范区";2017年3月获得浙江省批复通过;2017年5月即通过《嘉兴市创建浙江省全面接轨上海示范区实施方案》,明确对接重点事项和具体项目;2017年7月又发布《嘉兴市创建浙江省全面接轨上海示范区行动计划(2017—2020年)》,强调紧紧抓住创建浙江省全面接轨上海示范区契机,明确提出到2020年建成示范区,成为浙江新一轮发展的增长极。

---

① 唐亚林:《长江三角洲区域治理的理论与实践》,上海:复旦大学出版社2014年版。

南通市同样认识到"服务大上海、建设'北大门'"不仅是省委、省政府赋予南通的一项重要使命,更是南通拓展新空间、打造新引擎、积蓄新动能的主攻方向。因此南通注重全方位、宽领域、深层次全面对接服务上海,加快建设上海"北大门"。南通市强调,接轨上海不能只盯着交通互联互通、产业转移承接,还要在更高层面上聚力对接上海创新资源,实现借力发展、借势提升;首当其冲就是要抓住上海建设全球科技创新中心、打造卓越全球城市的机遇,加快建设长三角北翼经济中心,使"北大门"外在形象上与上海匹配、内在水平上向上海看齐。

(2) 主动对接获得多方战略支持,区域合作成为省级政府重要发展战略。

浙江省和江苏省政府部门及相关职能机构为嘉兴市、南通市主动对接区域合作提供了诸多支持。两市也成为两省加强区域合作的示范城市和先锋城市。浙江省在轨道交通接轨、园区建设等八大重点事项以及科技成果转化机制、特色小镇创建、人才引进培养机制等十五项创新改革项目支持嘉兴全面接轨上海。江苏省政府同样要求江苏省有关部门要按照职能分工,进一步加强对南通建设上海大都市北翼门户城市的支持和指导,在规划编制、政策实施、项目安排、体制机制创新等方面给予积极支持,帮助协调解决南通对接服务上海过程中遇到的困难和问题,营造良好的政策环境。

(3) 全面对接,融合发展,区域合作进入深度协同新阶段。

区域合作不再停留在经济合作和产业转移等层面,而进入了政策衔接、公共服务同城化、文化理念融合的深度阶段,促进区域合作进入经济社会文化一体化协同发展的新阶段。

嘉兴市全力推进浙江省全面接轨上海示范区建设,推动与上海政策制度无缝衔接、产业协同更趋紧密、科创合作全域推进、交通体系一体构建、公共服务融合共享,加快与上海同城化步伐,同时将接轨上海与"一带一路"、长江经济带建设等国家重大战略结合起来,推动与上海规划全面对接、协调统一、更好地实现融合发展。南通市重点按照行政推动常态化、区域市场一体化、产业发展协同化、社会服务同城化、交通运输便利化原则,全面深度对接融合,使全面对接取得实质性进展。①

(4) 政策对接、制度衔接,区域合作形成长效、稳定的制度化体制机制。

在各种合作协议、会议、协调会等正式或非正式合作形式的基础上,主动对接区域合作注重形成长效、稳定的体制机制,提升协同水平。

嘉兴市注重深化政策、规划和机制协同,按照全面融入上海都市圈的目标加强政策共享,推动嘉兴与上海政策制度无缝衔接。嘉兴市进一步梳理政策、规章

---

① 《南通要建成上海"北大门" 深度对接服务大上海》,《新华日报》2017年4月25日。

制度及办事规则与上海差异,研究制定承接上海非核心功能相关配套政策,充分发挥嘉善县域科学发展示范点体制机制优势,率先复制推广上海自贸区投资便利化、贸易自由化等方面创新政策,并重点在国家级开发区、保税区逐步推广,努力消除与上海政策落差。建立沪嘉两地双层双向对接机制,加强与上海常态化交流,提升区域融合水平。

(5) 执行对接,贯彻落实,区域合作产生实质性治理绩效。

围绕建设全面接轨上海示范区,嘉兴市将成立创建浙江省接轨上海示范区工作领导小组,由市主要领导任组长,领导小组办公室按年度编制工作任务清单并分解落实,各县(市、区)和市级各部门(单位)结合实际,制定接轨上海示范区建设的政策意见和具体措施,并将其纳入年度工作目标责任制考核,确保执行绩效。南通市要求完善工作推进机制,制定具体实施方案,明确任务分工,落实工作责任,统筹推进对接服务上海各项工作。

**3. 主动对接推进区域合作成果卓著**

嘉兴市、南通市主动对接上海,区域合作成果卓著。其中,嘉兴市积极采取了一系列创新举措,取得更为显著的成效。

2017年7月28日,嘉兴举办加快推进浙江省全面接轨上海示范区建设大会,在全面合作、园区平台合作、科技人才合作、民生领域合作等四个方面签署30多个协议。大会明确嘉兴在浙江全面接轨上海中牢筑"桥头堡",打造示范区。具体包括:

(1) 打造上海连接杭州湾大湾区的"主通道",在交通互联互通上作示范;
(2) 打造长三角先进产业发展的"协作区",在产业互惠互利上作示范;
(3) 打造沪嘉杭世界级科创走廊的"枢纽段",在科技创新共建共享上作示范;
(4) 打造长三角中心区域的"大花园",在生态环境联治联保上作示范;
(5) 打造优质民生福祉"共享地",在公共服务借势借力上作示范。

同时,沪嘉杭科技协同创新取得实质性进展。2017年7月,嘉兴与松江、杭州共同签署《沪嘉杭G60科创走廊建设战略合作协议》,与上海张江高新技术产业开发区、上海市金山区共同签署《深化合作加快推进张江长三角科技城建设框架协议》。[①] 这是嘉兴市创建浙江省全面接轨上海示范区的又一有力举措,明确了沪嘉杭G60科创走廊建设和张江长三角科技城建设路径。上海松江、嘉兴、杭州三地将以G60高速公路为纽带,打破行政区划,在提升区域协同创新能力、共建高度融合发展产业体系、共同营造良好创新发展环境、健全互联互通智慧基础设施网络、创新一体化发展体制机制等五大方面深化合作,并将在政府产业基金、人才交流、

---

① 《沪嘉杭G60科创走廊、张江长三角科技城建设路径清晰》,中国嘉兴网,2017年7月19日。

知识产权发展和保护这三个领域签约合作,为推动科创要素的自由流动创造条件,共同打造横跨三地的科创走廊。

2017年9月16日,嘉兴湘家荡上海推介会正式举行,全面展示其区位优势、投资环境和发展前景。总投资达15亿元的多个项目正式签约落户嘉兴市湘家荡开发区。这些项目全部来自上海,项目达产后预计年产值达到27亿元,实现税收1亿元。其中,智能化物流设备研发制造项目由上海中通吉网络技术有限公司投资,项目占地150亩,总投资7500万美元,注册资金5000万美元,项目达产后预计实现年产值8亿元,实现税收3800万元。①

南通市也积极开展对接活动。2017年9月11日至15日,南通市委、市政府在上海及苏南地区组织了2017上海(苏南)投资促进周活动。活动准备期间,南通市即对现有总部在上海的意向项目、签约项目、拟开工项目进行全面摸底,排出一批龙头型、基地型和中小型优质项目。统计显示,投资促进周期间,市领导和各县(市)区负责人共拜访企业101家,对接洽谈项目94个,总投资达1772亿元。②

## 三、新治理:精细化管理开拓城市发展新局面

### 1. 大都市发展进入精细化管理新阶段

我国经历了世界历史上规模最大、速度最快的城镇化进程,城市发展波澜壮阔,取得了举世瞩目的成就。国家统计局发布数据显示,2016年底我国城镇化率已达到了57.35%。③ 中国城市发展和城市治理进入新阶段。特别是超大都市面临人口众多且流动加速、治安形势复杂化、公民需求多样化、城市公共安全事件频发等新挑战。因此城市管理难度大大提高,传统的城市粗放化管理难以有效应对。城市发展与管理开始从"卖土地""造新城""盖楼房"为重点的"摊大饼"式规模化建设进入以"补短板"为终端的"精细化"式内涵化治理的新阶段。

中共十八届三中全会《中共中央关于全面深化改革若干重大问题的决定》提出了"全面深化改革的总目标",即"完善和发展中国特色社会主义制度,推进国家治理体系和治理能力现代化"④。2015年年底《中共中央国务院关于深入推进城市执法体制改革,改进城市管理工作的指导意见》⑤和2016年年初《中共中央国务

---

① 《2017年嘉兴湘家荡旅游文化节上海推介会昨举行》,嘉兴市人民政府合作交流办公室网站,2017年9月19日。
② 《对接上海,南通最近又打了个"漂亮仗"》,新华网,2017年9月20日。
③ 《国家统计局:2016年末中国常住人口城镇化率达57.4%》,人民网,2017年7月11日。
④ 《中共中央关于全面深化改革若干重大问题的决定》,中华人民共和国中央人民政府网,2013年11月15日。
⑤ 《中共中央国务院关于深入推进城市执法体制改革,改进城市管理工作的指导意见》,人民网,2015年12月31日。

院关于进一步加强城市规划建设管理工作的若干意见》[1]相继发布,这标志着城市管理现代化开始成为当代中国国家治理现代化的重要组成部分被提上了议事日程。

2015年11月,中共十八届五中全会《中共中央关于制定国民经济和社会发展第十三个五年规划的建议》提出"加强和创新社会治理,推进社会治理精细化,构建全民共建共享的社会治理格局"[2]。建议要求健全利益表达、利益协调、利益保护机制,引导群众依法行使权利、表达诉求、解决纠纷。增强社区服务功能,实现政府治理和社会调节、居民自治良性互动。同时要求完善社会治安综合治理体制机制,以信息化为支撑加快建设社会治安立体防控体系,建设基础综合服务管理平台;落实重大决策社会稳定风险评估制度,完善社会矛盾排查预警和调处化解综合机制,加强和改进信访和调解工作,有效预防和化解矛盾纠纷。城市发展与建设进入精细化管理新阶段。

**2. 精细化管理促进治理标准化、信息化、多元化**

精细化管理是国家治理现代化的题中之义,能够促进社会治理标准化、信息化和多元化,提高社会治理水平,推进国家治理体系和治理能力现代化。

精细化管理要求建立细化、量化的工作内容,促进社会治理标准化。标准化是社会治理精细化的关键问题之一,能够使社会治理过程成为可量化、可追溯、可考核的过程,使相关工作的协调运转和有效衔接得到保障。同时,通过将行政流程纳入制度化和标准化的框架之内,将公共服务的方式、流程和内容固化下来,实现管理的可持续、可复制。推进政务服务标准化,对于提高政务服务水平、加快政府职能转变、促进政府治理现代化都具有十分重要的作用,是精细化管理的重要内容。

精细化管理要求以信息技术应用和治理工具创新推进社会治理信息化。精细化管理本身即对技术有着较高的要求。实现社会治理精细化,要高度重视民生领域的信息化建设,通过整合教育、医疗、就业、社保和民政等社会公共资源,打造智慧医疗、智慧教育、智慧家政、智慧社区、智慧生态等数字化综合民生服务平台,构建全面覆盖、统一调度、信息共享和动态更新的集成化、枢纽型的区域性社会治理综合信息系统和智能化、广覆盖、即时性的社会治理云服务体系。[3] 信息技术能够利用网络平台促进信息和流程公开,增进信息透明与共享,还能够重塑业务流程,推进公共服务供给的高效化与智能化。

精细化管理要求不断调整优化多个治理主体之间的关系,以多主体协同治理

---

[1] 《共中央国务院关于进一步加强城市规划建设管理工作的若干意见》,人民网,2016年2月6日。
[2] 《中共中央关于制定国民经济和社会发展第十三个五年规划的建议》,新华网,2015年11月3日。
[3] 孙涛:《推进社会治理精细化的五个维度》,《学习时报》2017年2月27日。

为基础推进社会治理多元化。精细化管理要求政府强化引导,同时鼓励多元参与,从单一管制模式转向政社合作、政企合作、政民合作的多元参与模式。鼓励志愿者在公共事务管理中发挥作用,拓展共治内容。社会治理多元化有利于实现政府治理、社会自我调节、居民自治的良性互动,提升治理绩效。

### 3. 上海"补短板"推进城市精细化管理创新实践

"补短板"成为2016年上海市委"1号课题"。上海市委书记韩正指出,短板就是主要矛盾,长时间积累的短板问题已经逐渐成为影响改革创新、协调发展的难点瓶颈,制约了整个城市整体效益的提升,因此需要全市协同、形成合力,发现推进落实和补短板中出现的体制机制政策问题,认真研究,统筹协调,攻坚突破,补好短板,确保重点工作和重要任务落实落地。① "补短板"多项举措推进,大幅提升了上海这一超大城市的精细化管理水平。

上海"补短板"实践主要聚焦于推进区域环境综合整治和加强综合交通管理这两项任务。

(1) 部署"五违四必",推进区域环境综合整治

在2015年综合环境整治成果的基础上,上海市注重进一步聚焦群众反映最强烈、问题最集中、难度更大的区域,全面加强环境综合整治,做到区域联动、水岸联动,狠抓区区交界之处,狠抓水环境治理,市里重点抓大河大江治理,区县重点聚焦中小河道整治。"五违四必"成为区域环境综合整治的重点工作。"五违"即违法用地、违法建筑、违法经营、违法排污、违法居住;"四必"即安全隐患必须消除、违法无证建筑必须拆除、脏乱现象必须整治、违法经营必须取缔。

上海市政府大力部署"五违四必"综合整治,成果卓著。2016年全市17个重点地块和各区重点地块上拆除违法无证建筑超过5000万平方米。2015、2016两年,全市面上拆违总计超过6392万平方米。2017年,"五违四必"区域环境综合整治继续纳入市委重点推进和督查工作,明确22个市级地块,其中20个地块与城乡中小河道综合整治相关,各区还确定了292个区级地块和一批街镇级地块,预计全年拆除违法建筑将超5000万平方米。②

(2) 制定上海交通"十三五"规划,从严加强综合交通管理

在交通管理方面,上海市一方面进一步加大交通基础设施建设,确保每条"断头路"按照竣工通车时间表必须完成打通;另一方面交通管理依法严管,敢于出手、付诸行动,确保严格管理的各项工作真正落到实处。同时,有法必依、执法必

---

① 《2016年上海市委"1号课题"敲定 韩正剖析补短板》,新华网,2016年1月14日。
② 《上海市委市政府部署"五违四必"综合整治 韩正:咬住目标聚焦重点再狠抓一年》,新华网,2017年2月23日。

严,严格落实相关条例,切实消除交通安全隐患。

上海加强综合交通管理,突出强调从严治理、长效治理、依法治理,"一抓到底,久久为功"。在交通综合治理过程中,聚焦道路交通违法行为,突出依法严管,严在全覆盖整治影响交通秩序的突出问题;严在零容忍,见违必纠、纠违必处、处罚必严;严在不设时间表,直到形成常态长效。同时突出完善法制,坚持立法与实践相结合,新修订通过的《上海市道路交通管理条例》,充分体现从严管理,为严格执法提供最大程度的法治支撑,为加强综合交通管理,提供更全面、更科学的法律依据。①

2016年9月28日,上海市人民政府印发《上海市综合交通"十三五"规划》。②在交通管理方面,强调继续完善市域公路网络、完善城市道路网络、加快推进区区对接和断头路连通工程、加强道路交通组织管理;同时进一步加强交通需求管理,全面提升智慧化交通水平。"十三五"期间,上海综合交通体系将逐步进入"完善功能、注重管理、提升服务"的交通设施建设和品质提升并重发展阶段。

## 四、新驱动:创新网络缔造科技发展新动力

创新驱动发展战略成为关系国家发展全局的重大战略。国际竞争从经济竞争、资本竞争前移到科技竞争和创新竞争。构建区域协同创新网络能够提升区域创新发展整体水平,发挥网络协同效应和辐射带动作用,对建设具有国际竞争力和影响力的创新区域和创新枢纽具有重要意义。创新网络建设成为促进科技发展的新动力。

**1. 国家部署建设区域创新网络**

在新一轮科技革命和产业变革的重大机遇前,世界主要国家和地区对创新的重视程度不断升级,力求占据科技创新制高点。中国出台多项宏观战略与发展政策对区域创新网络的建设进行了系统谋划和顶层设计部署,整体上要求聚焦国家战略需求和重大原始科学创新问题,加快区域协同创新网络建设,完善区域协同创新机制,带动区域创新水平整体提升。

2016年3月《中华人民共和国国民经济和社会发展第十三个五年规划纲要》发布,要求打造区域创新高地,引导创新要素聚集流动,构建跨区域创新网络。③2016年5月,中共中央、国务院印发《国家创新驱动发展战略纲要》,进一步细化要求聚焦国家区域发展战略,优化区域创新布局,推动跨区域整合创新资源,打造区

---

① 《上海:加强综合交通管理、依法整治交通违法行为要一抓到底久久为功》,中华人民共和国中央人民政府网,2017年1月6日。
② 《上海市综合交通"十三五"规划》,中国上海网,2016年9月28日。
③ 《中华人民共和国国民经济和社会发展第十三个五年规划纲要》,新华网,2016年3月17日。

域协同创新共同体。① 2016年8月,国务院发布《"十三五"国家科技创新规划》,要求形成具有强大辐射带动作用的区域创新增长极,协同推进全面创新改革,完善区域协同创新机制,深度参与全球创新治理。2016年6月,习近平总结指出科技创新的为"三个面向",即面向世界科技前沿、面向经济主战场、面向国家重大需求。②

**2. 区域创新网络的重要作用**

区域科技创新网络能够促进所在区域的经济发展与创新活力,推动科技创新,具有重要的功能作用。对区域内各个创新结点而言,区域创新网络提供了各种正式与非正式的网络化合作关系,促进知识的流动和创新的扩散。网络结构能够将创新主体链接到更广泛的创新系统中,使创新活动在更大规模、更多维度中产生。区域创新链条的形成意味着多样化的有效合作关系,能够增强网络结构的协同效应,形成互惠的、开放的、动态的链接关系,意味着降低创新主体的交易费用,促进知识与技术的高效流动。

对整个区域而言,创新网络的重要功能在于优化整合区域创新资源,促进区域经济增长和创新能力提高。创新是一个社会化的非线性过程,是行为主体通过相互协同作用而创造技术的过程。网络式创新结构之中,各个结点都可能发生创新,而当创新产生之后也能够迅速在网络内流动扩散开来,形成区域经济的又一个增长点。随着创新要素的大量聚集和创新能力的显著增强,有利于形成区域创新文化、培育区域创新资本,进一步建立起完善的区域创新体系,形成区域经济的新增长极。

**3. 区域创新网络缔造科技发展新动力**

泛长三角、京津冀、泛珠三角以世界级城市群为目标,是中国区域创新网络建设的重点区域,注重积极推进区域协同创新网络建设,推动科技创新,提升区域综合实力。

2016年12月,长三角主要领导座谈会召开,三省一市(上海市、江苏省、浙江省、安徽省)签订《关于共同推进长三角地区协同创新网络建设合作框架协议》,明确要继续推进创新链产业链深度融合,努力提升区域综合竞争力。积极推进长三角协同创新网络建设,以上海建设具有全球影响力的科技创新中心为引领,加强上海自贸区、浙江自贸区、张江国家科学中心、合肥国家科学中心、张江国家自主创新示范区、苏南国家自主创新示范区等合作互动,打造协同创新平台,共建创新

---

① 《中共中央 国务院印发〈国家创新驱动发展战略纲要〉》,中华人民共和国科学技术部,2016年5月。
② 《习近平指出科技创新的三大方向》,人民网,2016年6月2日。

服务联盟,共同营造创新发展良好生态。① 2017年9月,浦江创新论坛发布《2017年上海科创中心指数报告》指出上海已成为全球创新网络中的区域关键节点,新兴产业发展引领力和区域创新辐射带动力提升速度明显,年均增长率分别达到15.6%和15%,对周边区域起到重要的辐射带动作用,在全球创新网络中扮演关键节点和枢纽角色。②

京津冀地区持续推进全面创新改革和区域创新网络建设。2016年6月,国务院批复同意《京津冀系统推进全面创新改革试验方案》③,要求充分发挥北京全国科技创新中心的辐射带动作用,依托中关村国家自主创新示范区、北京市服务业扩大开放综合试点、天津国家自主创新示范区、中国(天津)自由贸易试验区和石(家庄)保(定)廊(坊)地区的国家级高新技术产业开发区及国家级经济技术开发区发展基础和政策先行先试经验,建立健全区域创新体系,推动形成京津冀协同创新共同体,打造中国经济发展新的支撑带。截至2017年8月,京津冀系统推进全面创新改革试验取得实质性成效,北京加强全国科技创新中心建设16项任务积极推进,北京输出到津冀技术合同成交额达325亿元。京津石海关实行区域通关一体化改革,通关时间平均缩短41天。京津冀协同发展试点示范工作方案印发实施,新机场临空经济区等先行先试平台加快打造。北京服务业扩大开放综合试点141项任务已完成126项,形成一批创新成果。④

泛珠三角区域及规划中的粤港澳大湾区城市群区域坚定不移实施创新驱动发展战略,建设区域创新网络,打造区域创新发展强大引擎。在布局上,泛珠三角地区注重构建"1+1+7"的区域创新格局,以深圳、广州为龙头,珠三角其他7市为支撑,推动珠三角一体化创新发展。做强深圳创新产业优势,对标国际创新先进地区,打造中国的"硅谷"。发挥广州的科教和人才优势,打造全省创新发展的另一个"发动机"。珠三角其他7市立足各自优势,集中做大做强高新技术开发区。沿广深轴线建设科技创新走廊,集聚创新资源,带动东莞等珠三角城市,打造具有国际水平的创新经济带。2016年,珠三角研发投入占GDP比重达2.85%,珠三角9个国家高新区内高新技术企业占纳入统计企业比重从2012年的36.7%提高到现在的50.1%。珠三角创新型经济格局加快形成。⑤ 规划中的粤港澳大湾

---

① 《长三角地区主要领导今天开会座谈,定下了哪些大事?》,上海市人民政府合作交流办公室,2016年12月9日。
② 《全国1/3顶尖科技成果出自上海》,中国上海网,2017年9月30日。
③ 《国务院关于京津冀系统推进全面创新改革试验方案的批复》,中华人民共和国中央人民政府网,2016年6月24日。
④ 《十八大以来推动京津冀协同发展不断取得重大进展》,中华人民共和国中央人民政府网,2017年8月21日。
⑤ 胡春华:《坚定不移实施创新驱动发展战略》,《人民日报》2017年8月30日第9版。

区则强调充分发挥功能平台的探索与示范作用。大湾区功能平台众多,包括前海、横琴、南沙,有自贸区、综合改革试验区等,赋予的政策力度之大、试验内容之广及层次之高,都是其他地方很难比拟的。应把它看作是国家赋予这一地区的特殊资源优势,充分发挥这些功能平台的作用。专家建议珠三角东岸要重点瞄准通讯设备、信息技术、智能制造产业带,珠三角中部重点发展汽车、船舶、电子信息、健康医药产业,珠三角西岸则以海洋工程、光电装备等为突破,努力成为科学技术、生产方式和商业模式创新的引领者。① 粤港澳大湾区在规划阶段注重采取创新驱动发展战略,促进区域创新网络协同合作,打造全球科技创新平台,构建开放型创新体系,完善创新合作体制机制,建设粤港澳大湾区创新共同体。

---

① 《在大湾区里打造科技创新走廊》,《南方日报》2017 年 7 月 2 日第 4 版。

# 2017中国城市群竞争力评价

## 一、城市群竞争力研究评述

改革开放以来,中国城镇化进程加速,形成了具有中国特色的城市群空间组织模式,以城市群为主体形态推进新型城镇化已成为优化城镇化布局的战略选择。《"十一五"规划纲要》首次强调"城市群的发展将作为我国推进城市化的主体形态",其后城市群发展战略已三次将其写入国家的五年发展规划。《国家新型城镇化规划(2014—2020)》也明确提出以城市群为主体形态,推动大中小城市和小城镇协调发展,同时强调城市群是支撑全国经济增长、促进区域协调发展、参与国际竞争合作的重要平台。

作为参与全球竞争和国际分工的基本地域单元,城市群竞争力的提高对于区域和国家经济社会发展都有十分重要的意义。竞争力的概念最早来自企业管理研究,从1980年代起用于国家竞争力的研究,代表性的模型有两个:一是波特基于公司竞争力分析基础上提出的国家竞争优势理论,二是世界经济论坛和瑞士国际管理与开发学院共同开发的国家国际竞争力模型(IMD模型)。波特(1997)在其《国家竞争优势》一书中指出,"国家竞争力是社会、经济结构、价值观、文化、制度政策等多个因素综合作用下创造和维持的。在此过程中,国家的作用不断提升,最终形成一个综合性的国家竞争力"。波特提出解释国家竞争力的"钻石模型",由生产要素、需求状况、相关和支持产业、企业战略、结构和竞争四个要素组成,此外,政府作用和机遇是两个外生因素。IMD模型以国家的国际竞争力为研究对象,目的是对世界各国竞争力进行排序,该模型选取企业管理、经济实力、科学技术、国民素质、政府作用、国际化程度、基础设施和金融环境等八大竞争力要素共224个指标。[1]

波特同时认为,国家竞争力分析亦可应用于区域和城市竞争力分析。国内学者郝寿义、倪鹏飞(1998),宁越敏、唐礼智(2001),徐康宁(2002)等率先开展城市竞争力研究,近十年来城市群竞争力的研究开始受到关注。城市群是指具有一定人口规模、内部具有密切经济社会联系、具有较高城市化水平的区域,是国家经济

---

[1] 赵彦云:《中国国际竞争力评价》,《经济研究参考》1997年第6期,第19—30页。

的重心和增长极。自1957年法国地理学家戈特曼提出大都市带（megalopolis）概念以来，城市群的研究一直受到国际学术界的广泛关注。国内外学者均认为，国家竞争力在很大程度上取决于城市群（也称 mega city-region，巨型城市区域）的竞争力，而城市群竞争力是指城市群在国家层面集聚生产要素和优质资源的能力，在从属大区域或国家中进行资源配置和优化的能力，由此使自身获得持续增长的能力。与单个城市竞争力不同的是，城市群竞争力表现为群内城市整合基础上的综合竞争力。

对如何建立城市群竞争力的评价模型和构造相应的城市群竞争力评价指标体系，不同的学者考虑的角度不尽相同。张会新结合城市群的特征设计了一个城市群竞争力测度指标体系，该指标体系由经济发展、科技实力、基础设施、区位环境、自然环境、社会环境六大要素，17个一级指标和88个二级指标组成。① 倪鹏飞将城市群竞争力定义为与其他城市群相比，一个城市群在资源要素流动过程中获得持久的竞争优势、最终实现城市群价值的系统合力。在对城市群系统要素研究和城市群演化机制研究的基础上，集合关于城市竞争力的研究成果，建立了城市群综合竞争力的"品"字型模型，认为城市群综合竞争力可以从先天竞争力、现实竞争力和成长竞争力三个层面来展开，并对中国33个城市群竞争力进行了评价。② 高汝熹等以都市圈替代城市群，认为都市圈竞争力是指特定都市圈在竞争和发展过程中与其他都市圈相比较具有的创造财富收益的能力。都市圈的综合竞争力取决于三大要素，即都市圈发育水平、都市圈实力水平、都市圈绩效水平。③ 张学良、李培鑫认为城市群经济来自地方化经济和城市化经济两个方面，提出要从要素集聚能力、整合发展能力、基础设施水平、社会发展水平和资源环境承载力等五个方面建立指标体系。④

总体来看，目前城市群竞争力的研究虽然已有一定的成果，但尚存不足之处，表现在评价指标体系中未充分考虑全球化和科技进步对我国城市群发展的影响，大多数研究也未对各项指标赋予不同的权重，因此城市群竞争力评价方法存在进一步改进的空间。

## 二、中国城市群的界定

城市群具有引领区域经济增长的作用，而这种作用的发挥需要城市群具有一

---

① 张会新：《城市群竞争力评价指标体系的构建与应用》，《太原理工大学学报（社会科学版）》2006年第24卷第4期，第18—21页。
② 倪鹏飞：《中国城市竞争力报告 No.6》，北京：社会科学文献出版社2008年版。
③ 高汝熹、吴晓隽、车春鹂：《2007中国都市圈评价报告》，上海：上海人民出版社2008年版。
④ 张学良、李培鑫：《城市群经济机理与中国城市群竞争格局》，《经济改革》2014年第9期，第59—63页。

定的规模和经济实力。宁越敏提出城市群界定的6条标准:1. 以都市区作为城市群的核心。由于中国城市的行政区划不能反映城市实体地域的大小,有必要引入城市功能地域即都市区的概念。一个城市群至少有两个人口百万以上大都市区作为发展极,或至少拥有一个人口在200万以上的大都市区。2. 大城市群的总人口规模达1000万人以上。3. 应高于全国平均的城市化水平。4. 沿着一条或多条快速交通走廊,连同周边有着密切社会、经济联系的城市和区域,相互连接形成的巨型城市化区域。5. 城市群的内部区域在历史上要有较紧密的联系,区域内部要有共同的地域认同感。6. 作为功能地域组织的都市区缺少相应的经济统计数据,而地级市能够提供较为齐全的统计数据,因此城市群的组成单元以地级市及以上城市型行政区为主,包括副省级市、直辖市(重庆的市域规模相当于省,只计算核心地区),个别情况下包括省辖市,如中原城市群的济源市,武汉城市群的仙桃、天门、潜江三市。①

  首先以2000年"五普"数据辨认出大都市区,在此基础上辨认城市群。② 除长江三角洲、珠江三角洲、京津唐等个别早已明确范围的城市群外,其他城市群的空间界定都以两大都市区为端点,沿铁路干线所形成的城市带。如辽中南城市群主要以沈大线之间的城市组成,山东半岛城市群主要由济南—青岛—威海之间的城市组成,成渝城市群主要以成都和重庆之间的城市组成,中原城市群主要以陇海线开封—洛阳之间的城市组成,等等。这样,中国大陆合计有13个规模较大的城市群。其中,长江三角洲、珠三角、京津唐、山东半岛、辽中半岛、哈尔滨—齐齐哈尔、长春—吉林、中原地区、闽南地区、成渝地区等10个地区均有两个人口百万以上的大都市区以及一批人口在50—100万的都市区,这些都市区沿交通干线相互连接,形成了彼此间有着密切的社会经济联系的城市群。此外,武汉、长株潭、关中等三个地区虽无两个人口百万以上的大都市区,但核心都市区的人口超过200万人。

## 三、城市群竞争力评价的指标选择

### 1. 城市群竞争力评价指标体系的建构

  不少学者对城市群竞争力评价指标体系进行了研究,并基于不同理念选取相应的指标。从竞争力研究的起源看,城市群竞争力更多地反映为一个城市群集聚先进生产要素和优质资源的能力,以及对区域经济发展的支配能力,由此获得持

---

① 宁越敏:《论中国城市群的界定和作用》,《区域经济评论》2016年第1期,第124—130页。
② 宁越敏:《中国都市区和大城市群的界定——兼论大城市群在区域发展中的作用》,《地理科学》2011年第31卷第3期,第257—263页。

久的增长。因此,本文城市群竞争力评价指标体系从经济、人力资源、基础设施、科创能力、国际竞争力五个方面入手进行架构,包括16个二级指标,25个三级指标(图1)。三级指标的选取从两个角度考虑:一是代表先进生产要素和优质资源的指标,先进生产要素是指资本、技术、知识,包括固定资产投资额、金融机构存款、外商直接投资、科研人员从业人数、发明专利数量、知识的生产机构如国家重点实验室以及985/211大学数量等,优质资源包括500强企业数量、是否属于GaWC小组认定的世界城市等。这些指标具有稀缺性,其空间分布极不均衡,一个城市群拥有这些资源的数量可以衡量其对先进要素的集聚能力;二是反映经济发展水平的指标,如人均地区生产总值、非农产业比重、城市化水平、公路密度、进出口总额等,这些指标更多地反映城市群竞争力的基础条件。至于衡量城市群规模的总人口、地区生产总值两项指标不予收入,以消除规模对竞争力的影响。五大一级指标的具体内涵如下:

第一,经济竞争力。城市群竞争力首先表现在生产要素在城市群内的集聚和空间配置能力,是城市化所带来的集聚经济推动的结果。因此城市群竞争力的核心就是经济活动集聚的效率,二级指标包括经济产出、产业结构、资本规模、总部经济。城市群的经济发展水平越高意味着经济集聚发挥的作用越大,从而竞争力就越强。

第二,人力资源竞争力。劳动力资源是经济活动得以进行必不可少的生产要素,劳动力资源的质量和数量关系着城市群范围内经济活动效率的高低。因此,人力资源竞争力是城市群综合竞争力的基础支撑之一,二级指标包括人口城镇化水平、劳动力水平、人力资本。

第三,基础设施竞争力。城市群内的城市并不是孤立存在的,而是被各类基础设施相连接。有效的经济集聚需要人流、资本流、信息流和商品流等要素在城市之间通过基础设施所架设的通道进行畅通无阻地流通。因此基础设施竞争力构成了城市群综合竞争力的另一个支撑。二级指标包括公路运输、铁路运输、航空运输和信息化水平。

第四,国际化竞争力。世界经济一体化程度的不断加深成为当今国际经济领域的一大特色,城市群必须融入全球经济体系,成为参与国际竞争合作的平台。因此,对外开放程度是衡量城市群在全球体系中竞争力的重要指标,由此构建的国际化竞争力也是城市群的外生竞争力。二级指标包括外向型经济、对外交通、世界城市得分。

第五,科技竞争力。科技竞争力是国家竞争力评价中的重要组成部分。知识经济时代,创新是发展的根本,高科技竞争成为世界发展的主流,只有通过高科技推动,寻求走向知识经济时代的制高点,才能获取竞争的优势。因此科技竞争力应该成为城市群一个关键的内生竞争力。二级指标包括创新能力、科研能力。

在上述城市群竞争力评价体系的架构基础上,本研究从经济竞争力、人力资源竞争力、基础设施竞争力、国际化竞争力和科技竞争力5个一级指标出发,构建了包含16个二级指标,25个三级指标的城市群综合竞争力评价体系(图1)。

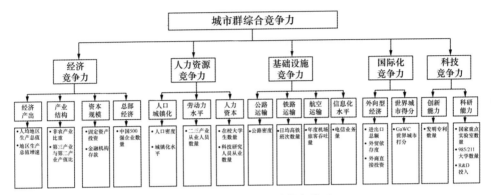

**图1　城市群竞争力评价指标体系**

### 2. 评价指标的数据来源

本研究的数据主要来源于官方统计和网络渠道,考虑到可获得的数据的时效性,选取2013年为数据的采集年份。其中主要的经济社会指标来源于《中国城市统计年鉴2014》和《中国区域经济统计年鉴2014》。500强企业数据来源于《2015中国500强企业发展报告》。日均高铁班次数量来自火车票订票网站http://www.12306.cn/(登录时间为2016年11月3日)。年度机场旅客吞吐量和国际旅客数量来自《从统计看民航2013》。世界城市得分来源于GaWC工作小组2016年对世界城市的打分(http://www.lboro.ac.uk/gawc/)。国家重点实验室的数量以及985/211大学的数量来自网络检索。

## 四、城市群竞争力的评价方法

### 1. 指标处理及确定权重的方法

图1显示了评价城市群竞争力的三级指标,显而易见各指标对城市竞争力的影响程度不同,因此宜对各项指标赋以不同权重值。既然城市群竞争力是指一个城市群在国家中先进要素的集聚能力和支配能力,由于先进要素属于稀缺资源,其在13个城市群中的分布必然是非均衡的,因此可用熵值法来确定各项指标的权重。若某项指标在13个城市群中的分布趋向集聚,则该项指标就拥有较高的权重,反之,则权重较低。其计算过程如下:

(1) 为了去除各项指标量纲的差异,将各项指标标准化,在本研究中各项指标

皆为正向指标,故使用如下公式:

$$x'_{i,j} = \frac{x_{i,j} - \min_j x_{i,j}}{\max_j x_{i,j} - \min_j x_{i,j}}$$

其中 $x_{i,j}$ 代表第 $i$ 组第 $j$ 项指标,$\max_j x_{i,j}$ 表示第 $j$ 项指标的最大值,$\min_j x_{i,j}$ 表示第 $j$ 项指标的最小值

(2)计算各指标项中各组所占比重:

$$y_{i,j} = \frac{x'_{i,j}}{\sum_i x'_{i,j}}$$

(3)计算各项指标信息熵:

$$e_j = -k \sum_i y_{i,j} \times \ln y_{i,j}$$

其中 $k$ 为常数,等于 $\frac{1}{\ln m}$,$m$ 为样本组数,在本研究中为 13。

(4)计算各项指标信息熵冗余度:

$$d_j = 1 - e_j$$

(5)计算各项指标权重:

$$W_j = \frac{d_j}{\sum d_j}$$

**2. 指标体系权重的分配**

根据上述方法,本研究对城市群竞争力评价指标体系中各级指标的权重进行了计算,具体结果如表 1 所示:

表 1　城市群竞争力评价指标的权重分配

| 一级指标 | 权重 | 二级指标 | 权重 | 三级指标 | 权重 |
|---|---|---|---|---|---|
| 城市群竞争力 | | | | | |
| 经济竞争力 | 0.2565 | 经济产出 | 0.0588 | 人均地区生产总值 | 0.0292 |
| | | | | 地区生产总值增速 | 0.0295 |
| | | 产业结构 | 0.0509 | 非农产业比重 | 0.0247 |
| | | | | 第三产业与第二产业产值比 | 0.0262 |
| | | 资本规模 | 0.0852 | 固定资产投资(累计) | 0.0365 |
| | | | | 金融机构存款 | 0.0486 |
| | | 总部经济 | 0.0617 | 中国 500 强企业数量 | 0.0617 |
| 人力资源竞争力 | 0.1663 | 人口城镇化水平 | 0.0494 | 人口密度 | 0.0235 |
| | | | | 城镇化率 | 0.0259 |
| | | 劳动力水平 | 0.0392 | 第二、三产业从业人口数量 | 0.0392 |
| | | 人力资本 | 0.0776 | 在校大学生数量 | 0.0299 |
| | | | | 科技研究人员从业数量 | 0.0477 |

(续表)

| 一级指标 | 权重 | 二级指标 | 权重 | 三级指标 | 权重 |
|---|---|---|---|---|---|
| 城市群竞争力 | | | | | |
| 基础设施竞争力 | 0.1500 | 公路运输 | 0.0240 | 公路密度 | 0.0240 |
| | | 铁路运输 | 0.0467 | 日均高铁班次数量 | 0.0467 |
| | | 航空运输 | 0.0381 | 年度机场旅客吞吐量 | 0.0381 |
| | | 信息化水平 | 0.0413 | 电信业务量 | 0.0413 |
| 国际化竞争力 | 0.2436 | 外向型经济 | 0.1342 | 进出口总额 | 0.0590 |
| | | | | 外贸依存度 | 0.0309 |
| | | | | 外商直接投资（累计） | 0.0442 |
| | | 对外交通 | 0.0644 | 国际航空旅客数量 | 0.0644 |
| | | 世界城市得分 | 0.0450 | GaWC世界城市打分 | 0.0450 |
| 科技创新竞争力 | 0.1835 | 创新能力 | 0.0485 | 发明专利数量 | 0.0485 |
| | | 科研能力 | 0.1351 | 国家重点实验室数量 | 0.0460 |
| | | | | 985、211大学数量 | 0.0464 |
| | | | | R&D投入 | 0.0426 |

## 五、城市群竞争力评价的结果分析

### 1. 城市群竞争力的综合评价

通过构建城市群竞争力评价体系，本研究计算得到了中国13个城市群的综合竞争力得分。根据计算结果，13个城市群可以分为三个层次：

第一层次包含长三角、京津冀和珠三角三个城市群。作为中国经济水平发展水平最高，人口规模最大的三大城市群，长三角、京津冀和珠三角的城市群综合竞争力得分均为正值并且远远超过了其他城市群。其中，长三角城市群的综合竞争力得分最高，达到2.01，京津冀紧随其后以1.29分位居第二，珠三角则以0.86分位居第三。由此可见，尽管三大城市群综合竞争力得分远超其余城市群，共同组成了我国城市群竞争力的第一梯队，但三大城市群在综合竞争力上差异依然显著。

第二层次包含了成渝、山东半岛、辽中南、武汉和海峡西岸五个城市群，城市群的综合竞争力得分范围涵盖了从-0.08分到-0.40分。这五个城市群大体上可以分为两类：第一是山东半岛、辽中南和海峡西岸三个沿海城市群。与三大城市群相比，这三个城市群在五大指标上均差距较大，但因分别拥有大连、青岛和厦门这样的沿海经济发达城市作为核心城市，因此在综合竞争力上要强于一般内陆城市群；第二类是成渝和武汉两个内陆新崛起的城市群。其中成渝城市群综合竞争力更是达到-0.08，排名仅次于珠三角位列全国第四。这两个城市群的共同特点是依托综合竞争力较强的核心城市,包括成都、重庆和武汉。近年来,在全球化和城市化的大背景下,越来越多的中西部城市开始崛起,经济发展水平和人口集聚能力有了大幅度的提升,同时以高铁和航空运输为代表的交通条件进一步改善,成都、重庆和武汉这样的中西部中心城市开始逐渐融入全球经济体系中,国际化程度不断提升。因此成渝和武汉两个城市群的综合竞争力也逐渐赶上沿海二线城市群,进入全国第二层次的城市群行列。

第三层次城市群包含了剩余的五个城市群,综合竞争力的得分范围从−0.48分至−0.79分。这五个城市群与前两个层次的城市群相比,在经济发展水平、人力资源集聚能力、基础设施完善度、对外开放程度和科技发展水平上都存在不小的发展差异,综合竞争力得分也为负值且与平均值差距显著。但值得一提的是,相对于长吉和哈大齐两个东北地区的城市群,关中平原、长株潭和中原城市群拥有综合发展水平更高的核心城市西安、长沙和郑州,因此城市群综合竞争力也相对突出一些。

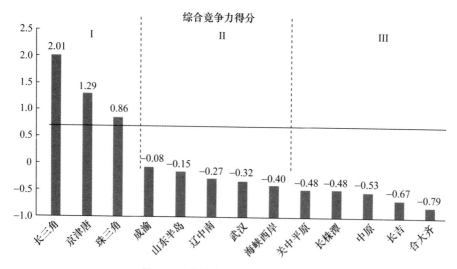

**图 2　13 个城市群综合竞争力得分**

**2. 城市群分项竞争力的评价**

(1) 城市群经济竞争力评价

经济竞争力是城市群综合竞争力的核心,包含了经济产出、产业结构、资本规模和总部经济四个方面的指标,经济发展水平上的优势对提升城市群综合竞争力起着重要作用。从图 3 可以看出,长三角城市群的经济竞争力高居第一,京津唐和珠三角城市群紧跟其后,三大城市群的经济竞争力显著高于其他城市群。从经济竞争力的具体得分可以看出,长三角相对于京津唐的优势并不明显。长三角城市群在资本规模上一家独大,无论是近五年的固定资产投资还是金融机构存款规模都远远领先于京津唐。但是,由于北京的首都地位,京津唐城市群吸引了最多的中国500强企业总部,仅北京就拥有98家500强企业总部,远超上海的25家。长三角与京津唐在经济产出和产业结构相近的情况下,资本规模和总部经济互有优势,因此两者经济竞争力相差并不明显。

武汉城市群在经济竞争力上表现优异,成为第二梯队的领头羊,主要原因在于武汉城市群在经济产出上拥有较大的优势,体现在相对较高的人均地区生产总值和全国领先的地区生产总值增速。除此之外,中西部地区的成渝、长株潭、关中和中原城市群近年来均拥有较高的地区生产总值增速,从而体现出良好的经济产出,在经济竞争力上也基本赶上了沿海二线城市群。东北地区的长吉和哈大齐两个城市群在经济竞争力上表现一般。受限于经济的低速增长和偏重的产业结构,长吉和哈大齐在经济产出和产业结构上均不理想,因此经济竞争力相对落后。

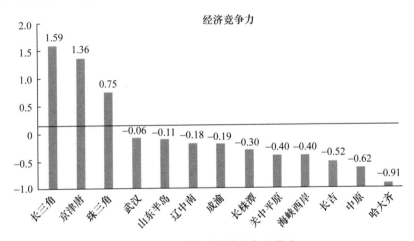

**图3 13个城市群经济竞争力得分**

(2) 城市群人力资源竞争力评价

人力资源竞争力是城市群综合竞争力的基础之一,包含了人口城镇化水平,劳动力水平和人力资本三个方面的指标。从图5可以看出,长三角、京津唐和珠三角依然占据了人力资源竞争力前三名的位置,得分均超过了1。不同于经济竞争力,人力资源竞争力上呈现出长三角一家独大的局面。在人口城镇化水平上,珠三角得分更高,但长三角拥有更大的劳动力市场,同时拥有更优质的人力资本,体现在大学生和科研人员的高储备上。因此,长三角在人力资源竞争力上拥有绝对的优势。此外,京津唐在人力资本上的得分接近长三角,远远超过珠三角,因此京津唐得以在人力资源竞争力上胜过珠三角一筹。

成渝城市群的人力资源竞争力得分达到 0.31,这一得分仅次于三大城市群,远远领先于其余的城市群。虽然成渝城市群的人口城镇化水平仅仅位于 13 个城市群中游偏下的水平,但成渝城市群拥有充足的劳动力市场,同时人力资本也领先于除三大城市群以外的城市群。类似于经济竞争力,东北的哈大齐和长吉两大城市群由于地广人稀,人口密度偏低,城镇化水平不高,同时缺乏充足的劳动力市场和人力资本,因此其人力资源竞争力大幅落后于其他城市群。

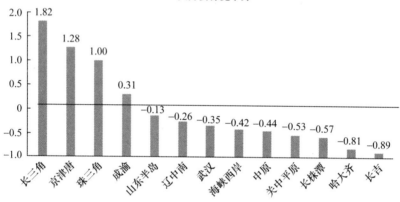

图 4 城市群人力资源竞争力得分

(3) 城市群基础设施竞争力评价

基础设施竞争力是构成城市群综合竞争力的另一项基础,包含了公路、铁路、航空和通信四个方面的指标。如图 6 所示,长三角、珠三角和京津唐在基础设施竞争力上再次占据了前三的位置,三大城市群已经形成了集公路、铁路和航空多种交通为一体的综合交通体系,同时通信业务的发展也达到了较高的水平,保证了人流、物流和信息流的充分畅通。其中,长三角以 2.19 分遥遥领先,在四个方面的指标得分均占据第一的位置,尤其在铁路和航空运输上的优势尤为突出。除了核心城市上海之外,南京和杭州作为长三角副中心城市,近年来高铁和航空通达性有了大幅的提升,沪宁、沪杭两条高铁轴线上的城市也获得了更高的铁路通达性。因此,长三角在交通基础设施建设上的全面开花奠定了其巨大的基础设施竞争力优势。珠三角在基础设施竞争力上超越了京津唐,位居第二。公路运输上,珠三角受珠江口地理条件限制,路网密度要低于京津唐,但广州和深圳两大机场的布局使得珠三角航空通达性基本接近于京津唐的水平。因此,珠三角的崛起依靠的主要是航空和通信方面的优势。

基础设施竞争力位居第二梯队的是成渝、山东半岛和中原三个城市群。成渝城市群依靠成都和重庆两个货运吞吐量进入全国前十的机场,在航空通达性上具备一定的优势。山东半岛城市群在这方面的优势在于高密度的公路网络。中原城市群在基础设施竞争力上相对优良的表现来自核心城市郑州的贡献。郑州的铁路和航空枢纽地位提升了整个中原城市群的基础设施通达性。同样,东北地区的长吉和哈大齐再次排名最后,偏居一隅的地缘劣势使得长吉和哈大齐的基础设施通达性要远远落后于其他城市群。

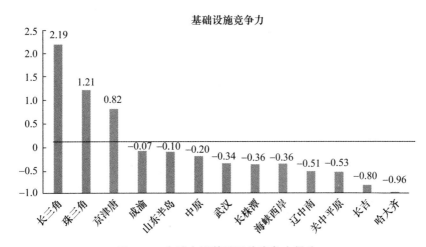

图 5  13 个城市群基础设施竞争力得分

（4）城市群国际化竞争力评价

国际化竞争力是城市群的外生竞争力,体现了全球化进程对城市群的影响,包含了外向型经济、对外航空联系和世界城市得分三个方面的指标。如图 6 所示,三大城市群依然处于领先地位,长三角以 2.37 分高居第一,珠三角以 1.21 分紧随其后,京津唐以 1.06 分位居第三。自改革开放以来,中国对外开放的格局是从珠三角开始,逐步扩散到长三角、京津唐乃至整个沿海地区。近年来,全球化进程对中国的影响开始进一步向中西部地区扩散。长三角的对外开放格局类似于基础设施的建设,也处于全面开花的阶段。出口导向型的制造业不仅仅布局在主要的大城市,已经遍布一般的地级市乃至县级市。国际航空运输方面,上海是中国国际航空旅客吞吐量最大的城市,是国内国外相互联系的纽带,承担了长三角乃至全国的人员和货物跨国运输和流通的功能。世界城市评价方面,上海在世界城市网络中的排名近来有大幅度的提升,2016 年居于全球第八位,同时南京、杭州和苏州等长三角副中心城市也逐渐进入了世界城市网络的排名。因此,长三角城市群的国际化竞争力远远领先于其他城市群。珠三角城市群的国际化竞争力居第二位,主要是因为外向型经济远比京津唐城市群发达,即便对外航空联系和在世界城市网络评价体系中的得分不如京津唐城市群,但珠三角城市群在国际化竞争力上的得分还是略微超过了京津唐城市群。

成渝、辽中南、山东半岛和海峡西岸四个城市群在国际化竞争力上处于第二梯队。成渝的崛起与成都和重庆两大核心城市在对外航空联系上的进步和在世界城市网络中作用的强化有着密不可分的关系。辽中南、山东半岛和海峡西岸三个城市群作为沿海二线城市群,主要的核心城市从1980年代开始就被列为沿海开放城市,外向型经济的发展水平相对较高,因此国际化竞争力普遍高于内陆城市群。其余城市群的国家化竞争力水平普遍不高,相互之间差异也不大,成为国际化竞争力评价的第三梯队。

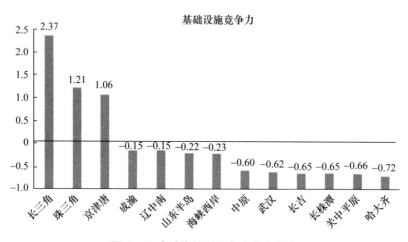

图6　13个城市群国际化竞争力得分

(5) 城市群科技竞争力评价

科技竞争力是城市群的内生竞争力,体现了科技创新对于城市群竞争力的影响,包含了创新能力和科研能力两个方面的指标。如图7所示,科技竞争力上不再是三大城市群领先的格局,而是长三角和京津唐两家独大的格局,两者的科技竞争力得分分别达到2.17和1.89,远远高于其他城市群。以发明专利数进行评价,长三角要强于京津唐,但国家重点实验室数量、985/211大学数量和R&D投入为代表的科研能力,京津唐要强过长三角。例如,长三角的发明专利数量超过了16000件,几乎是京津唐的2倍。但北京作为首都和京津唐的核心城市,集聚了全国1/4的985/211大学和国家重点实验室,其数量远超长三角。珠三角城市群虽然在这一项竞争力上大幅落后于长三角和京津唐,但得分依然为正值。主要原因在于珠三角的发明专利数量相对较多,创新能力拥有一定的优势。

科技竞争力相对较强的第二梯队城市群包括了山东半岛、成渝、武汉和关中。这四个城市群和核心城市相对而言拥有较多的科研资源,创新能力也较强,因此科技竞争力要强于其余的城市群。例如,关中城市群在前几项竞争力中均不突出,但西安的科教资源一直处于全国前列,国家重点实验室的数量达到14个,985/211大学数量达到8个,这两个数字均超过了珠三角。

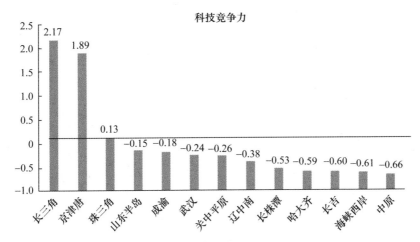

图7  13个城市群科技竞争力得分

## 六、按竞争力评价结果的城市群分类

城市群的竞争力是一个综合的概念,由经济竞争力、人口竞争力、基础设施竞争力、国际化竞争力和科技竞争力五个方面构成,五大要素缺一不可,但现实中,一个城市群的发展很难做到五项竞争力平衡地发展。有的城市群可能综合竞争力较强,但在某项竞争力上存在不足。有些城市群可能综合竞争力较弱,但在某项竞争力上存在长处。在此根据13个城市群各项竞争力指标,划分为均衡发展型、非均衡发展型城市群I(个项突出型)、非均衡发展型城市II(个项薄弱型)三种类型。

### 1. 均衡发展型城市群

长三角城市群和山东半岛城市群属于均衡发展型的城市群,但两者的特点不同。如图8所示,长三角城市群属于高水平均衡发展型城市群,五项竞争力在13个城市群中均处于第一的地位,尤其是基础设施竞争力、国际化竞争力、科技竞争力均大幅领先于其他城市群。但如果细分到三级指标,长三角城市群依然存在一些不足的方面,例如经济产出水平相对薄弱。2013年长三角城市群的地区生产总值增速仅为8.5%,在13个城市群中排名倒数第三,仅仅高于东北地区的辽中南和哈大齐。

山东半岛城市群属于低水平均衡发展型城市群。图8显示,山东半岛城市群的五项竞争力发展同步率较高,显示出均衡发展的态势,但这种均衡建立在各项竞争力水平都不太高的基础上。在第二层次的城市群中,山东半岛城市群没有明显的优势也没有明显的短板,五项竞争力得分几乎都接近零,说明它处于全国城市群的平均水平。从长远来看,山东半岛城市群缺乏突出的优势可能会成为一个重要不足,因为在某一项竞争力上的优势不仅会促进综合竞争力的提升,还会推动其他竞争力的进步,而山东半岛城市群可能就缺少这样的增长点。

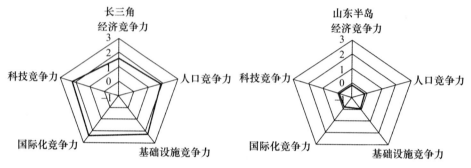

**图 8　平衡发展型城市群**

### 2. 非均衡发展型城市群 I(个项突出型)

京津唐、辽中南、成渝、长株潭、中原和关中六个城市群属于第一类非均衡发展型城市群。除经济竞争力外,这六个城市群在某项竞争力指标上存在一定的优势(图 9)。

在人力资源竞争力方面优势比较突出的是成渝城市群,得分为正值,分值仅次于三大城市群,远远领先于其余的城市群。成渝城市群的人口城镇化水平在 13 个城市群仅位于中偏下的水平,但成渝的优势在于拥有充足的劳动力市场,同时人力资本也领先于除三大城市群以外的城市群。

在基础设施竞争力上具有突出优势的是中原城市群和长株潭城市群。中原城市群的综合竞争力较弱,但交通连接性的优势使中原城市群在基础设施这项指标上保有一定的竞争优势。中原城市群的区位优势是它居全国几何中心的位置,长久以来一直是铁路干线的交互处,铁路运输通达性较强,以郑州航空港为代表的新交通优势也正在形成的过程中。长株潭城市群的基础设施竞争力优势在于密集的公路网带来了相互之间便捷的公路联系。

在国际化竞争力上存在突出优势的是辽中南城市群。作为沿海地区的城市群,辽中南地区拥有既沿边又沿海的地缘优势,外向型经济相对内陆城市群更为发达,同时国际航空联系也有一定的基础。

在科技竞争力上具有突出优势的是京津唐城市群和关中城市群。京津唐城市群在综合竞争力上仅次于长三角,在经济竞争力、人口竞争力、基础设施竞争力和国际化竞争力上与长三角城市群尚有一定的差距,但在科技竞争力上两者相差不多。科教资源的高度集中使京津唐城市群的科研能力在全国范围内首屈一指,大大提升了京津唐城市群的科技竞争力。关中城市群的综合竞争力较为薄弱,但西安集聚了一定数量的高校和科研机构,使得关中城市群的科技竞争力表现较为突出。

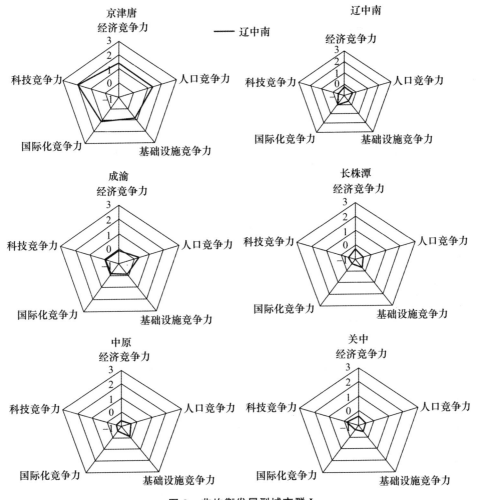

图 9　非均衡发展型城市群 I

### 3. 非均衡发展型城市群 II(个项薄弱型)

珠三角、海峡西岸、武汉、哈大齐和长吉五个城市群属于第二类非均衡发展型城市群。这六个城市群在某项或某几项竞争力上存在一定的不足。

珠三角城市群是我国三大城市群之一,总体发展水平较高,唯科技竞争力相对落后,主要是 985 高校和科研机构数量相对较少。

武汉城市群的国际化竞争力较弱。虽然武汉城市群近来发展势头迅猛,但其发展主要依靠国内资源,融入全球化进程较为滞后。

哈大齐城市群和长吉城市群在经济、人力资源、基础设施、国际化等各大指标上的表现都较弱。哈大齐城市群经济竞争力最弱,在经济产出、产业结构、资本规模和总部经济四个方面均处于 13 个城市群的末位,体现出经济发展水平的不足。长吉城市群人口密度较低,城市化水平不高,同时劳动力市场规模严重不足,在人

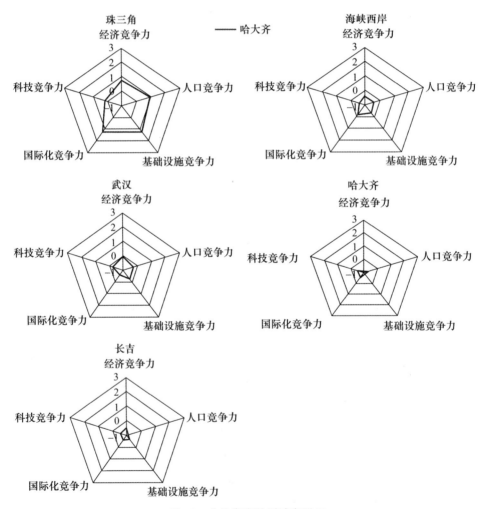

图 10　非均衡发展型城市群 II

力资源竞争力上排名末位。在基础设施竞争力方面,由于这两个城市群地广人稀,城镇密度不高,公路网不够密集。同时由于远离全国中心的地缘位置,这两个城市群铁路通达性和航空运输发展水平都相对不高。

## 七、结论

通过对中国13个城市群竞争力的分析,得出以下两个主要结论:

第一,中国城市群的综合竞争力发展差异显著,根据评价的结果可以分为三个层次。第一层次包括长三角、京津唐和珠三角三大城市群,它们在五个方面的竞争力评价上均取得了高分,体现出高水平的经济发展,充足优质的人口资源、通达便利的基础设施条件、充分融入全球体系和较高的科技创新能力,是我国参与国际竞争合作的重要平台,今后的发展目标是世界级的城市群。第二层次包括成渝、山东半岛、辽中南、武汉和海峡西岸五个城市群。这五个城市群虽然综合竞争力要远远弱于三大城市群,但在某些竞争力上体现出了一定的优势和潜力,能胜任区域增长极的角色。第三层次涵盖了剩下的五个城市群,它们综合竞争力较为薄弱,需要进一步培育各方面的竞争力。

第二,城市群内的核心城市在提升城市群核心竞争力上扮演着至关重要的作用。本研究采用的城市群竞争力评价体系没有选取规模指标,例如经济规模和人口规模。在这种情况下,城市群竞争力的强弱在很大程度上取决于核心城市对先进要素和优质资源的集聚能力。例如,北京作为世界城市,集聚了数量最多的中国500强总部;作为国家的科教中心,集聚了全国1/4的重要科研资源。正因为北京的这种要素集聚能力,大大提升了京津唐城市群的竞争力。而珠三角城市群的中心城市广州和深圳,因集聚能力与北京和上海相比有较大差距,因此珠三角城市群的综合竞争力低于长三角和京津唐两个城市群。

城市群竞争力的分析可为其今后的发展提供依据。就京津唐或更大范围的京津冀城市群而言,由于各项要素高度集聚于北京,导致城市群内部发展差异较大。如何通过雄安新区建设,疏解北京的非首都核心功能,引导京津各项优质资源向河北省扩散,促进河北省经济转型,是提升京津冀城市群整体竞争力,缩小区域内部发展差异的关键。长三角城市群是我国发展最为均衡的城市群,今后发展的重点一是提升上海金融、科创等方面的国际竞争力,二是提升江浙先进制造业和信息化能力,打造世界级的制造业中心。就珠三角城市群而言,因某些方面的优质资源集聚程度较低,要迈向世界级的城市群,就必须与港澳的优势互补,通过粤港澳湾区的建设,促进双向融合发展。东北三个城市群尤其是哈大齐和长吉两个城市群竞争力较弱是东北经济地位下滑的表现。但在地广人稀的东北,仍应实施极化发展战略,并加快先进生产要素的增量建设。为此,国家应加大先进生产要素、重大事件在东北的布局,以提升东北城市群的可持续发展能力。中西部城市群目前大多处于要素集聚阶段,其核心城市近年来承接了沿海劳动密集型产业的转移,并通过中欧铁路运输和航空运输的发展,在"一带一路"建设中扮演着越来越重要的作用,今后应加强核心城市与周边中小城市的联系,避免城市群内部差异的不断扩大。

# 2017 世界设计之都创新发展报告

**前言**

  自20世纪90年代后期欧美等发达国家及地区开始重视现代创意产业以来,该产业在短期内得到了迅速提升,发展速度远远超过这些国家和地区整体经济的发展速度,为GDP增长和就业做出了很大的贡献。一些发展中国家和地区近年来也凭借自身对设计、艺术的重视和所拥有的文化遗产等发展创意产业,取得了不小的成绩。在所有的创意产品与创意服务分类中,创意产业总产值中的设计占比由2008年的42.93%上升到2013年的60%,显示出创意设计在创意产业中的重要位置。而随着互联网、物联网、云计算、大数据的广泛应用对设计范式的变革越来越深入,设计作为推动产业创新、转型升级和提高国际竞争力的重要手段,越来越得到经济层面的重视。根据联合国贸易和发展会议(UNCTAD)数据显示,在美、英、日、德和中国等主要经济体的创意产业中,设计服务在服务贸易中的地位及对经济的贡献都是最为显著的。创意设计不仅给企业带来高利润、高附加值的产品,而且成为提升企业品牌、增强国际竞争力,推动制造业升级的重要途径。[①]

  据波士顿咨询公司(BCG)发布的"2015全球最具创新力企业50强"(2015 Most Innovative Companies)报告,前三强分别是苹果、谷歌和特斯拉。在50强中既有科技企业,也有传统企业,但都是典型的创新设计驱动型企业。

  联合国教科文组织(UNESCO)认为,产品具有经济和文化双重性质,通过体现和传承文化表现形式,成为文化特征、价值观和意义的载体。[②] 随着生活需求层次的提升,消费市场进入体验及美学经济时代,区域文化的独特性、创意知识的建构等,成为国家与地区竞争力的核心元素,推动文化创意产业发展已成为各国经济发展策略的共同选择。每一个国家自身的传统文化与生活形态,具有独特的识别性,在全球化的市场竞争中,建立在文化特色之上的设计,可以提升产品独特性与增加消费体验。而随着产业结构的转型与调整,通过设计来提升产品价值,与

---

① 王晓红、张立群:《全球创意产业发展的主要特征及趋势》,见中国国际经济交流中心编《国际经济分析与展望2016—2017》,北京:社会科学文献出版社2017年版,第253—270页。
② UNESCO:"Convention on the Protection and Promotion of the Diversity of Cultural Expressions", United Nations Educational, Scientific and Cultural Organization, 2005, p. 4.

通过文化创意设计产业来提升产品的附加价值,正是全球各个国家与地区当前实施产业转型和实现经济发展目标的一种有效途径。联合国教科文组织的"设计之都"全球创意城市网络即是在这样一种全球背景之下发出的动议。

**1. 联合国教科文组织全球创意城市网络**

作为联合国教科文组织于2004年创立的项目,联合国全球创意城市网络旨在把以创意和文化作为经济发展最主要元素的各个城市联结起来形成网络,通过相互促进与支持来扩大成员城市在国内和国际市场上多元文化产品的推广。目前已经有来自全球54个国家的116个会员城市加入了该网络,分属于"文学之都""电影之都""音乐之都""设计之都""媒体艺术之都""民间艺术之都"和"烹饪美食之都"这7种称号。至2017年为止已有布宜诺斯艾利斯、柏林、蒙特利尔、名古屋、神户、深圳、上海、首尔、圣埃蒂安、格拉茨、北京、毕尔巴鄂、库里奇巴、邓迪、赫尔辛基、都灵、万隆、新加坡市、底特律、普埃布拉、布达佩斯、考纳斯共计22个"设计之都"(表1),占创意城市网络的1/5左右,显示出设计对于创意产业的重要意义。①

表1 联合国教科文组织认定的设计之都

| 亚太区域 | 欧美区域 | 拉美和加勒比区域 |
| --- | --- | --- |
| 中国:深圳、北京、上海<br>日本:名古屋、神户<br>韩国:首尔<br>印度尼西亚:万隆<br>新加坡:新加坡城 | 匈牙利:布达佩斯<br>德国:柏林<br>加拿大:蒙特利尔<br>美国:底特律<br>立陶宛:考纳斯<br>法国:圣艾蒂安<br>英国:邓迪<br>芬兰:赫尔辛基<br>意大利:都灵<br>西班牙:毕尔巴鄂<br>奥地利:格拉茨 | 墨西哥:普埃布拉州<br>阿根廷:布宜诺斯艾斯<br>巴西:库里奇巴 |

(资料来源:根据联合国教科文组织官方网站整理,整理时间截止到2017年6月。)

---

① 资料来源于联合国教科文组织—设计之都网站:http://www.unesco.org/new/en/culture/themes/creativity/creative-industries/creative-cities-network/design/。

## 2. 设计之都的特点

作为创意城市网络中的主体，设计之都具有如下的共同特征：拥有相当规模的设计业；拥有以设计和现代建筑为主要元素的文化景观；拥有典型的城市设计；拥有前卫的设计流派；拥有设计人员和设计者团体；拥有各类专门的设计博览会、活动和设计展；为本土设计者和城市规划人员提供机会，使之能够利用当地的材料和各种城市自然条件的优势从事创作活动；拥有为设计领域的收藏家开办的市场；拥有根据详细的城市设计和发展规划建立起来的城市；拥有以设计作为主要推动力的创意型产业，如珠宝、家具、服装、室内装饰等。

## 3. 设计是创意产业的核心力量

设计对创意产业的贡献率接近一半，表明设计对于创意产业有着重要作用与价值。一方面，设计是创意产业的发展起源和主要动力来源，作为设计的主要对象与内容的个人创造性、艺术品位和手工艺是当今文化创意产业蓬勃发展的重要潜在因素。另一方面，设计作为先行的整合力量，承接了基础研究的成果输出，在充分关注和理解社会广泛需求基础上，为技术的转化与应用做好概念准备，并在制造创新过程中提供系统原型与管理创新策略。文化创意产品的三个重要特征：视觉性、体验性和多元性，不是仅仅通过资本、技术就能够实现的，只有通过设计才能使各类创意得以实现。

# 一、世界设计之都形成与发展的模式与类型

在联合国教科文组织提出设计之都创意城市网络项目之前，就已经有许多城市把设计之都和创意城市作为发展方向。像伦敦、纽约、东京、巴黎、米兰这样国际公认的著名创意城市和设计大都会，不仅在创意与设计领域具有重要的影响力，在其创意城市的发展中也积累了丰富的经验，形成了自己独特的模式与理念。随着柏林、首尔、上海和深圳等城市被授予联合国"设计之都"的称号，越来越多的国际大都市开始进入创意城市的网络，进一步促进了国际和地域设计创意活动的互动与发展。

设计之都就其形成来看，已呈现出原发型和催发型两种主要发展模式。不过这两种发展模式的划分并不是截然分离的，上述提及的一些城市如伦敦和深圳就介于两种模式之间。[1]

## 1. 原发型设计之都

创意设计始终保持着与其他产业之间密切互动的关联性，从为实现生产制造而进行的以生产为导向的设计，为形成市场竞争优势而进行的以市场为导向的设

---

[1] 张立群：《世界设计之都建设与发展：经验与启示》，《全球化》2013年第9期。

计,到以用户为导向的设计,现代设计所经历的几个重要发展阶段都是在与产业的互动中自然完成的。许多城市就是这样自然转型为创意城市的,这是城市和区域发展自然选择的结果,这样的发展模式即为原发型。伦敦、纽约、东京、巴黎、米兰,以及某种程度上包括深圳这类对设计的需求与设计能力伴随着城市的经济文化发展而发展的城市,都是原发型的代表。原发型创意城市的发展路径也大都是自下而上的,政府是在创意产业或创意经济已经发展到一定阶段以后,才主动发挥主导、引导和支持的作用,积极推动创意城市建设。① 在这些城市中,伦敦、深圳属于政府介入较多的城市,政府在设计产业发展与推进上推行了许多政策,而纽约几乎没有政府的推动,主要在原有的创意基础上和经济、文化以及技术的互动中转型为创意城市的。

**2. 催发型设计之都**

有些城市在意识到创意城市建设的巨大经济效益和社会效益以及城市重生的需要之后,便将创意城市建设作为手段,通过设计创意对城市进行改造,这类城市的发展模式可以被归为催发型。加入联合国教科文组织创意城市网络"设计之都"的布宜诺斯艾利斯、蒙特利尔、名古屋、神户、首尔和上海都属于这种类型。催发型设计之都通过得到国际认可,提高城市的知名度,并努力通过创意城市建设这样一种手段,获得更大的经济、社会效益。催发型创意城市的发展路径大都是自上而下的,政府在建设创意城市的过程中发挥强有力的主导作用,通过实施多层面的政策,积极推动设计之都建设,韩国的首尔是政府主导设计之都建设的典型代表。②

## 二、世界设计之都创新发展的一般特征

设计之都作为创意城市的一个重要类型和主体,具有创意城市的所有特征。无论设计之都的发展模式是原发型或催发型,或是技术创新型、文化智力型、文化技术型和技术组织型中的哪一种,因应创意与设计自身的特点,城市发展都具有一些共同的特征。对伦敦、纽约、巴黎、东京等具有国际影响力的创意城市以及联合国教科文组织"创意城市网络"中的"设计之都"布宜诺斯艾利斯、蒙特利尔、柏林、名古屋、神户、首尔、上海、深圳等的设计之都建设与发展过程的观察发现,设计之都建设具有如下共同特征:聚集优秀的人力资源、营造开放与多样性的城市文化、建设丰富的创意文化环境、实施多元政策的引导与推动、加强创意设计与技

---

① 刘平:《国外创意城市的实践与经验启示》,《社会科学》2010 年第 11 期,第 28 页。
② Design Seoul:http://design.seoul.go.kr/eng/index.php? MenuID=495&pgID=111.

术的密切融合、创意产业集群化和品牌化发展(图1)。①

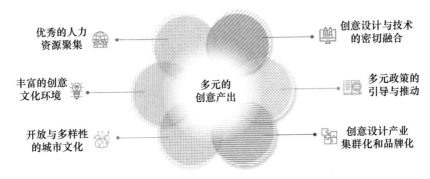

**图1 设计之都建设的一般特征**

**1. 聚集优秀的创意设计人力资源**

人力资本是推动创意设计产业发展的关键因素。因此,各国对创意设计人才的培养、引进都是不遗余力,无一例外地都将人才资源建设作为不可或缺的措施。

(1) 创意设计人才的培养是可持续的创意设计人才获取的重要途径

在欧洲,2014年英国出台的《英国国家课程框架文件》(National Curriculum in England—Framework Document),明确了英国小学至初中的9门基础课程,其中就包含艺术与设计。② 在柏林有五所艺术高校和难以计数的私人赞助研究机构提供与设计相关的广泛学习机会。得益于这些机构,这座城市现在是5000多名设计专业的学生的港湾。③

由于意识到艺术教育对于国家可持续创新的重要意义,美国国会于1994年通过了克林顿政府提出的《2000年目标:美国教育法》,该法令对美国艺术教育(音乐、视觉艺术、戏剧、舞蹈)给予了史无前例的支持,艺术被法定为国家教育目标所列"核心学科"(Core Subjects)之一。同时还规定,如同其他学科一样,艺术学科也要制定国家教育标准,并纳入"国家教育进步评估"(NAEP)体系。④

2008年被指定为世界设计之都的都灵,一个城市有着7所提供高水平设计相关课程的大学和研究机构,有着超过10万的学生。⑤

---

① 张立群:《世界设计之都创新发展报告》,见教育部哲学社会科学系列发展报告《中国都市化进程报告2012》,北京:北京大学出版社2012年版,第90—114页。
② 赵耸婷、许ןι:《英国中小学国家课程改革的新动向》,《外国中小学教育》2014年第6期,第11—17页。
③ UNESCO:"Creative Cities for Sustainable Development", United Nations, 2016, p.57.
④ 康艳明:《美国课程改革方案及其对我国当前基础教育课程改革的启示》,《当代教育论坛:宏观教育研究》2005年第9期下半月刊,第112页。
⑤ UNESCO:"Creative Cities for Sustainable Development", United Nations, 2016, p.95.

在我国,近几年来,艺术教育恰恰成为国家教育改革的重点。2015年3月,国务院办公厅发布《关于全面加强和改进学校美育工作的意见》,这是继2014年教育部发布的《关于推进学校艺术教育发展的若干意见》之后又一个重磅文件。[1] 在北京,有119所设计学院和30000多名设计专业的学生。[2]

(2) 创意设计人才多寡决定创意产业发展程度

创意产业的发展和创意城市的形成,都离不开创意人才的创意和努力。国际一流创意设计城市无不集聚了大量创意人才。有些城市由于其天生优越的地理位置,多元文化交汇所带来的对多元文化的认同、接受,存在巨大的市场,以及拥有在知识产权制度保障下的自由、开放的氛围,吸引并留住了创意人才,如纽约、伦敦、东京、柏林;有些城市则通过鼓励创新创意,创造宽松开放的氛围,充分利用学校、培训机构实施创意人才培育措施,吸引和培育了大批创意人才,如布宜诺斯艾利斯、蒙特利尔、神户、名古屋、上海和深圳。

布宜诺斯艾利斯的创意产业部门贡献了整个城市8.6%的GDP和9.1%的就业岗位,为超过15万人提供了就业机会。[3] 蒙特利尔有着超过2.5万名专业设计从业人员贡献了34%文化领域的经济收入。[4] 作为墨西哥第四大城市的普埃布拉,以其坚定不移的创意产业主导城市发展而著称,当地创意经济占整个国家GDP的7.26%,创造了38663个相关工作岗位。[5] 汽车之城底特律将设计业作为其城市复兴的核心驱动力,其设计产业聘用了45000多人,其年均劳动力成本达25亿美元。[6] 坐落于东南亚的新加坡市是一个面向全球的现代化城市,设计始终在它的发展进程中处于举足轻重的位置,5500个左右活跃的设计企业每年雇佣超过29000名员工,为国家贡献213万美元的GDP。[7]

在我国,北京2012年文化创意产业收入已超2205.2亿元,同比上年增长了9.8%,相较于2009年增长了32.4%。[8] 深圳有超过6000个设计公司,超过10万名员工,年产值约110亿元人民币。深圳的设计人员涵盖各个方面,有平面设计、工业设计等领域,也有建筑与室内设计、服装设计、玩具设计、首饰设计、工艺设计等。这座城市已经成为中国最大的女装生产基地,有超过3万名设计师为800多

---

[1] 唐宏峰:《2015年中国艺术教育年度报告——中学篇》,《艺术评论》2016年第5期,第126—130页。
[2] UNESCO:"Creative Cities for Sustainable Development", United Nations,2016,p.55.
[3] Ibid.,p.63.
[4] Ibid.,p.79.
[5] Ibid.,p.83.
[6] Ibid.,p.67.
[7] Ibid.,p.93.
[8] 《北京统计年鉴2013》,北京:中国统计出版社2013年版,第42—43页。

家中国时尚品牌工作。①

**2. 开放与多样性的城市文化**

Jane Jacobs(1993)首次提出多样性和思想交流是重要的创新来源并在建构强大且富有活力的城市方面发挥着重要作用。② Richard Florida(2002)提出创意只有在开放与多样性文化为特点的氛围之下才能得以繁荣。③ 区域经济成长得益于创意人士的推动,他们喜欢具有多样性、包容性和对新概念持有开放态度的地区。多样性有助于地区吸引各种类型的创意人士,更大和更多创意资本的多样化聚集,转而带来更高频率的创新,高技术商业的形成,就业岗位的出现和经济的增长。

许多创意城市由于其地理位置、发展历史、学习传统、开放的政策、对外来文化的包容等原因,形成多种族、多民族以及多元文化共存、交流、融合的文化氛围。创新诞生于各种文化、思想、人物的交流之中,多元文化的交流、融合特别有利于引发创新、产生各种各样的创意。具有创新能力的年轻阶层,往往趋向于回归具有创新包容性的中等规模"文化型"大都市区,即所谓"酷城市"。此类大都市区的规模以及经济结构使其在经济危机中具有更强的适应性。同时,城市的文化特质使得其在后危机时期能够具有更强的创新要素吸引力。

纽约是全美人口最多的城市,也是个多族裔聚居的城市,2010年纽约人口44%为白人(33.3%非拉丁裔白人),25.5%为黑人(23%非拉丁裔黑人),0.7%为美洲原住民,12.7%为亚裔,④这些来自世界各地,不同民族的文化,在纽约交融,形成了纽约创新、自由、开放、包容的城市氛围。

巴黎是欧洲最大的多元文化区域之一。根据法国2012年人口普查,巴黎23.4%的人口出生于法国本土以外的地区。⑤ 巴黎的居民中,23.2%是来自欧洲的移民,19.2%是来自马格里布的移民,12.1%是来自非洲的移民,15.6%是来自亚洲的移民,6.6%是来自美国的移民。⑥ 巴黎容纳了来自不同文化背景的移民,从而发展出一种显著的多元融合性文化,成为世界著名的世界艺术之都和世界公认的

---

① UNESCO,"Creative Cities for Sustainable Development",United Nations,2016,p. 91.
② Jane Jacobs:The Death and Life of Great American Cities[M],New York:Random House Publishing Group,1993,p. 125.
③ Richard Florida:The Rise of the Creative Class:And How It's Transforming Work,Leisure and Everyday Life[J],New York:Basic Books,2002,pp. 249—266.
④ Saul,Michael Howard:New York City Population Hits Record High[J],The Wall Street Journal,Retrieved 2014-3-27.
⑤ INSEE:"Données harmonisées des recensements de la population de 1968 à 2012" (in French),Retrieved 2015-11-19.
⑥ INSEE:"Les immigrés par sexe, âge et pays de naissance—Département de Paris (75)" (in French),Retrieved 2015-11-19.

文化之都。

蒙特利尔有大约150个非英法文化的族群社区,占人口总数的34%,爱尔兰、意大利、阿拉伯、以色列、中国等,几乎涵盖了世界上所有国家的文化。来自世界80多个国家的移民带来了35种不同语言,30多种不同的宗教信仰,人们在这里和平相处。①

格拉茨是奥地利第二大城市,是中欧通往东南欧的入口,也是中欧和东南欧设计与文化的中心。2010年格拉茨约有850位外埠创意产业专业人士居留,主流文化和各种亚文化在格拉茨得到了很好的平衡,成为人们感受文化多样性的理想之地。②

作为中国最大的移民城市——深圳,城市人口的平均年龄只有30.8岁,③深圳包容的城市口号"来了就是深圳人"更体现了深圳包容、开放的城市文化。集聚了来自全国各地的青年创意者,深圳更成为中国现代设计的繁荣兴盛之地。

上海是一个东西方文化交融、包容与文化开放的城市,其正式登记居住的15万外国人中,包括3万多日本人、2万多美国人和2万多韩国人,但其实际居住人数值应该比这个更高。④

**3. 丰富的创意文化环境**

文化环境,包括美术馆、设计博物馆、音乐会场所、书店等,对创意设计发展繁荣尤为重要,它们是展开思想碰撞的热点,是交流讨论、概念发展和个体跨领域交流网络形成的场所。Elizabeth Currid(2007)指出创意的成功与效率离开它所赖以生发的社会世界将不复存在——社会不是创意的副产品——正是这样一种决策机制使得文化产品及文化生产者得以形成和进入市场,"文化是创意的驱力正是因为文化的社会属性"⑤。Travers和Glaister指出学生参观美术馆有助于为舞台或织物设计发现灵感,而这些灵感在其他地方难以发现;并且这种对博物馆和美术馆的自发使用本身也可被视作为创意。⑥

英国是最早建立博物馆的国家之一,大英博物馆是世界四大博物馆之一。1988年,英国《国家课程》(National Curriculum)明确指出,学校课程可与博物馆

---

① 郭长征:《蒙特利尔,多元与艺术的美丽城市》,《度假旅游》2006年第3期。
② UNESCO:"10 things to know about Graz",UNESCO City of Design,October 2011.
③ UNESCO:"10 things to know about Shenzhen,UNESCO City of Design,June 2009.
④ "Shanghai Population 2015—World Population Review",worldpopulationreview.com,Retrieved 2015-11-23.
⑤ Elizabeth Currid:The Warhol Economy—How Fashion Art and Music drive New York City[J],Princeton:Princeton University Press,2007,pp. 158—160.
⑥ Tony Travers, Stephen Glaister:Valuing Museums:Impact and innovation among national museums.

教育相互连接。新世纪以来,英国大多数的博物馆都设立博物馆教育部门,形成了博物馆与当地教育部门的常规、多样的合作模式。① 在英国,每年有超过5000万次参观画廊和博物馆,其中海外游客超过700万人。②

位于日本中心的名古屋,拥有49所大学和博物馆。近年来,名古屋先后举办了世界设计博览会等大型国际设计会议,并建立了名古屋国际设计中心。该中心旨在通过多种措施促进设计部门和设计创作者之间的联系,来支持年轻设计师的作品;并提供展示空间,收集并展示国外的装饰艺术作品和设计者们的设计展览。③

考纳斯是立陶宛的第二大城市,设计和建筑业是城市创意经济的主要驱动力。考纳斯城市中广泛的文化产品就是通过城市中60多家博物馆和画廊,以及设计周、双年展等活动进行展示的。④

底特律由于其在汽车工业中的坚实基础,主办了国际汽车展,吸引了来自60多个国家5000余名汽车和设计行业从业者。底特律设计节是北美洲最大的自由职业者的设计节,底特律创意走廊中心为设计创意提供必要的资源、数据等支持。

布宜诺斯艾利斯拥有大量的设计集市与设计展览,每年主办60多个相关活动,20个设计比赛,城市拥有优良的设计传统,主流媒体开辟专门的栏目传播设计,有多本专门的设计杂志发行。⑤

北京,作为中国的文化中心,有170多座博物馆和300多个剧院,每年有超过12000场的演出。北京设计周、中国设计红星奖、北京时装周、北京国际电影节、北京国际文化创意产业博览会和北京科学技术博览会等都是国际公认的创意文化活动。⑥

韩国在2010年被选定为"2010世界设计之都"之后,在一年之中举办了"世界设计之都峰会""首尔设计财富展""WDC国际设计展""儿童设计营""首尔国际设计工坊""首尔设计市场"等设计活动10余项。⑦

### 4. 创意设计与技术的密切融合

数字技术的快速发展改变了全球文化从内容到形式的方方面面。通过与艺术、文化和创意产业结合,数字技术既释放了个体的创意,创建了一个超域的文化

---

① 刘昊:《英国艺术教育一体化及其启示》,《世界教育信息》2016年第19期,第14—17页。
② The first global map of cultural and creative industries[J], Cultural times. 2015,12:51.
③ UNESCO:"Creative Cities for Sustainable Development", United Nations, 2016, p.81.
④ Ibid., p.75.
⑤ UNESCO:"10 things to know about Buenos Aires", UNESCO City of Design, 24th April 2007.
⑥ UNESCO:"Creative Cities for Sustainable Development", United Nations, 2016, p.55.
⑦ 首尔设计基金网站[EB/OL]: http://www.seouldesign.or.kr/eng/program/world_design_biz.jsp, 2013年8月7日。

共同体,同时也瓦解了传统的商业模型。一方面,数字技术随着媒体的联合能够覆盖整个世界而越来越全球化,面向多样化的受众提供了丰富到难以想象的文化内容;另一方面,文化又呈现出越来越多的定制化、个人化、用户生成化及本地化特点。同时文化体验也更多地转向共同创造,文化受众变成文化参与者,文化消费者变成了创造者,数字技术引发了创意设计产业的变革。正如 Helmut Anheier 和 Yudhishthir Raj Lsar(2008)所指出的,当技术产品为个体所拥有之后,将促进文化消费个体转变为创造者:从个人电脑和数码相机到移动电话,人类生活在一个越来越网络化的世界,在这里沟通与个人表达与发展占据了重要位置。①

在英国的创意设计产业中,几乎有 25% 的人员是理工科背景(包括数学、物理、工程学、计算机科学等)。② 但是在其他产业中这一多学科交融的比率只有 8.4%。③

深圳的设计产业建立在高技术基础上,创意设计与高新技术的密切融合进一步促进了城市创意设计产业发展。④ 2016 年,深圳七大战略性新兴产业中,新一代信息技术产业增加值 4052.33 亿元,比上年增长 9.6%;互联网产业增加值 767.50 亿元,增长 15.3%;文化创意产业增加值 1949.70 亿元,增长 11.0%。⑤

Nesta 的研究表明,虽然一些创造性的工作易受自动化工作的影响,但是拥有创造力的人必将是数字时代的受益者,因为数字技术使得创造性的技术更加富有成效。⑥

**5. 多元政策的引导与推动**

创新设计相关政策已经成为政府推动企业发展的基本手段。Hobday(2012)⑦等人认为创新政策是指引发和推动企业开发全新的产品、服务和流程的政策。实际上创新设计早已成为创新经济时代的国家创新战略与政策的要素。在国家层面,从欧洲的丹麦、芬兰及瑞典到亚洲的日本、韩国、中国都已将创新设计作为国家战略和政策的重要组成部分,并在促进创新设计应用、研究、专业化方

---

① Anheier H, Raj Isar Y: Cultures and Globalization: the Cultural Economy[J], London: Sage, 2008, p448.
② Livingstone Ian, Alex Hope: Next Gen: Transforming the UK in the World's Leading Talent Hub[J], Nesta, February 2011.
③ Sutch, Tom: Uptake of GCE AS Level Subjects 2007—2013 Statistics Report Series No. 75[J], Cambridge Assessment, June 2014.
④ 由设计之都:深圳网站相关资料整理而成,网址:http://www.shenzhendesign.org/.
⑤ 深圳市统计局:《2016 年深圳国民经济和社会发展统计公报》,2017 年 4 月 28 日。
⑥ Bakhshi, Hasan, Carl Benedikt Frey, Mike Osborne:Creativity vs. Robots: The Creativity Economy and The Future of Employment[J], Nesta, April 2015.
⑦ Hobday M., Boddington A, Grantham A: Policies for design and policies for innovation: Contrasting perspectives and remaining challenges[J], Technovation 32, 2012, pp. 272—281.

面进行了大量投资,其目的在于将创新设计纳入到国家及地方的创新体系中。

欧盟2011年启动了"创意欧洲"计划,从2014年起支持欧盟的文化与创意产业发展,其目的也正是为了帮助文化与创意部门在"数字时代"和全球化背景下获得更多机会,并且协助欧盟的"欧洲2020"十年发展计划,实现可持续的经济、就业和社会凝聚力的增长。①

在芬兰,设计已经进入了国家的议程,并于1967年创立了相应的基金。新的设计政策还计划增加在设计能力和设计教育上的投资到2020年。②

2014年,美国总统奥巴马拨款10亿美元组建国家创新制造网络,并计划建设多达15个制造创新研究所来形成国家创新生态系统,通过联结产业、学界、政界各方力量,为企业创新提供基础设施和资源共享平台。

2015年12月被评为"设计之都"的万隆,其56%的经济活动与设计有关。万隆市政府通过落实新经济中心、工业用地、研发支持和活动举办兑现了激发创业产业的坚定承诺。具体案例包括区域发展加速创新计划(pippk),为演员提供资金支持和孵化新的创意产业的Melati信用体系等。万隆创意中心(BCC)于2015年作为利益相关者的枢纽,在国家和国际两级促进创造性经验和思想的交流。③

**6. 创意设计产业集群化和品牌化**

越来越多的人认识到文化和创意产业是整个经济活动的创意及经济增长的驱动力。研究表明那些平均花费在创意投入上两倍资金的公司中的25%更有可能形成产品创新。研究同时也显示相比其他公司,那些与创意产业有供应链关联的公司所产出的产品明显地更为多样化和高质量。④

设计与产业集群具有密切的关联性,韩国首尔的数字内容创意设计、英国伦敦的时尚设计业、意大利米兰的建筑与家具创意设计业等,都与地域产业结构及优势资源的构成与分布密切关联。欧美国家创意设计业对优质产业资源的黏着与互动形成了典型的马太效应,并在相应的产业界和创意设计界形成共同的品牌效应。

Amin和Robins(1990)指出:研发活动以大型跨国公司为主导,产生的技术创新成果会集中在特定的区域内;⑤Cooke(1996)从创新主体的角度定义"区域创新

---

① 意娜:《联合国〈创意经济报告2013〉与中国的文化产业》,《福建论坛》(人文社会科学版)2014年第10期,第63—71页。
② Council D:Design for Public Good[J],Annual Review of Policy Design,2013.
③ UNESCO:"Creative Cities for Sustainable Development",United Nations,2016,p.53.
④ Bakhshi, H. McVittie, E, Simmie, J:Creating innovation:do the creative industries support innovation in the wider economy[J],NESTA Research Report,London:NESTA,2008.
⑤ Amin A, Robins K. The Re-Emergence of Regional Economics:The Mythical Geography of Flexible Accumulation Environment and Planning[J],Society and Space,1990(8):7—34.

系统",即由地理位置临近且有研发合作的企业、政府、高等院校和科研院所等组成的能够推动区域创新的组织;①Simmie(2005)认为企业持续深入的研发行为能够促进企业产生更多的创新行为,因此,企业会更加重视劳动分工和专业性,协同创新所要求的持续的研发活动也必然集中在特定的区域内。②

欧洲的文化创意产业雇用了 700 万人,产生了欧盟 4.2% 的 GDP,这些就业岗位是汽车产业的 2.5 倍。其中艺术设计类人员有 123.2 万之多,仅次于表演艺术类的 123.5 万人,为文化创意产业中从业人员第二多的产业。但是艺术设计类产业却创造了高达 1270 亿欧元的收入,高居 11 个创意产业中的榜首,远超过排名第二的广告业的 930 亿欧元。③

2013 年,亚太地区的文化创意产业雇用了 1270 万人,产生了 7400 余亿美元的 GDP。其中艺术设计类不管是从业人员的数量(328 万)还是所创造的 GDP(1910 亿美元)均是所有文化创意产业中最高的。④

## 三、中国设计之都发展现状

我国的深圳、上海和北京先后在 2008 年 11 月、2010 年 2 月和 2012 年 6 月被联合国教科文组织授予创意城市网络的"设计之都"称号。它们的发展状况是我国创意设计产业发展的重要标志。从宏观角度来看,我国目前专业设计公司约有十万多家,主要集中于以北京为中心的环渤海地区、以上海为中心的长三角地区以及以广州、深圳为核心地域的珠三角地区。

### 1. 深圳:设计先锋,市场发达

深圳,是我国最早成为联合国教科文创意城市网络成员的城市。近年在积极参与国际化交流与合作中取得了不少新进展。珠三角地区则依托制造业优势,工业设计发展尤为明显,尤其是在深圳,设计产业成为支柱产业之一。

深圳工业设计占据全国逾 50% 的市场份额。按照深圳工业设计行业协会的统计,全市拥有各类工业设计机构近 5000 家,从业人员超过 6 万人。设计产值增长在 25% 以上,工业设计所带来的附加值超过千亿元。⑤市工业设计斩获国际 IF 大奖 26 项,获得红点奖 26 项,超过全国获奖数量的半数以上。作为深圳市"文化

---

① Cooke P, Mikel Gomez Uranga, Goio Etxebarria:Regional innovation system:Institutional and organizational dimensions[J], Research Policy,1997(26):475—491.

② Simmie J:Innovation and Space:A Critical Review of the Literature [J], Reginal Studies,2005(8):789—804.

③ E&YG Limited:Creating Growth—Measuring cultural and creative markets in the EU[J],2014(12):6.

④ The first global map of cultural and creative industries[J], Cultural times,2015(12):32.

⑤ 邓翔:《深圳设计"走出去":核心竞争力在哪里?》,《南方日报》2012 年 5 月 22 日。

立市"、建设"设计之都"的核心载体、深圳"十一五"规划重点项目、深港创新圈"三年行动计划"工业设计领域合作核心平台的中国（深圳）设计之都创意产业园共进驻以工业设计为主的创意设计企业170多家，其中全国性的龙头企业占80%，包括嘉兰图、洛可可等中国工业设计领军企业以及靳与刘设计、叶智荣设计等30多家香港及欧美龙头设计企业中国总部和机构代表处，已经形成国内工业设计企业规模最大、龙头企业总部数量最多的创意产业园区，被业界誉为"中国工业设计第一园"。

深圳所在的珠三角城市圈，民营科技企业是其技术创新活动的主力军。珠三角地区的高新技术企业中，民营企业占一半以上。改革开放以来，大批具有国际竞争力的企业集聚在珠三角城市圈，如格力、美的、TCL、比亚迪等。如今，以华为、中兴为代表的电信企业在珠三角地区形成聚集，全国14家通信设备企业中，有一半以上的企业在这里建立了研发中心，并拥有多项技术专利和自主知识产权，它们在第三代移动通信、数字集群、宽带接入等领域都达到了世界领先水平。

深圳设计业在30多年的发展中呈现出以下特点：一、起步早，发展快；二、本土设计综合实力明显；三、紧密结合生产制造业；四、与香港设计联系密切；五、与国际设计业交流频繁；六、由深圳向内地城市辐射；七、行业协会角色活跃；八、企业市场化程度高；九、园区集聚效应显著；十、设计队伍年轻，理念先进。

**2. 上海：人才云集，资本雄厚**

上海于2010年2月入列联合国"创意城市网络"，是继深圳后进入该网络"设计之都"的中国第二城市。上海从政府部门到行业协会，从企业研发机构到自由设计师，从产业项目到个体创意，逐渐把创意和设计的内涵覆盖到城市内容的方方面面，以不断进取的态势日益显现出一定的"设计之都"的活力。

上海工业基础雄厚，设计产业起步较早，发展较为成熟的主要是工业设计、时尚设计、建筑设计、软件设计等。近年来，上海加强工业设计相关材料、技术等的研究和应用，提高了工业设计的信息化水平，提升了行业企业设计的创新意识和能力。通过支持工业企业与设计企业对接合作项目、开展设计创新示范企业认定、建设服务平台、建设基地载体和设立设计奖项，鼓励大型企业集团建立工业设计中心，鼓励各类企业设计服务外包，完善工业设计创新体系，推动工业设计创新成果产业化，促成设计产业与制造业深度融合，逐步打造出一批具有较强竞争力的工业设计龙头企业和品牌。比如博路工业设计有限公司、意田工业设计有限公司等。同时，重点围绕城市规划设计、工程勘察设计、室内设计等领域，积极设计规划咨询、绿色建筑设计等产业链价值高端环节业务，繁荣建筑设计产业。

在上海文化创意产业中，软件与计算机服务业、建筑设计业经济规模较大，占文化创意产业增加值比重分别为17.4%、13.3%（合计占30.7%）。设计业持续保持两位数增长,对整个产业的发展贡献作用显著。2012年,文化创意产业中的工业设计、建筑设计业增加值分别达196.54亿元和301.93亿元,共占文化创意产业增加值总量的22%,分别比上年增长15.3%和11.8%,对文化创意产业增长的贡献率达到27.8%,带动整个产业的迅速发展。①

**3. 北京:文化深厚,科教强盛**

2012年6月,北京正式加入联合国教科文组织创意城市网络,以科技创新、文化创新的鲜明特色成功当选"设计之都",确立了北京设计在全球设计领域的领先地位。

2015年北京市文化创意产业实现增加值3072.3亿元,占地区生产总值的13.4%。"北京国际设计周·设计之旅"成为"国庆·北京看设计"的特色文化旅游品牌,2016年北京国际设计周拉动项目投资超过4亿元,文化旅游、设计消费总额逾20亿元。设计、文化创意产业成为北京新的经济增长点,同时为企业、产业输出提供了优势资源基础。②

作为中国的政治中心和全国文化中心,北京有170多座博物馆和300多个剧院,每年提供了超过12000场的演出。北京除了深厚的文化底蕴和创意环境外,还有着强盛的科教水平和创意设计人力资源,2016年北京有119所设计学院和30000多名设计专业的学生,设计部门从业人员近250000人,总价值估计超过1600亿元人民币。③

根据《北京"设计之都"建设发展规划纲要》,到2020年,北京将基本建成全国设计核心引领区和具有全球影响力的设计创新中心,"设计之都"成为首都世界城市的重要标志。"北京设计"的国际影响力大幅提升,设计产业年收入突破2000亿元,设计品牌认知度和创新能力明显增强,设计提升城市品质的作用凸显,设计人才队伍建设成效显著。④

北京的"中国设计瑰谷"平台致力于促进中国设计与各大产业实现设计专家、设计组织、行业创新、区域发展等多方共赢,成为北京建设"设计之都"的重要支撑。通过重点发展高端电子信息产品、汽车和服装设计、建筑和工程咨询设计、家居家装设计、传播设计以及设计产品展示交易五大领域,形成完整的产业链。⑤

---

① 中国上海网站:《2013年上海市文化创意产业发展报告》,网址:http://www.shanghai.gov.cn/shanghai/node2314/node9819/node982/u21ai761760.html。
② 柯文:《北京"设计之都"建设创出新天地》,《科技日报》2016年11月18日。
③ UNESCO:"Creative Cities for Sustainable Development", United Nations, 2016, p.55.
④ 文慧生:《设计产业活力无限,设计之都蓝图绘制——〈北京"设计之都"建设发展规划纲要〉发布》,《科技智囊》2013年第12期。
⑤ 来源于上海市人民政府新闻办公室网站,网址为:http://www.shio.gov.cn/shxwb/xwfb/u1ai10078.html。

## 四、我国当前加强设计创新能力建设的建议

美国竞争力委员会和德勤联合发布的《2016全球制造业竞争力指数》显示,得益于传统的低成本价值主张、创造基础设施的长远发展和创新生态系统的成功发展,中国目前是最具竞争力的制造业国家。与之前2010年和2013年全球制造业竞争力指数研究一样,2016年中国再次被列为最具竞争力的制造业国家。[①] 虽然航天航空、高铁北斗等的蓬勃发展标志着我国重大工程装备系统集成创新和设计制造能力已居国际前列。但是从设计产业的角度看,我国还不是设计强国。

2008年以来的全球经济衰退和随之而来的复苏努力正在加速科技创新和产业变革进程,西方国家以工业4.0或第三次工业革命为理念的回归实体经济的努力与实践不仅会因可再生能源、分布式能源生产和配置、氢能存储和新能源汽车等技术的变革为创新带来新的机会,也会借助大数据、人工智能、机器人、数字制造等对未来制造范式产生影响的新兴技术改变人们的造物理念和方式。随着大数据、智能制造、3D打印机等新技术的加速应用,由资源、信息、物品和人相互关联所构成的"虚拟网络—实体物理系统(Cyber-Physical System,CPS)"将实现产品全生命周期的整合和基于信息技术的端对端集成,开启设计创新活动的新领域。这些趋势都将对我国的创新竞争能力带来新的挑战。

随着发达国家回归实体经济,资源、能源和人力资源等要素成本的上升,中国制造将面临发达国家重振高端制造和新兴发展中国家低成本制造竞争的双重挑战。在加快创新型国家建设的关键时期,通过实现发展方式转型,提升发展质量效益,实施创新驱动发展战略,迎接新产业革命的机遇和挑战,应对全球范围内的新挑战,提升我国设计创新能力成为必然的选择。发展设计竞争力,必须将设计纳入到国家创新政策之中,并且作为重要的内容制订实施计划和工作路线图:加大国家、组织、社会对设计的投入;重点支持与设计创新相关的基础前沿和共性技术的研究和开发;重点支持物联网、大数据和云计算在设计创新方面的研究与建设;建设一批具有前瞻性的设计创新重点实验室、设计技术中心和网络公共服务平台;立足长远,加快实施设计支持计划、设计促进、设计教育,推进专业设计机构的发展,建立与设计中心和协会的合作伙伴关系等。

同时,我国当前正在实施的《国家新型城镇化规划(2014—2020年)》也为展开设计之都建设、提升设计创新能力提供了新的导向。增强设计对当今世界与城市可持续发展的作用与价值,为城市带来物质与技术的便利,制度和秩序的保障,使城市成为人的幸福之所和梦想之地,应是设计及其产业系统的责任。

---

① 德勤:《2016全球制造业竞争力指数》(中文版),2016年。

**1. 将设计之都建设与国家新型城镇化建设相结合,通过设计能力建设为智慧城市建设服务**

立足于设计的视角,进行物质形态智慧化的体系、管理与技术路线规划的前瞻研究,通过对技术体系的梳理、技术成熟度评估,利用物联网、大数据和云计算等核心技术,用设计解决城市发展过程中的造物挑战。

立足于设计的视角,进行社会管理智慧化的体系、管理与技术路线规划的前瞻研究,利用设计展开社会创新和城市管理模式的创新,面向未来城市生活所引发的城市生产生活、公共服务如医疗、教育、卫生、养老、金融服务、社会保障等的运行与管理的发展需求,展开设计创新活动。

立足于设计的视角,进行文化服务智慧化的体系、管理与技术路线规划的前瞻研究,面向世界城市语境下的社会文化演化的趋势、数字技术所引发的文化产品的形式与内容的发展趋势(如 UGC 模式、文化产品的参与式生产、开放式合作等等对文化产品的影响)、城市对文化服务新的需求趋势、文化与服务消费的新趋势,实施以文化为中心的设计创新。

**2. 进一步加强国家设计系统建设,增强国家设计体系的竞争力**

国家设计系统的主要职能在于通过呈现推动设计产业创新发展的各类相关主体、相互关系及其活动,对创新主体及其相互作用与动态变化实施系统性监测与评估,为设计产业创新发展中解决系统失灵的问题提供依据。设计活动的相关主体包括:在设计活动中积累知识与能力的组织,如设计服务企业、市场中介服务组织、设计中心、行业协会、设计网络与集群等;或对设计产业发挥政策性引导作用、提供资金资助的相关主体,如政府或公共部门、非营利组织等。国家设计系统的相关主体既涵盖了政府公共部门、非营利组织,也涵盖了市场中介服务、设计企业等私人部门。我国的国家设计系统在推动工业设计产业发展的过程中,仍然存在着国家层面的主体缺失和社会中介服务机构的能力缺陷。这些体系的缺陷与不足都制约着国家设计创新能力建设。为此,应加强国家对工业设计的组织、规划和引导,通过市场配置资源促进设计中介服务组织的发育完善。

**3. 加强工业设计的理论研究和设计创新成果转化**

欧美国家的设计产业发展始终保持着与关联产业的密切互动,因此在当代工业设计从面向制造的设计到面向市场的设计及以人为中心的设计发展过程中,完成了从理论到实践的自然过渡与转型,设计在产业发展中所扮演的角色一直处在一个演化的过程中(表4),各阶段在设计理论、方法及工具上具有明显不同。我国的工业设计直至改革开放才开始接触市场,同时又由于技术发展滞后,导致工业设计作为创新的工具难以实现其为产品增值的功能。目前,欧美国家完成技术能力和市场能力建设,已经进入到工业设计服务引领创新时期,我国的工业设计需要应对国际市场的全面挑战。在这种境况之下,就需要我们通过工业设计理论研究,引领实践寻找出适合我国工业设计发展之路,加强工业设计产业发展的理论与应用研究成为当务之急。

表4 设计在产业发展中所扮演的角色的演化过程

| 时期 | 设计的角色 | 关注重点 |
| --- | --- | --- |
| 1850s—1920s | 设计更有效的机器来加大产品生产效率 | 产品生产效率 |
| 1930s—1950s | 设计更好的系统来加大产品生产效率 | 产品生产效率 |
| 1950s—1970s | 设计更好的产品功能来增大产品的价值 | 产品价值 |
| 1980s—2000s | 设计更好的产品体验来增大产品的价值 | 产品价值 |
| 2000s—2010s | 从连接用户和市场角度来设计来增大产业价值 | 产业价值 |
| 2010s—现在 | 从全局来进行创新设计来促进产业价值 | 产业价值 |

(资料来源:Design Commission,本研究整理)

以设计创新理论与方法体系研究为基础,促进科研、教育、工业设计知识产权与成果的产业化融合。建设面向设计研究与教育的质量评价系统,促进设计研究机构提升品质。推进设计创新领域的跨学科协同研究,加强设计学术高地的建设,加快认知科学、心理学等人文社会科学与设计研究的融合,推进设计与工程技术的深度融合。

加强设计创新研究与知识转化尤为重要,应鼓励立足国际视野,反映国家需求,加速设计与制造生产和服务的整合;加强先进设计理念基础上的产学研合作,建立以用户为中心的设计理念在设计服务中的导向、渗透与深入。

**4. 加强设计创新与科学技术的紧密融合**

德国提出的工业4.0包括将信息物理系统技术一体化应用于制造业和物流行业,以及在工业生产过程中使用物联网和服务技术,将对价值创造、商业模式、下游服务和工作组织产生影响。新一代的工业革命带来了设计对象、设计目标、设计成果、设计过程、运作方式和创新活动者构成的变化,为应对新的创新挑战,迫切需要加强设计创新与科学技术之间更加紧密的结合。如欧美许多国家基于开源的开放式共同创造活动发展日趋蓬勃,一些国家和地区的设计创新领域甚至提出在此基础之上的新工业化理念,即利用开源软件、硬件、设计和桌面制造系统,将制造从生产型企业带入到社区甚至是用户桌面,激发和释放数以百万计的创想者们所积聚而成的创意阶层的集体智慧与潜能,驱动区域的制造业复苏。而这一新的创造性活动将与现有的商业模型和社会文化模型形成强烈互动,引发未来人类生活形态的改变。加强设计创新活动在知识、方法、工具、形式方面与新兴技术的融合,是提升我国在当前国际竞争中获得优势的当务之急。加快设计计算

(信息技术与工业设计的融合)思想、方法与工具在设计创新中的应用推广,如参数化设计、生成式设计、人工智能设计等在设计创新活动中的应用;展开对引发社会生活方式巨大变化的技术变革与设计的整合,如基于大数据的设计创新、基于物联网和环境智能技术的设计创新等;加强战略性新兴产业中设计创新与技术创新的协同与合作等等,都将为工业设计在与科学技术融合过程中发现创新机会、展开整合创新提供有利条件。

**5. 加强设计教育与工业设计创新人才培养**

美国、英国等发达国家都非常重视创新人才的培养,希望通过教育和培训,树立从业人员的全面创新意识。2010年中国工程院"创新人才"项目组对未来十年的中国创新型工程科技人才的需求态势进行了研究,提出我国创新型工程科技人才需求呈现出多样化特征,首次提出对三类人才,即技术交叉科技集成创新人才、产品工业设计人才和工程管理经营人才的迫切需要;从创意创新人才可持续发展角度,提出应在基础教育阶段加强工业设计教育,将创意创新理念融入基础教育中;应该站在国家战略的高度,从培养创新型人才的目标出发,在法规、制度、培养体系等方面厉行改革,加大对中小学生进行科学、工程、设计理念与文化的熏陶,加强对中小学生创新理念、创新方法与创新文化的教育。[①]

作为工业设计的核心,设计学是涉及文学、工学、管理学和艺术学的一级学科,虽然归属于艺术学门类,但具有非常鲜明的交叉学科特征。长期以来,由于工业设计活动涉及的内容极为庞杂,对其设计实践及设计理论的研究多集中在具体的二级学科和专业方向上,这些学术研究成果(包括理论、方法和工具等)已经不足以支持国家与地方产业转型战略与政策的实施。这就需要将对设计学的理解提升到一个更为宏观的层次加以理解和看待,将设计学设为一级学科,既是学科发展的需要,更是国家发展战略的要求。因此,我国发展工业设计业、建设工业设计学科必须建立在国家的相关资源构成和发展规划的基础上。

**6. 加强工业设计产业生态建设**

创意生态系统至少包含四个内容:创意经济环境条件、生产者、消费者、分解者。他认为脱胎于"以物为本"的传统经济生产关系已经不适应当前"以人为本"的创意经济生产力发展的要求。从霍金斯的"创意生态"三原则,即"人人都有创造力、创造力需要自由、自由需要市场"来分析,社会个体的创造力价值的体现是需要多重条件准备的。我国不仅需要进行工业设计能力的建构,同时也需要进行工业设计消费市场的建设与培育,使得创意产出与消费、分解得以平衡并持续均

---

① 中国工程院项目组:《中国工程院"创新人才"项目组走向创新——创新型工程科技人才培养研究》,《高等工程教育研究》2010年第1期。

衡发展,这需要一个优良的生态环境加以支持。在工业设计环境中,设计方、生产实现方和支持方(他们提供创意及实现工具,如软件、设备等)共同构成了工业设计活动的主体,创意的成果需要消费,创意成果的形成与消费需要环境,政府作为管理者承担的是工业设计生态环境监护者的角色,因此营造良好的设计产业生态环境是主要责任。

另外,加强工业设计价值的公众认同、培育消费市场,以及鼓励市民参与设计创意活动和从创意生态建设的角度进行政府角色定位,将工业设计产业政策从"定点扶持"变为"生态化培育",也将有利于一种可持续的工业设计创新、生产和消费的良性循环的形成。

**7. 加强设计创新资源要素整合,实施产业合理布局**

加强国家、区域设计创新中心、设计行业协会、设计网络和设计集群建设。开展设计需求分析,以确保设计机构、设计网络和集群的活动能够满足需求;建立专业设计标准,通过多种途径提高设计师的创新创意能力,鼓励设计师不断提升专业能力,提高接触大型客户、承接大型项目的能力;提高设计机构的商业化运营能力和创业能力;推动提升社会设计意识、设计知识推广普及的资源能力建设,如现代设计博物馆、艺术与科学展示馆、新材料新技术展示馆等展馆的建设;召开设计创新各种主题的论坛、研讨会和工作坊,促进设计知识交流、促进设计、商业、科技、人文与社会的互动与合作;展开设计创新网络社区建设,通过线上线下互动,鼓励设计资源的流动与合作;鼓励相关机构加强新型设计工具的开发;加强工业设计统计数据采集工作,鼓励设计协会网络采集会员的年度数据。

应实施工业设计产业的合理布局。发展工业设计产业,一是要考虑区位优势、资源优势、产业基础和环境优势,特别是人才的准备和积累;二是要根据地区的产业实际发展需要,不能跟风,更不能拔苗助长。要加强设计产业引导,切实围绕建设创新型国家的要求来规划工业设计产业的发展蓝图,通过促进工业设计与制造业融合,真正实现我国制造业转型升级和品牌提升,把设计创新与提升国家品牌形象、城市品牌形象,为人民创造美好生活结合起来。

# 2017 城市科学发展趋势与全球科研实力排名报告

近几年,中国的城市化进程持续快速推进,根据国家统计局发布的 2016 年经济数据,2016 年末,我国大陆人口总量为 138271 万人,城镇常住人口为 79298 万人(乡村常住人口为 58973 万人)城镇常住人口比重为 57.35%。2016 年与 2015 年相比,城镇常住人口增加 2182 万人,常住人口城镇化比例提高了 1.25 个百分点,与 2011 年相比提高了 6.08 个百分点。随着城市化步伐加速,城市科学相关研究也日益深入,课题组为了分析全球城市科学发展状况,2013 年、2015 年曾分别以 2003 年至 2012 年(10 年)、2005 至 2014 年(10 年)国际核心期刊发表的城市研究论文为对象,进行计量分析,探索全球城市科学研究现状、学术热点及发展趋势,并从论文产出分布、研究热点城市、核心文献分布和科研人员分布等方面对国内外科研情况进行对比分析,针对中国城市科学未来发展提出相应的对策与建议,这项研究得到了众多专家的认可,同时也收到一些宝贵的改进建议,因此在研究过程中,课题组在延续研究思路和分析方法基础上,增加了文献检索的数据库,不断改进检索策略,细化数据分析颗粒度,使基于文献计量分析的结果更能接近真实的全球城市科学发展趋势与科研实力展示。

## 一、数据采集范围与分析工具

本文选用美国汤森路透公司 Web of Science(WOS)数据库平台的 SCI-EXPANDED(Science Citation Index Expanded,即科学引文索引)、SSCI(Social Sciences Citation Index,即社会科学引文索引)、A&HCI(Arts & Humanities Citation Index,即人文艺术引文索引)、CPCI-S(Conference Proceedings Citation Index—Science,即科学会议引文索引)、CPCI-SSH(Conference Proceedings Citation Index—Social Science & Humanities,即人文社会科学引文索引)五个子数据库作为数据来源,文献采集的时间范围从 2007 至 2016 年(10 年),数据采集时间是 2017 年 4 月 30 日,采用检索策略如下,对文献标题中含有"city、town、urban、worldcity、megacity、metropolis"以及某些重要城市名称的文献进行搜索,从中选出学科类别为"Urban Studies"的期刊论文和会议论文,最终获得 10,498 篇样本文献(以下简称"样本文献")。

所选用的文献分析工具中，除了WOS平台自带的分析功能外，本文还采用了汤森路透公司的TDA(Thomson Data Analyzer)数据分析工具和微软公司的EX-CEL软件，对数据进行可视化分析处理。

## 二、城市科学发展趋势

### 1. 论文产出趋势

按年代对样本文献进行分析可以看出，近十年城市研究论文产出整体呈上升趋势（如下图1），2009年发文量有较大幅度的增长，较2008年增加202篇，增长率为30%。2010至2011年发文量略有下降，从969篇下降至905篇；2013年发文量有了新的飞跃，突破1000篇，较2012年增加343篇，增长率为37%。2014年至2016年略有上升，由于WOS平台的索引数据库收录期刊论文的时间通常滞后于论文发表时间，2016年数据可能不全，截至取样时间，2016年样本文献量为1467篇。对比年度发文量可知，2009年、2013年为城市研究文献增量突发期，2013年之后城市科学作为独立的学科，并渐趋成为一门显学。这与近些年全球范围内对城市日趋深入的关注有关，比如"智慧城市"战略在全球范围的开展。对于城市化进程的问题研究关注也依旧持续着，中国正处于快速的城市化进程中，像建设"生态城市"和"创新型城市"，都是近几年结合十八大提出加强生态文明建设后的研究热点。

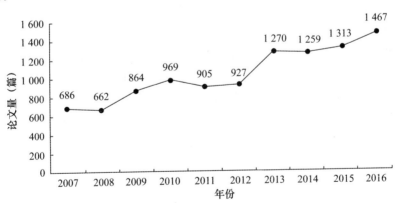

图1 2007—2016年城市科学研究论文产出趋势

### 2. 论文被引趋势

论文引用次数反映了该学科内部的活跃度，从整体论文被引情况来看，截至2016年底，所有论文总被引次数为60354次，篇均被引次数约为5.8次，并且各年度产的论文总被引次数从2007年开始呈逐年上升（如下图2）。尤其是从2008年开始，增幅较之前开始加大；从2013年开始，增长更是以每年增加3000—4000次大幅度增长,到2015年被引量突破10000次。论文被引分析再一次佐证了上文的分析结论,近10年来,全球城市研究热逐年升温,目前仍处在一个快速上升的阶段,且有较大的发展空间。这其中很大程度上来源于中国的贡献,城市化快速推进,城镇化战略的提出,以及对世界城市、全球城市的高瞻远瞩都为城市科学发展贡献了中国的力量。

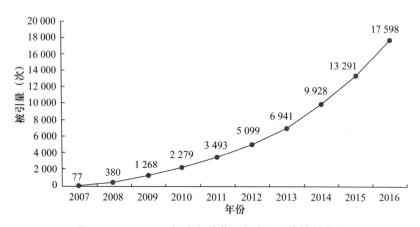

图2　2007—2016年城市科学研究论文总体被引趋势

## 三、城市科学研究热点

### 1. 交叉学科热点

对样本文献内容所属学科进行分析,WOS平台统计显示包括"城市研究"在内的共涉及30个学科领域,为了凸显学科领域特征,将相近学科进行归类[①],归类后还有14个学科领域,交叉学科研究热点排名如图3所示。其中,与"城市研究"交叉最多的学科依次是"环境科学与生态学""地理学""公共管理学""社会科学""植物与生物科学""建筑学与土建工程""历史学""工程应用""经济学""林业""教育教学研究""交通与运输""计算机科学"等。由此可见,环境与生态、地理学、公共管理学稳居城市研究交叉学科热点排名前三,在世界范围内,城市研究交叉学科主要集中于这三个学科领域。这也侧面反映了城市问题的聚焦点,生态环境、城市地理、公共管理是城市问题载体,是城市上层建筑的基础,地位不可动摇。值

---

① 根据Web of Science数据库的学科分类,将环境研究、生态学、环境科学合并为环境科学与生态学,将地理学、自然地理学合并为地理学,将土建工程、建筑学、建筑施工技术合并为建筑学与土建工程,将计算机科学跨学科应用、计算机科学信息系统、计算机科学人工智能、计算机硬件架构合并为计算机科学,将工程环境、工程工业、工程地质、工程机械、工程制造合并为工程应用,将社会科学史、社会学、社会科学跨学科合并为社会科学,将植物科学、生物多样性保护合并为植物与生物科学。

得注意的是,较前一年相比公共管理学学科的研究数量增加最多,这说明越来越多的研究者从行政学、公共管理的角度分析城市和大都市市区治理问题,也就是说更多的学者开始从政治学、行政学和公共管理领域来研究城市问题,这也表明了公民近几年对城市公共安全、公共服务、公共政策等问题的关注度提高。

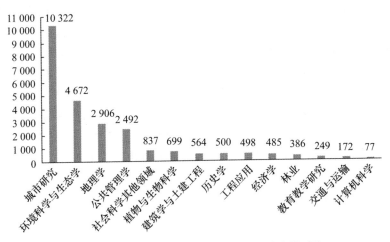

图3 2007—2016年城市科学交叉学科论文量对比

**2. 城市科学研究热点国家与城市**

为了进一步探寻国内外城市科学的热点研究方向,笔者对文献的标题和关键词进行了分析。利用TDA从WOS检索平台中抽取到100%的文献题名和作者关键词①,共计33 277个(以下简称"样本关键词"),以这些关键词作为数据源进行科研热点分析,首先对关键词分类,将国家名称关键词、城市名称关键词从样本关键词中抽取出来,剩下的关键词与学科主题相关(以下简称"主题关键词"),单独进行分析。

通过对国家名称关键词进行词频统计分析,排名前十五的高词频国家分别是中国、美国、印度、澳大利亚、巴西、墨西哥、南非、土耳其、德国、加拿大、伊朗、日本、西班牙、新加坡、尼日利亚(如图4所示),与2015年的《城市科学研究发展趋势及科研实力排名》的报告②相比,前三名的顺序发生了明显的变化,美国从十五位直接上升到第二位,中国和印度仍然在前三位里。处于第一位的以"中国"为关键

---

① WOS检索系统的关键词有三种,一种是Key Words by author(论文作者提供的关键词),一种是Title(NLP)(Phrases),另一种是Key Words plus,本文选择前两种(Key Words by author+Title(NLP)(Phrases))关键词进行分析。Title(NLP)(Phrases)是TDA平台将WOS检索出的文献标题用一种自然语言处理的方式将标题分割成几个短语,结合标题和作者关键词分析得出的结论会更加精确。

② 刘士林主编:《2015中国都市化进程报告》,北京:北京大学出版社2015年版,第193页。

词的论文数量由原来的 177 篇攀升到目前的 481 篇,增长了 304 篇,而处于第二位的以"美国"为关键词的论文数量由原来的 10 篇上升到此次的 116 篇,增长了 106 篇,处于第三位的以"印度"为关键词的论文数量由原来的 29 篇提升到此次的 85 篇,增长了 56 篇。可见研究中国城市的论文无论是数量上还是增长量上都远多于研究其他国家城市的论文量,这说明近十年中国城市化建设情况或问题广受国际学术界关注,并持续处于上升趋势。究其原因,正如前文所述,中国的城市化进程是背后的最大推动力。排名前十五的高词频国家中,依然有"金砖国家"的中国、印度、巴西、南非,说明发展中国家(尤其是发展中大国)的城市建设受到国际学术界的重视,同时也印证了"中国式"城市化进程具有鲜明的特征,受到学者们突出的关注。而通过分析标题短语,发现美国城市问题近几年的研究热词是城市士绅化(Gentrification),它是西方国家再城市化过程中,城市中心区更新(复兴)的一种新的社会空间现象,多数研究围绕美国大都市区中心城市士绅化现象对其进行评析,可见"士绅化运动"对原住居民的影响以及城市地方政府在"士绅化运动"中的作用日益显著。

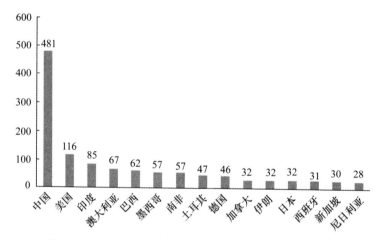

图 4　2007—2016 年城市科学研究论文热点关注国家对比

通过对城市名称关键词进行词频统计分析,排名前十五的高词频城市分别是纽约、香港、北京、上海、芝加哥、伦敦、圣地亚哥、广州、柏林、巴塞罗那、洛杉矶、悉尼、墨西哥城、开普敦、德里(如图 5 所示)。其中,中国内地三大城市"北京""上海""广州"排名靠前,科研文献的聚焦再次证明了中国城市在国际学术界的受关注程度很高。与 2015 年的《城市科学研究发展趋势及科研实力排名》的报告相比,北京由原来的第一名下降到此次的第三名,纽约由原来的第三上升到此次的第一名,香港、上海、芝加哥排名顺序没有变化,广州从第六下降到第八名,伦敦由原来的第四降到此次的第六名,原来未进入前十五排名的洛杉矶此次排在第十一名,原来排第十五名的耶路撒冷此次排在前十五之外。值得注意的是,纽约是此次排名上升变化较大的一个城市,纽约作为全球第一大金融中心,在国际学术界所受的关注度有所上升。而香港作为一座高度繁荣的国际大都市,是仅次于纽约和伦敦的全球第三大金融中心,在国际学术界所受的关注热度依旧持续增长。

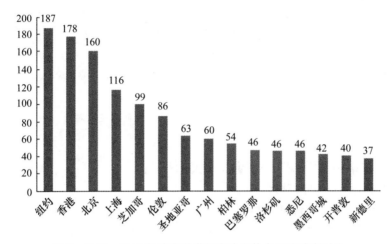

**图5　2007—2016年城市科学研究论文热点关注城市对比**

### 3. 城市科学热点研究主题

通过对主题关键词进行统计分析,同样选出了排名前十五的"热词"(如图6所示),出现频率比较高的关键词揭示出城市科学研究领域的热点所在。研究发现,城市科学最热门的研究方向依旧是"城市规划",其次是"可持续发展""城市化""城市发展""种族问题"和"住房",与2015年的《城市科学研究发展趋势及科研实力排名》的报告相比,基本没有发生变化,这些都是极具普适价值的研究热点,一直保持热度。其余热点主题的相关论文数量差不多,包括"城市设计""气候变化""城市士绅化""城市再生""城市增长""城市更新""地理信息系统(GIS)""城市治理""城市教育"等。"城市再生""城市增长""城市教育"进入排名前十五的"热词",都与城市发展密不可分,城市再生是城市化深化的必然结果。20世纪50年代以来,西方城市开发概念经历了五次变化,即城市重建、城市振兴、城市更新、城市再开发和城市再生。每一概念都包含丰富的时代内涵,并具有连续性。城市再生的关注度增高,一方面也表明了现代城市开发的进程已经过渡到了深层阶段。而一个被世界精英景仰和向往的城市,应该不仅是因为繁华不可尽说的璀璨街景和极致的经济发展,其中文化和教育也是重要因素,这点从世界各国学者对城市教育的关注度提高也得以体现。

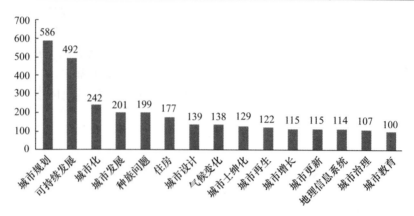

图 6 2007—2016 年全球城市科学热点研究主题对比

## 四、全球城市科学研究机构与作者实力排名

**1. 各国论文产出量对比**

全球各国论文产出数量的差距比较大,按发文量从高到低排序,Top10 国家的论文产出量占到总量的 74%,而余下 26% 的论文却分别来自 106 个国家。Top10 国家分别是美国、中国、英国、澳大利亚、加拿大、荷兰、德国、意大利、西班牙、瑞典(如下图 7)。

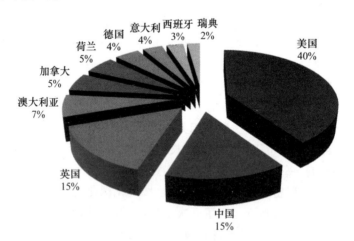

图 7 2007—2016 年各国论文产出量对比

Top10 国家发文量对比来看,美国论文产出最多,占论文总量的 40%,其次是中国,论文产出总量为 1300 篇,英国排名第三,排名第四的是澳大利亚,后续依次为加拿大、荷兰、德国、意大利、西班牙、瑞典。与 2015 年《城市科学研究发展趋势

及科研实力排名》报告中的数据相比,中国和意大利发文占比明显提升,中国从原来的占比 12% 上升到现在的 15%,排名从第三上升到第二,发文量 1300 篇,但是仍与美国(发文量 3532 篇)存在比较大的差距,说明中国城市科学整体研究实力虽处于快速发展阶段,但仍有较大上升空间。这与城市科学研究在中国尚属于新兴学科有关,国内高校对城市问题的研究多数是交叉研究,没有形成主力。课题来源也多是应用研究,来源于现实问题。意大利从非 Top10 国家进入 Top10 国家,位列第八,在全球研究中崭露头角。

### 2. 城市科学研究机构排名

从文献的来源机构看,全球从事城市研究的机构较为分散,研究主体主要是高等院校,也有少数是城市规划研究机构、环境保护机构或其他。发文量位列前 10 名的机构依次是香港大学(151 篇)、伦敦大学(124 篇)、阿姆斯特丹大学(110 篇)、中国科学院(101 篇)、香港理工大学(100 篇)、曼彻斯特大学(95 篇)、墨尔本大学(86)、亚利桑那州立大学(82 篇)、新加坡国立大学(80 篇)、代尔夫特理工大学(77 篇)、加州大学伯克利分校(77 篇)。与 2015 年《城市科学研究发展趋势及科研实力排名》报告中的数据相比:Top10 的研究机构发文整体有提升,香港大学仍然位居第一,发文量由 118 篇上升到 151 篇,排名第 10 的机构发文量由 62 篇上升到 77 篇,墨尔本大学和加州大学伯克利分校发文排名进步明显,此次跻身 Top10。全球发文量排名居前 10 的科研机构详见下图 8。

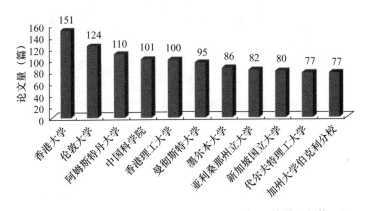

**图 8　2007—2016 年全球发文量排名居前 10 的科研机构**

国内城市科学相关发文研究机构有 338 家,共发表 1300 篇相关论文,发文总数位列第二。其中机构发文数量较多的地区仍以香港地区领先,香港 9 所高校中有 4 所位列国内发文量排名 Top15,依次为香港大学(151 篇,排名第一)、香港理工大学(100 篇,排名第三)、香港城市大学(69 篇,排名第五)、香港中文大学(45 篇,排名第九),这一特点与 2015 年《城市科学研究发展趋势及科研实力排名》报告中的数据基本一致。与2015年的报告不同的是,此次武汉大学、华东师范大学跻身进入Top15,而香港浸会大学、北京交通大学此次排名有所下降,双双跌出Top15。相较2015年的报告数据,中国内地研究机构发文量有明显的提升,增长率最高的2所机构分别是中国科学院(增长53%)和同济大学(增长62%),国内Top15平均增长率为32%(详见下图9)。中国内地研究机构或高校发文相对较少,研究成果的数量也比较平均,这一数据分析结果与2013年的《城市科学研究发展趋势及科研实力排名》的报告①相同,探其根源,发现中国内地论文作者比较孤立,各大机构往往只是个别学者独立开展了相关研究,尚未形成具有强大科研实力的研究团队,因而与国外科研机构相比,国内科研成果的数量有限。中国内地科研成果分散也佐证了"我国的城市研究在很大程度上表现为自发的研究,同时,由于学科分散、理论谱系杂多、研究方法差异很大,在很多关键与重大现实问题上很难形成共识和开展协同攻关"②。当然,排名与分析指标相关,如果对指标稍作调整也会影响国内排名,本排名只是以本研究的指标为准。

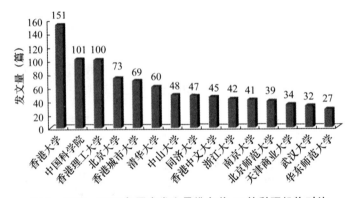

图9 2007—2016年国内发文量排名前15的科研机构对比

**3. 城市科学发文作者排名**

从作者的发文数量来看,全球发文量超过13篇(含13篇)的作者一共有14位,其中伦敦大学学院吴缚龙以29篇的发文数量名列世界第一,其余依次为香港大学詹志勇(Jim, C. Y.)、Derudder,Ben(比利时)、Salvati,Luca(意大利)、Chan,Edwin H W(陈汉文,中国香港)、Nijkamp,Peter(荷兰)、Satterthwaite,David(英国)等。发文作者Top16中来自中国的有4位,2位来自中国香港,2位来自中国内地。与2015年《城市科学研究发展趋势及科研实力排名》报告中的数据相比,

---

① 汤莉华、兰小媛、张书成:《城市科学发展趋势与全球科研实力排名》,《2013中国都市化进程报告》,北京:北京大学出版社2013年版。
② 刘士林:《城市科学建构与中华民族的城市启蒙》,《学术研究》2012年第10期。

发文作者排名所属国家和机构变化不大,详见下表1。

表1 2007—2016年全球发文量13篇以上的作者排名

| 姓名 | 论文数 | 国别 | 所属机构 |
|---|---|---|---|
| Wu,Fulong 吴缚龙 | 29 | 英国 | 伦敦大学 |
| Jim,C Y 詹志勇 | 28 | 中国 | 香港大学 |
| Derudder,Ben | 23 | 比利时 | 根特大学 |
| Salvati,Luca | 18 | 意大利 | 罗马大学 |
| Chan,Edwin H W 陈汉文 | 17 | 中国 | 香港理工大学 |
| Nijkamp,Peter | 15 | 荷兰 | 新里斯本大学 |
| Satterthwaite,David | 15 | 英国 | 国际环境与发展研究所 |
| Varady,David P | 15 | 美国 | 辛辛那提大学 |
| Witlox,Frank | 15 | 比利时 | 根特大学 |
| Zheng,Siqi 郑思齐 | 15 | 中国 | 清华大学 |
| Haase,Dagmar | 14 | 德国 | UFZ亥姆霍兹环境研究中心 |
| MacGregor-Fors,Ian | 14 | 墨西哥 | 墨西哥国立自治大学 |
| Haase,Annegret | 13 | 德国 | UFZ亥姆霍兹环境研究中心 |
| Sun Yu 孙钰 | 13 | 中国 | 天津商业大学 |

国内发文数量9篇以上(含9篇)的作者共有10位,除排名世界第二的詹志勇先生以外,其余9人分别是香港理工大学Chan,Edwin H W(陈汉文)、清华大学建设管理系郑思齐、天津商业大学孙钰、香港理工大学Yung,Esther H K、香港大学Chen,Wendy Y、香港城市大学张晓玲、香港浸会大学地理系李思名、香港中文大学沈建法、香港大学邓宝善。可见,国内10位发文量居前的作者中,8位来自香港的高校,其中3位来自香港大学且排名居前,2位来自香港理工大学,2位来自内地高校,其中1位来自天津商业大学。天津商业大学是一所普通的高等院校,由于该校公共管理学院教授孙钰的突出贡献,使天津商业大学在众多知名高校中脱颖而出。高产出作者排名详见下表2。

表2 2007—2016年发文数量9篇以上的国内作者排名

| 姓名 | 论文数 | 所属机构 | 研究方向 |
|---|---|---|---|
| Jim,C Y 詹志勇 | 28 | 香港大学 | 城市生态、城市森林、城市土地科学、城市对乡村的冲击、环境治理和运动 |
| Chan,Edwin H W 陈汉文 | 17 | 香港理工大学 | 房地产开发管理、绿色建筑、建筑与房地产政策 |
| Zheng,Siqi 郑思齐 | 15 | 清华大学 | 城市经济学与住房市场;房地产经济学 |

(续表)

| 姓名 | 论文数 | 所属机构 | 研究方向 |
|---|---|---|---|
| Sun Yu 孙钰 | 13 | 天津商业大学 | 公共管理;公共经济;城市公共设施运营与管理 |
| Yung, Esther H K | 12 | 香港理工大学 | 环境科学与生态学 |
| Chen, Wendy Y | 11 | 香港大学 | 环境科学与生态学;地理自然地理学、城市研究 |
| Zhang, Xiaoling 张晓玲 | 11 | 香港城市大学 | 区域环境科学研究创新; |
| Li, Si-ming 李思名 | 10 | 香港浸会大学 | 城市地理、中国城市住房和空间转型 |
| Shen, Jianfa 沈建法 | 9 | 香港中文大学 | 应用地貌学;地质学;水土流失与水土保持;环境变化和环境重建;环境保护及管理;古湖泊学 |
| Tang, Bo-sin 邓宝善 | 9 | 香港大学 | 土地利用规划、城市规划体制与体制创新 |

从单篇文献的被引情况来看,被引次数超过 200 次的论文有 7 篇,与 2015 年《城市科学研究发展趋势及科研实力排名》报告中的 3 篇相比,高被引次数的论文数量又大幅增加。其中位列前三的论文依次为:"Promoting Ecosystem and Human Health in Urban Areas Using Green Lnfrastructure: A Literature Review",2007 年发表于 *Landscape and Urban Planning*,被引次数 482 次;"Urban Greening to Cool Towns and Cities: A Systematic Review of the Empirical Evidence",2010 年发表于 *Landscape and Urban Planning*,被引 320 次;"The Relationship Between Parental Involvement and Urban Secondary School Student Academic Achievement—A Meta-analysis",2007 年发表于 *Urban Education*。对被引次数最多的 20 篇文献(下文简称"Top20 核心文献")进行分析发现,Top20 核心文献有 9 篇来自美国,4 篇来自加州高校,有 8 篇来自英国,4 篇来自伦敦高校,来自英美国家的占比 85%,可见英美国家城市科学领域影响力还是占绝对优势,中国学者只有 1 篇进入 Top20 核心文献。

表3　2007—2016 年高被引论文排名

| 序号 | 标题 | 作者 | 被引次数 | 机构 |
|---|---|---|---|---|
| 1 | Promoting ecosystem and human health in urban areas using Green Infrastructure: A literature review | Tzoulas, K; Korpela, K; Venn, S; Yli-Pelkonen, V; Kazmierczak, A; Niemela, J; James, P | 482 | 索尔福德大学 |

(续表)

| 序号 | 标题 | 作者 | 被引次数 | 机构 |
|---|---|---|---|---|
| 2 | Urban greening to cool towns and cities: A systematic review of the empirical evidence | Bowler, DE; Buyung-Ali, L; Knight, TM; Pullin, AS | 320 | 帮戈大学 |
| 3 | The relationship between parental involvement and urban secondary school student academic achievement—A meta-analysis | Jeynes, WH | 255 | 加利福尼亚州立大学 |
| 4 | Smart Cities in Europe | Caragliu, A; Del Bo, C; Nijkamp, P | 245 | 米兰理工大学 |
| 5 | The Antinomies of the Postpolitical City: In Search of a Democratic Politics of Environmental Production | Swyngedouw, E | 230 | 曼彻斯特大学 |
| 6 | Compact, dispersed, fragmented, extensive? A comparison of urban growth in twenty-five global cities using remotely sensed data, pattern metrics and census information | Schneider, A; Woodcock, CE | 207 | 加利福尼亚大学圣巴巴拉分校 |
| 7 | Cities in a World of Cities: The Comparative Gesture | Robinson, J | 206 | 伦敦大学 |
| 8 | Cities' contribution to global warming: notes on the allocation of greenhouse gas emissions | Satterthwaite, D | 191 | 国际环境发展研究所 |
| 9 | Urban form, biodiversity potential and ecosystem services | Tratalos, J; Fuller, RA; Warren, PH; Davies, RG; Gaston, KJ | 189 | 谢菲尔德大学 |
| 10 | Blaming cities for climate change? An analysis of urban greenhouse gas emissions inventories | Dodman, D | 186 | 国际环境发展研究所 |
| 11 | Creative Cities, Creative Spaces and Urban Policy | Evans, G | 167 | 伦敦城市大学 |
| 12 | Gentrification and Social Mixing: Towards an Inclusive Urban Renaissance? | Lees, L | 164 | 伦敦国王学院 |

(续表)

| 序号 | 标题 | 作者 | 被引次数 | 机构 |
|---|---|---|---|---|
| 13 | Growth, population and industrialization, and urban land expansion of China | Deng, XZ; Huang, JK; Rozelle, S; Uchida, E | 160 | 中国科学院 |
| 14 | The greenness of cities: Carbon dioxide emissions and urban development | Glaeser, EL; Kahn, ME | 156 | 加州大学洛杉矶分校 |
| 15 | The impact of urban form on US residential energy use | Ewing, R; Rong, F | 154 | 马里兰大学 |
| 16 | Expansion of the US wildland-urban interface | Theobald, DM; Romme, WH | 154 | 科罗拉多州立大学 |
| 17 | Urban green space, public health, and environmental justice: The challenge of making cities 'just green enough' | Wolch, JR; Byrne, J; Newell, JP | 153 | 加州大学伯克利分校 |
| 18 | Urban sprawl in the Mediterranean? Patterns of growth and change in the Barcelona Metropolitan Region 1993—2000 | Catalan, B; Sauri, D; Serra, P | 149 | 巴塞罗那自治大学 |
| 19 | A meta-analysis of estimates of urban agglomeration economies | Melo, PC; Graham, DJ; Noland, RB | 148 | 伦敦大学科学技术与医学学院 |
| 20 | The impact of urban patterns on aquatic ecosystems: An empirical analysis in Puget lowland sub-basins | Alberti, M; Booth, D; Hill, K; Coburn, B; Avolio, C; Coe, S; Spirandelli, D | 147 | 华盛顿大学 |

## 五、全球学术期刊排名

对样本文献发表的学术期刊进行统计分析发现,在所有的样本文献中,有8917篇期刊文献,1581篇会议文献。所有的期刊文献发表于44种国际核心期刊(SSCI、A&HCI 或 SCI 期刊),其中发文量超过200篇的期刊有16种(如下表4),除了 Urban Ecosystems,其余均为"城市研究类"期刊[1]。这16种期刊发表文献共

---

[1] JCR(Journal Citation Reports,期刊引用报告)按照学科对期刊进行分类,其中有一类是 Urban studies,翻译成中文即是"城市研究"。

计 6732 篇，占期刊文献的 75.5%，占全部样本文献的 65.3%。其中 8 种期刊（表中以"*"标记）的影响因子在同类期刊中排名居前，可确定为城市科学领域的高品质核心期刊，尤其应该受到研究人员的重视。

表 4 2007—2016 年发文量超 200 篇的期刊排名

| 发文排名 | 期刊名 | 发文量 | 影响因子 | 期刊排名[①] |
|---|---|---|---|---|
| 1 | URBAN STUDIES(*) | 1068 | 2.364 | 3 |
| 2 | INTERNATIONAL JOURNAL OF URBAN AND REGIONAL RESEARCH(*) | 671 | 2.181 | 5 |
| 3 | LANDSCAPE AND URBAN PLANNING(*) | 652 | 4.563 | 1 |
| 4 | CITIES(*) | 579 | 2.449 | 2 |
| 5 | HABITAT INTERNATIONAL(*) | 535 | 2.285 | 4 |
| 6 | JOURNAL OF URBAN HISTORY | 488 | 0.25 | 37 |
| 7 | URBAN GEOGRAPHY | 412 | 1.158 | 25 |
| 8 | URBAN FORESTRY & URBAN GREENING(*) | 386 | 2.133 | 7 |
| 9 | URBAN ECOSYSTEMS | 313 | 1.97 | / |
| 10 | JOURNAL OF URBAN AFFAIRS | 290 | 1.151 | 26 |
| 11 | EUROPEAN PLANNING STUDIES | 268 | 1.332 | 18 |
| 12 | JOURNAL OF THE AMERICAN PLANNING ASSOCIATION(*) | 232 | 1.981 | 10 |
| 13 | EURE-REVISTA LATINOAMERICANA DE ESTUDIOS URBANO REGIONALES | 217 | 0.493 | 33 |
| 14 | URBAN AFFAIRS REVIEW | 217 | 1.308 | 20 |
| 15 | ENVIRONMENT AND URBANIZATION(*) | 202 | 1.986 | 9 |
| 16 | URBAN POLICY AND RESEARCH | 202 | 1.255 | 22 |

值得一提的是，Top20 核心文献的来源期刊比较集中，其中有 7 篇来自 LANDSCAPE AND URBAN PLANNING（可译为：《景观与城市规划》），有 3 篇来自 URBAN STUDIES（可译为：《城市研究》），有两篇来自 INTERNATIONAL JOURNAL OF URBAN AND REGIONAL RESEARCH（可译为：《国际城市与区域研究杂志》），还有两篇来自 ENVIRONMENT AND URBANIZATION（可译为：《环境与城市化》）。结合期刊发文量和论文的被引次数分析可知，"Landscape and Urban Planning"、"International Journal of Urban and Regional Research"、

---

① "期刊排名"是指 JCR"城市研究"类 38 种期刊根据 2016 年影响因子排名。

"Environment and Urbanization"和"Urban Studies"是城市研究领域最具影响力的四种核心期刊(表中以"*"标记),与 2015 年《城市科学研究发展趋势及科研实力排名》报告的结论一致,详见下表 5。

表 5  2007—2016 年城市科学 Top20 核心文献来源期刊

| Top20 核心文献来源期刊 | 核心文献刊载量 |
| --- | --- |
| LANDSCAPE AND URBAN PLANNING(*) | 7 |
| URBAN STUDIES(*) | 3 |
| ENVIRONMENT AND URBANIZATION(*) | 2 |
| INTERNATIONAL JOURNAL OF URBAN AND REGIONAL RESEARCH(*) | 2 |
| JOURNAL OF URBAN ECONOMICS | 2 |
| HOUSING POLICY DEBATE | 1 |
| JOURNAL OF URBAN TECHNOLOGY | 1 |
| REGIONAL SCIENCE AND URBAN ECONOMICS | 1 |
| URBAN EDUCATION | 1 |

## 六、研究结论

综上所述,课题组从不同的角度对 2007 至 2016 年(10 年)SCIE、SSCI、A&HCI、CPCI-S、CPCI-SSH 五个子数据库的城市研究论文进行计量分析,探索世界城市科学发展趋势与研究热点,比较机构与个人论文产出,衡量科研基金资助情况与核心期刊发文情况,各项分析以翔实的数据作为基础,通过严谨的科学计量,揭示了城市科学研究中值得关注的特点与现象,其中,归纳起来主要有如下几点需要强调:

其一,从城市科学发展整体趋势来说,近十年全球城市研究逐年升温,2009 年至今为城市研究活跃期,2009 年、2013 年为城市研究文献增量突发期,2013 年之后城市科学作为独立的学科,并渐趋成为一门显学。这与近些年全球范围内对城市日趋深入的关注有关,如"智慧城市"战略在全球范围的开展。对于城市化进程的问题研究关注也依旧持续着,中国正处于快速的城市化进程中,例如建设"生态城市"和"创新型城市",都是近几年结合十八大提出加强生态文明建设后的研究热点。

其二,从研究内容来说,学术界对发展中国家的城市关注程度比较高,排名前十五的高词频国家中,中国、美国、印度、澳大利亚、巴西、墨西哥、南非排名居前,"金砖国家"的中国、印度、巴西、南非稳居前六,说明发展中国家(尤其是发展中大国)的城市建设仍然备受国际学术界重视。排名前十五的高词频城市中,中国发达城市香港、北京、上海排名分别为第二、第三和第四,再次印证了"中国式"城市化进程具有鲜明的特征,受到学者们突出的关注。从主题关键词分析来看,城市科学最热门的研究方向依旧是"城市规划",其次是"可持续发展""城市化""城市发展""种族问题"和"住房",而"城市再生""城市增长""城市教育"进入排名前十五的"热词",都与城市发展密不可分,城市再生是城市化深化的必然结果。城市再生的关注度增高,一方面也表明了现代城市开发的进程已经过渡到了深层阶段。

其三,通过国内外论文量对比分析发现,中国的论文产出量攀升至世界第二,虽然与排名第一的美国尚有较大差距,但与2015年相比明显提升,占比从12%上升到现在的15%,意大利从非Top10国家进入Top10国家,位列第八。从文献的来源机构看,全球排名前十的研究机构中,英美高校只占去五个席位,领先优势有所下降,中国、新加坡、荷兰等国的研究机构有冒尖的趋势,其中,香港大学位居第一,中国科学院和香港理工大学分别位列第四和第五。而中国论文产出量较多的研究机构中,香港高校占据明显优势,内地较强的是中国科学院、清华大学、北京大学等,而武汉大学和华东师范大学首次跻身进入国内排名Top15。全球发文最多的作者是伦敦大学学院的华裔学者吴缚龙,其次是香港大学的詹志勇,香港理工大学陈汉文和清华大学郑思齐研究成果也比较突出,也正因为这些学者的研究贡献,才使其高校在机构排名中居前。从单篇文献的被引情况来看,高被引次数的论文数量大幅增加。Top20核心文献有9篇来自美国,4篇来自加州高校,有8篇来自英国,4篇来自伦敦高校,来自英美国家的占比85%,可见英美国家城市科学领域影响力还是占绝对优势,中国科学院有1篇进入Top20核心文献,值得特别关注。

最后,通过学术论文发表的期刊来源分析发现,多数期刊论文都集中发表在16种核心期刊上,结合论文的被引次数分析可知,《景观与城市规划》(英文刊名:"Landscape and Urban Planning")、《国际城市与区域研究杂志》(英文刊名:"International Journal of Urban and Regional Research")、《环境与城市化》(英文刊名:"Environment and Urbanization")和《城市研究》(英文刊名:"Urban Studies")是城市研究领域最具影响力的四种核心期刊。中国学者可尽量向核心期刊投稿,以增加论文的被引率,提升中国城市科学研究在国际上的影响力和话语权。

# 2017 世界都市文化发展报告

## 一、世界都市发展

### 1. 英国"北部振兴计划"搁浅

"北部振兴计划"是由英国前财政大臣奥斯本于2014年提出的一项计划,旨在提升英格兰北部特别是一些中心城市的发展水平,将这一地区建设成为伦敦之外的第二个经济中心,主要的战略重点在于基础设施建设、科学研究、产业升级等。

2016年,英国新首相特里萨·梅(Theresa May)对英国空间经济发展的重点做出调整,认为要整体提升伦敦之外所有城市的发展水平,以减少各个城市之间的发展差距,而不仅仅是北部的几个中心城市,这意味着对以曼彻斯特等少数城市为中心的"北部振兴计划"的批评甚至否定,目标是将伦敦及英格兰东南部地区与英国其他地区的生产率差距缩小一半,同时,英国新首相特里萨·梅(Theresa May)推迟批准欣克利角(Hinkley Point)的核电站项目,由于"北部振兴计划"以及核电站项目将吸纳大量中国的投资,相关研究者认为中英商业关系可能会受到一定的阻碍。①

英国同样面临区域发展不均衡的困境,长期以来都是以大伦敦地区和英国东南部地区作为政治、经济、金融、文化等发展的中心,而英国北部地区长期处于较为弱势的发展姿态,北部地区包含很多重要城市,如曼彻斯特、利兹等,这些城市虽然也具备较为丰富的产业和文化资源,但是该地区的人均经济产出比英格兰其他地区平均水平低25%左右,其他的就业和生活水平方面也与其他地区存在明显差距。

### 2. 高层建筑是否可以应对住房危机

随着城市人口的持续增长以及住房设施老旧,全球越来越多的城市面临住房短缺的困境。而在城市用地紧张的背景下,大多数城市尤其是都市地区都开始垂直发展,城市高楼的数量越来越多。

伦敦一项调查表明,49%的伦敦内城居民认为城市中的摩天大楼数量过多,

---

① 《英国首相叫停"北部振兴计划"》,金融时报中文官网,2016年9月9日。

59%的居民认为对于摩天大楼的建设数量应该有所限制,只有6%的居民认为城市中超过20层的大楼还太少,尽管伦敦面临住房短缺的问题,只有11%的伦敦人认为城市高楼的垂直发展有助于解决这一问题,60%的人认为高层住宅仅会让富有的外国人受益,重点应该放在可负担的住房供给上,调查还给出了伦敦城市居民的住房类型偏好,他们认为高楼之外的其他类型住房可能更加适合伦敦人的需求,24%的人喜欢排屋,21%的人喜欢五层以下的住宅楼,17%的人喜欢6—20层的住宅楼。①

**3. 美国城市数据驱动平台应对"城市病"**

近几年来,近百个美国城市在市政府内设立了专门推动创新的办公部门,比如"创新城市机制市长办公室"(波士顿)、"开放城市"(芝加哥)以及"公民技术创新计划"(旧金山)等,这些机构的设立初衷是使城市生活成本更低、压力更小,一般来说,这类机构的初始投资不大,例如创建计算机应用程序来节省能源或找到一个经济实惠的公寓,此外,这类机构一般在某种程度上由私人基金会资助,比如彭博慈善基金在17个美国城市资助了"创新团队"("i-teams"),这个项目的前身是前市长迈克尔·布隆伯格(Michael Bloomberg)的纽约市数据驱动解决方案,致力于解决看似棘手的城市问题,如减少犯罪(新奥尔良),减少贫困(罗切斯特)和经济发展(孟菲斯),市政创新中心经常与当地企业合作,比如费城与一家小公司合作,通过众筹资金来开发特定的城市公民项目。②

在城市发展的进程中,会出现诸多的城市问题,这类所谓的"城市病"在城市诞生之初就一直困扰着城市居民,比如交通压力和堵塞、食品安全、土地与住房短缺、公共安全、需求信息的沟通、文化的冲突等,基于数据和技术的创新平台,不仅能够有效地缓解城市生活的压力,同时也反映出地方治理水平的逐渐提升。

**4. 美国佛罗里达南部的空间生态变迁**

在美国城市迈阿密的"小海地"社区,由气候变化引发的空间和文化变迁正在上演。

有研究预测,到2025年,随着气候变暖,海平面上升,南佛罗里达州将会被淹没,而南佛罗里达州的居民也日益感知到全球变暖可能会给城市带来的危机,许多人都有可能根据这些隐患做出居住决策。根据调查,自2016年以来小海地的房价上涨了近19%。居民所得的中位数刚刚超过2万美元,大部分居民购买物业(绝大多数居民都是租房者)是不可能的。在大多数美国城市,较贫穷的社区往往位于城市最低的位置,但在迈阿密,海滨地区是最理想的居住地点,相关区划法规

---

① 《伦敦人认为更高的建筑不能解决住房危机问题》,"未来城市"官网,2016年8月31日。
② 《美国城市依靠知识和技术减轻城市压力》,"城市市长联盟"网站,2017年2月15日。

限制黑人居民居住,直到1945年,迈阿密的黑人居民才被允许进入城市的海滩地区,但现在,随着海滨物业受到海面上升的威胁,迈阿密较富裕的居民正在迁入到历史上被黑人和加勒比社区居民占领的空间。①

美国佛罗里达南部迈阿密地区是美国的南大门,南北美洲的重要通道,这里的海地移民聚集区非常有特色,跟美国大多数城市一样,城市中存在着生态空间和文化的差异,以上所述的变化反映出生态空间、环境以及文化之间复杂的相互作用,由于历史原因逐渐固化的空间和文化共存形态,可能因为某一时期自然生态环境等因素而发生相应的变化。

**5. 法兰克福或成"小伦敦"**

伦敦一直以来都处于世界城市网络层级的顶端,但受英国脱欧影响,伦敦的中心城市作用可能削弱。由于脱欧所可能引发的各种贸易、金融、社会和文化等不确定因素仍在发酵,这其中也包括其他跃跃欲试或可取代其地位的城市。

据路透社报道,在英国脱欧后,德国法兰克福可能成为"小伦敦",法兰克福的一项机构调查显示,法兰克福将创造出数以万计的工作岗位,同时,英国脱欧促使很多银行以及投资者都在积极寻求迁往其他城市的机会,其中就包括法兰克福,目的是保持其在欧盟的位置,即便英国脱欧,银行和投资者也可以继续在欧盟的区域开展相应的业务,避免额外的贸易成本和障碍,比如摩根士丹利、花旗和摩根大通称法兰克福是他们在英国脱欧之后的欧盟交易基地。在质疑之中,法兰克福也正在努力摆脱小城市的形象,在英国脱欧后的欧盟城市竞争中力争上游。②

## 二、城市社会发展

**1. 墨尔本连续七年位居全球最宜居城市榜首**

在相关城市评估研究中,宜居城市的排名是普遍受到关注的,本报告也持续进行了研究,以下是经济学人智库(EIU)发布的一项排行榜。

据外媒报道,经济学人智库公布"2017世界宜居城市排行榜",澳大利亚墨尔本连续7年夺魁,主要依据5大版块共30个影响因素对全球140个城市进行评估,评分标准包括基础设施、文化和环境、教育、基建、医疗卫生及稳定性等,墨尔本在满分100分中得到97.5分,奥地利首都维也纳排在第二位,加拿大温哥华、多伦多以及卡尔加里分别位于第3到第5名,此外,排名中名次靠后的城市几乎都处于战乱频发的区域,从131到133名依序为乌克兰首都基辅、喀麦隆杜阿拉、津巴布韦首都哈拉雷,最后一名是叙利亚首都大马士革,得分仅有30.2,与排名前十的

---

① 《全球变暖可能改变小海地的面貌》,"城市创新"网站,2017年8月30日。
② 《法兰克福希望在英国脱欧后变成"小伦敦"》,中国新闻网,2017年8月28日。

城市相比还是存在较大差距的,调查还指出了排名靠前城市的共同特征,如城市大小适中、位于较富裕国家、人口密度相对较低,认为这些特征有利于居民从事休闲活动,不会造成太高的犯罪率,避免了公共建设超负荷的问题。①

**2. 维也纳再次位居全球城市生活质量排名榜首**

有关城市生活水平的排行名目繁多,下面一项由咨询公司牵头的全球城市生活质量排名在指数设置上更为全面,评估的结果如下。

在美世咨询公司发布的2017全球城市生活质量排名中,奥地利首都维也纳连续8年位居榜单,榜单前十名中,来自欧洲的城市占据八席,上海和北京则分列第102位和119位,本年度调查涵盖全球231个热点城市,评估内容包括政治、社会和经济状况、医疗服务、教育机会、基础设施条件(如公共交通、水电供应),此外评估标准还包括休闲娱乐设施的可获得性、绿地面积、空气质量等,由于良好的都市环境和文化氛围,维也纳也是国际旅游胜地之一,据统计2016年在维也纳逗留过夜游客人次超过1400万,比2015年增长了4.4%,其中国际游客的比例为80%左右,2016年中国游客在维也纳逗留过夜的数量也有明显增加,比2015年增长了15%,此外,维也纳是世界上绿化率最高的首都城市,拥有850多个公园和绿地,全市一半的面积被花园、公园、树林和农业用地所组成的绿地所覆盖。②

**3. 城市投资强度仍是欧洲和北美领先**

城市投资的强度是城市发展潜力的重要标志,尽管城市人口快速发展主要位于亚太地区,因此相应需要更多的土地和房产投入,但是目前的研究表明城市投资强度仍是欧洲和北美领先。

"根据仲量联行发布的最新报告,虽然亚太地区城市是世界增速最快的房地产市场之一,但在投资强度方面,仍是欧洲和北美城市领先,投资强度指数将某个城市3年期间的商业房地产直接投资额与其经济规模的比值进行了比较,结果显示,全球房地产投资强度指数最高的前30大城市中,在亚太地区占据四席,分别是悉尼(第8名)、墨尔本(第16名)、香港(第28名)和东京(第30名),中国上海和北京、印度班加罗尔、越南胡志明市等城市在房地产市场发展速度方面领先,但相对于其GDP吸引投资的比例而言仍有增长空间。此外,澳大利亚的几大城市继续吸引大量投资者的关注,其中悉尼和墨尔本进入了全球房地产投资强度指数30强,市场高度透明、具有可持续发展能力和经济活跃支持着这些城市投资者的兴趣,也使其有望成为2017年全球办公楼租赁和资本价值增长最高的城市。"③

---

① 《全球宜居城市排行榜出炉,墨尔本连续7年夺冠》,环球网,2017年8月17日。
② 《维也纳连续八年蝉联全球城市生活质量排名榜首》,中华网,2017年3月20日。
③ 《欧洲城市投资强度仍居全球领先地位》,证券时报网,2017年4月15日。

### 4. 城市破产或不只是底特律

美国城市的市政经济状况近年来频现危机，2013年曾经的"汽车之都"底特律破产案引发了全球的普遍关注，是比较著名的案例之一。但据近期的相关研究表明，美国城市破产可能不只底特律一个，芝加哥等也处在高风险之中。

美国很多大城市都面临着同样的财政困境，美国某财经媒体列出了美国多座信用风险极高的城市，包括芝加哥、洛杉矶、亚特兰大、休斯顿、匹兹堡等知名大城市。在这些信用风险较高的城市中，芝加哥的风险指标最高，具名60%以上税款将用于偿还债务和养老金，其次是达拉斯、菲尼克斯和匹兹堡，芝加哥的支柱产业是钢铁和制造业，而随着产业经济的转型和变革，从20世纪70年代，这座曾经在工业时代鼎盛一时的城市开展衰落，近年来更是面临着政府财政入不敷出的压力，曾被国际三大评级机构之一的穆迪投资者服务机构评级为"垃圾"级，另据城市联合会追踪的城市财政数据，在2002年开始的10年间，芝加哥大举借债，公债借款增加了84%。这使每个芝加哥居民负担的债务增加了1300美元，长期的结构性预算赤字和庞大的无资金养老金负担使得芝加哥的借贷成本一再提高，将城市置于破产边缘。①

### 5. 气候变化给城市带来的经济损失

在近现代商业经济发达的大背景下，交通运输以及由此带来的流动性对城市的发展起到至关重要的作用，纵观目前发展在前的全球大城市，大多位于沿海地区，特别是近海平面的低海岸地区，因此防控由于气候变化所引发的各种风险和危机有重大的安全意义。

据国外科学家发表研究，如果全球二氧化碳按照政府间气候变化专门委员会（IPCC）预估的温室气体高排放情景（RCP8.5）继续排放，到2030年其给欧洲沿海城市带来的总经济损失每年将高达12亿美元，到2100年每年更是达到400亿美元，该研究分析了未来气候变化对伊斯坦布尔、鹿特丹、巴塞罗那、汉堡、伦敦、都柏林、马赛、圣彼得堡和哥本哈根等19个欧洲主要沿海城市的潜在威胁，到2030年，在RCP8.5情景下，荷兰鹿特丹每年遭受的经济损失将位列第一，达2.4亿美元左右，伊斯坦布尔、圣彼得堡和里斯本紧随其后，到2100年，气候变化给伊斯坦布尔造成的年经济损失可达100亿美元，乌克兰敖德萨达65亿美元，鹿特丹达55亿美元，而英国格拉斯哥和爱尔兰都柏林每年遭受的经济损失将在15亿美元左右。②

---

① 《美国多座城市面临破产，芝加哥等名列前茅》，网易新网，2017年10月8日。
② 《到2011年气候变化或给欧洲沿海城市每年造成400亿美元经济损失》，中国气象局网，2017年3月8日。

### 6. 鲁尔工业区城市的绿色转型

工业时代留给城市的烙印是深刻的，国外产业经济最初从工业开端，实现了经济的高速发展，很多近现代城市的创立和发展都与工业经济密不可分，城市的发展从某种意义上就是为工业经济的发展服务的，工业给城市带来繁荣和机遇的同时，也给我们的人居环境带来了很多的问题，比如污染、拥堵、卫生、环境等等，而随着产业经济的转型，商业和服务业在城市中日益占据更高的地位，工业经济及其老旧场所的改造和修复也成为城市发展的重要课题之一。

德国城市埃森位于古老而闻名的欧洲鲁尔工业区，煤矿钢铁制造业曾是它的支柱产业，1986年埃森关闭了城市最后一座煤矿，开始向服务业、贸易和高等教育领域转型，10年前埃森将闲置的克虏伯炼钢厂改造成一座极受欢迎的自然公园，有运动场、林地，还有一座湖泊，这是埃森从煤钢城市转型成一座环保城市的象征之一，埃森也因此被欧盟委员会评为2017年"欧洲绿色之都"，这项殊荣第一次授予曾有矿业和工业背景的城市，此外，埃森的生态转型举措还包括鼓励公众低碳出行，普及自行车和公共交通，这座有57.4万人口的城市还同邻近城市的政府积极合作，一道促进它们所在的大鲁尔地区完成经济和环境上的转型。此外，对于河流的整治和修复也是埃森的重点生态项目，埃姆歇河复苏项目从1990年开始将持续30年之久，长达50公里的地下水道正在建设之中，建成后的下水道将把废水输送往污水处理厂，而不是直接排放入埃姆歇河，这个耗资45亿欧元的项目由北莱茵—威斯特伐利亚州（North Rhine-Westphalia）政府发起，资金大部分由欧盟资助，由一个"埃姆歇合作社"的公共委员会运作。[1]

## 三、城市文化发展

### 1. 世界旅游城市排名发布

旅游业是城市文化产业发展的重要组成部分，直接关系到文化产业的产值和发展水平，同时也是城市文化吸引力和承载力的重要标志，可以反映出城市的文化魅力是否对游客有足够的吸引力，从近期发布的相关指数报告来看，旅游业竞争力较强的城市仍位于欧洲。

《世界旅游城市发展报告（2017）》在洛杉矶发布，这是世界旅游联合会持续推出的一项研究，以世界旅游城市全面发展为核心，突出强调世界旅游城市在世界经济中的综合带动作用，为世界经济加快复苏创造条件，指数包括旅游资源吸引力指数、旅游产业竞争力指数、旅游城市支持力指数、旅游出行便捷度指数、旅游经济贡献度指数、旅游体验满意度指数，在106个样本城市中，巴黎位居总排名榜

---

[1] 《埃森的绿色转型》，澎湃新闻网，2017年3月15日。

首,巴黎、东京、东京、阿姆斯特丹、火奴鲁鲁、伦敦分列六个单项排名第一位。①

**2. 美国"硅谷"文化的推广**

"硅谷"在美国文化和城市发展的历程中是一个极具代表性的名词,是知识型经济城市发展的典型案例,硅谷位于美国加州北部,最早是研究和生产以硅为基础的半导体芯片产业的聚集地,后来高科技信息技术产业逐渐引入,成为美国技术创新的孵化器和引领者。在产业经济发展的基础上,"硅谷"逐渐形成了一种创业和创新的文化,在美国推广开来。

以生物技术为基础的"生命谷(DNA Valley)"就是一个典型案例,这一地区的位置主要在美国华盛顿都市统计区,同时也包括马里兰州的 I-270 技术走廊地区,"生命谷"目前有 368 家生物技术企业,是美国生命科学领域企业最大的聚集地,旨在推动生物技术和美国知识经济的协同发展,目前同样面临着风投资金来源短缺、产品周期风险较大等问题。②

**3. 2016 年我国文化贸易发展状况**

2013 年 9 月和 10 月,中国国家主席习近平在中亚和东南亚先后提出共同建设"丝绸之路经济带"和"21 世纪海上丝绸之路"的倡议(简称"一带一路")。2014 年 12 月,中央经济工作会议将"一带一路"确定为优化经济发展格局的三大国家战略之一。在这样的战略背景下,我国文化领域走出去力度也不断加大,文化贸易的规模也日渐增大。

据媒体报道,2016 年中国全年文化产品进出口总额为 885.2 亿美元,其中出口 786.6 亿美元,实现顺差 688 亿美元。3 月 9 日,具体来看,文化服务出口中的文化娱乐和广告服务出口额 54.3 亿美元,同比增长 31.8%,文化体育和娱乐业对外直接投资 39.2 亿美元,同比增长 188.3%,中国对外文化贸易结构呈现出明显的优化调整趋势,文化内容、核心技术和标准出口比例大幅提高,此外,在"一带一路"实施进程中,沿线国家的文化产业投资成为热点,数据显示,我国企业对沿线投资总额已将近 150 亿美元,文化企业的全球影响力和竞争力不断扩大。③

**4. 全球城市压力排行榜**

随着城市化发展到一定的阶段,城市内部逐渐出现了各种城市问题,有些甚至是集中式的爆发,这种环境也同时引发了城市居民对于各类问题的适应性紧张和焦虑,从这个意义上说,城市压力问题不仅是问题本身所带来的拥挤等,还包括居民对此的主观感受。

---

① 《香港、北京入选世界旅游城市发展指数排行前十位》,中国新闻网,2016 年 9 月 17 日。
② Edmund J. Zolnik: Biotechnology and Knowledge-based Urban Development in DNA Valley, Knowledge-Based Urban Development: Planning and Applications in the Information Era, IGI Global, 2008.
③ 《2016 年文化贸易额 885 亿美元》,证券时报网,2017 年 3 月 18 日。

据媒体报道,英国某公司的一项研究公布了全球城市生活压力排行情况,发现全球压力最小的10个城市都位于欧洲和大洋洲,而压力最大的城市基本都位于亚洲、非洲和中东地区,评估标准分为四大类,包括城市、污染、金融和居民,又根据17项分指标对各个城市计算了分数,包括人口密度、安全感、性别与种族平等、绿地、公共交通、污染、人均债务、身心健康、失业等,另外,压力最小的10个城市中有4个都在德国,其中德国的斯图加特得分仅为1分,为全球压力最小的城市,其次是卢森堡(卢森堡)、汉诺威(德国)、伯尔尼(瑞士)和慕尼黑(德国)。[①]

### 5. 全球文化产业效应

根据媒体报道,联合国教科文组织、国际作家与作曲家联合会和安永会计师事务所共同发布文化与创意产业最新报告显示,全球文化创意产业创造产值2.25万亿美元,占全球GDP的3%,超过电信业全球产值(1.57万亿美元),文化产业从业人数为2950万,占世界总人口的1%,提供的工作岗位数已超过欧洲、日本和美国三地汽车产业工作岗位数的总和(2500万),但是全球文化创意产业发展极不均衡,主要集中在以美国为核心的北美地区,以英国为核心的欧洲地区和以中国、日本、韩国为核心的亚洲地区,其中美国占市场总额的43%,欧洲占34%,亚洲、南太平洋国家占19%(其中日本占10%和韩国占5%,中国和其他国家及地区仅占4%)。[②]

---

[①] 《全球城市压力排行榜:压力最小排名前五均在欧洲》,中国新闻网,2017年10月12日。

[②] 《新的报告显示文化和创意产业为全球提供2950个工作岗位》,联合国教科文组织网,2017年1月30日。

决策咨询

# 雄安新区战略解读与主题规划

2017年4月1日,中共中央、国务院印发通知,决定设立河北雄安新区。雄安新区是继深圳经济特区和上海浦东新区之后又一具有全国意义的新区,也是继规划建设北京城市副中心后又一京津冀协同发展的历史性战略选择,是千年大计、国家大事。

## 一、新区规划设计,战略研究先行

由于事关重大和事发突然,该如何正确理解和认识雄安新区的战略决策,以及接下来该怎么规划和建设?一霎间国内外热议如潮,网络、微信迅速刷频。初闻涕泪满衣裳者有之,半信半疑者有之,炒房和投资者也闻风而动,一些规划专家甚至急匆匆抛出了思路和方案。

城市规划是关于自然空间和社会资源的系统性设计和制度性安排,一旦形成、实施就很难再做大的、脱胎换骨式的改造和重建,因其成本过高在通常情况下也是付不起或不愿付的。目前,围绕着雄安新区规划的各种讨论,主要集中在户籍、房产、企业入驻、原居民搬迁等"牛毛细节"上,而作为基础性设计和总体性配置的战略研究却严重不足。这些"今日格一物,明日格一物"的"零打碎敲",和"一会儿想起这儿,一会儿想起那儿"的"拍脑袋"没有本质差别。

我们一直强调,"城市规划编制,战略研究先行"。这既是对我国城市建设"计划赶不上变化"和"翻烧饼"问题的沉痛反思,也是雄安新区在启动规划编制时需要明确的基本原则之一,即在具体的产业、交通、人口等专项规划前,必须先把新区的战略定位、战略框架和战略重点想明白、勾勒好、看清楚。对于雄安新区而言,战略研究决定了中国想要的是一个什么样的雄安新区。

## 二、既是国家级新区又是国家经济特区

雄安新区虽被冠以新区之名,并与浦东新区相并列,但与层级最高的国家级新区明显不同,一亮相就比同级别的滨海新区、两江新区、舟山新区等高出许多,因为它同时还与深圳经济特区并列,因此可以把雄安新区初步界定为:既是国家级新区又是国家经济特区。

这可能就是在文件中首次使用"千年大计、国家大事"的主要原因。这两个词

并用,主要是强调兹事重大。但它们又都属于一种质性界定,不好量化,所以到底重要重大到什么程度,我们只能从中国文化和历史的角度加以揣度。

关于千年大计,在汉语中最容易使人想到的是"十年树木,百年树人",意思是只有按照自然、社会和文化的规律去做某件事才能成功。关于国家大事,本于《左传·成公十三年》记载的"国之大事,在祀与戎",是指"和睦邦族"的祭祀与抵御外辱的战争。由这两方面出发,结合雄安新区的规划建设,可以这样理解"千年大计、国家大事"。首先,城建史上有一句话叫"千年风水",意思是城市选址和空间布局一经确定并开建,就会彻底改变自然环境并很难再回到自然的原初形态,因此城市的规划与建设比种树育人更加重要和影响深远。其次,在《诗经·大雅·緜》中,曾写到周文王时代修筑宫室宗庙的壮观场面:"捄之陾陾,度之薨薨,筑之登登,削屡冯冯。百堵皆兴,鼛鼓弗胜",并把周人在周原上"乃立冢土"当作西周兴国大业完成的标志,这也就是《左传》讲的"祀"或摩尔根讲的作为文明社会标志的"礼仪中心"。把这两方面结合起来,可以推知雄安新区被赋予了怎样高的期望和怎样重要的国家职能。

雄安新区是一个新生事物,从雄县和安新两县各取一字,既具大国气象,又兼备大都风范。十年树木,可以足用;百年树人,可以齐家;千年建城,可以安邦。

## 三、大国大都,需要规划一个更大的战略腾挪空间

在最近的朋友圈中流传着一个提倡睡眠的微信。其实,不仅是快节奏生活的现代人,高速发展的中国城市也早就有了休养生息的强烈需要。

拥有3000多年建城史与800多年建都史的北京,目前中心城区人口超23000人/平方公里,机动车保有量超500万辆,既有"首堵"之戏称,又经常陷于"十面霾伏"中,再加上怎么也都治不了的高房价、上学难、看病难等,说明这座大城已经很累很累了。当一个人累了,最有效的办法莫过于睡上一大觉。而当一个城市病了,最管用的对策是减去已超过它承载极限的东西。但我们没有办法想象,如何给这个超负荷运转的大都市放假。

一般人都以为雄安新区的设置很突然,其实并不是的。因为像这样一个国家重大战略决策,不仅不会轻易做出,还可以说是经历了很多的投石问路并在巨大现实压力下才做出的。理解这个问题的关键,是如何把相关信息联系起来。

面对北京日益严重的"大城市病",人们能想的和能做的都已想过和试过,其结果可以用"不大胜亦不大败"一语概之。在"想"的方面,从传了十几年的各种版本的迁都说,到不久前仍在小道游走的"即将设置首都特区"等,集中表达的中心思想就是北京已不适合再做首都了;在"试"的方面,从地方上看,如山东省济宁市早就提出要建文化副都,期望能承担一部分首都的功能,这事一直闹到2009年全国

两会才无疾而终。从北京自身看,为了应对"城市病"也做了很多,其中一大手笔是把首钢整体搬迁到河北曹妃甸。从国家层面看,京津冀协同发展战略把天津列为双核心城市之一,也是出于解决北京市"一城独大"的顽疾,但天津同样也饱受着大城市病之苦。在万般无奈的情况下,2015年7月,北京市提出"聚焦通州,加快北京市行政副中心的规划建设",后来又排出到2017年年底将政府四套班子搬到通州的计划,尽管这个动作已不算小,但预计只能疏散出40万左右人口,这与北京2000多万的常住人口相比,作用相当有限。

与此同时,不管北京市怎么提高门槛,外来人口增速仍持续走高。截止到2015年年末,在北京市2170.5万常住人口中,外来人口高达822.6万,占比为37.9%。而据全国第六次人口普查数据,仅2010年河北流入人口就超过北京流动人口总量的1/5。凡此表明,各种优势资源过度集中的首都北京的城市磁力过于强大,如果在周边不能有一个可以和它相媲美的城市,京津冀的协同发展,就极有可能是围着北京市再摊一个更大的大饼。展眼望去,在京津冀要找一个这样的地方并不容易,不仅天津和石家庄不行,连地级城市保定的人口也都超过1000万,再怎么拓展,都不可能建成一个巨大的人口蓄水池。

在某种意义上,这也表明三年来京津冀协同发展,主要是是停留在战术上,尽管在局部取得了很多在过去不可想象的成果,但距离从根本上实现疏解非首都功能还有很大的差距。而人们之所以会认为雄安新区的设置过于仓促,是因为他们把雄安新区的设立和近三年京津冀协调发展整体进程割裂了开来。

2015年中央城市工作会议提出:必须认识、尊重、顺应城市发展规律,端正城市发展指导思想。中外历史上很多都市的迁移和扩建,都是出于遵从自然规律、协调人和自然矛盾的现实需要。从中国古代都城史的角度看,无论是汉唐的双都城——长安和洛阳,还是唐代对隋朝都城、元代对北京城的扩建,都是因为旧都不能满足帝国首都必须具备的城市功能。从西方现代大都市的角度,19世纪下半叶,伦敦、曼彻斯特、纽约、芝加哥等在出现了人口拥挤、环境污染、贫富差距悬殊等"城市病"后,也都不约而同地采取了另建新城的策略。

俗话说,"树挪死人挪活",对于一个城市也是如此。在经济全球化和政治多极化的当今世界,在积极应对北京大城市病的同时,另择空间建设一个国家副中心,以备不时之需,对于捍卫国家利益和国家安全是绝对必要的。在某种意义上,就像农业生产中的轮耕制,雄安新区的设置,可以看作是"都城空间轮耕制度"的一次探索,完全符合城市发展的规律。

## 四、上兵伐谋:一子落定,满盘皆活

上兵伐谋,其次伐交,其次伐兵,其下攻城。

教育部哲学社会科学系列发展报告
MOE Serial Reports on Developments in Humanities and Social Sciences

如果说,三年来京津冀协同发展的推进,主要属于战术层面的"伐兵"和"攻城",那也不妨说,河北雄安新区的布局和落子,真正具有了上兵伐谋、以谋取胜的内涵。

规划中的雄安新区,包括雄县、容城、安新3县及周边部分区域。这个选址和布局,初看起来有些出人意料,但细思之则发现意味深远。首先,雄安新区一直是潜水的交通战略要地,距北京、天津只有100公里,属于高速1小时、城际高铁半小时的交通圈内,此次浮出水面,有望在京津冀腹地形成一个新的"中心地"。其次,城市化水平较低,新区内人力资源、土地资源相对充足,坐拥华北平原最大的淡水湖泊——白洋淀,拥有良好的发展潜力和市场空间,还可连带解决京津冀区域的"中部塌陷"问题。再次,远期规划面积2000平方公里,比深圳经济特区(1990平方公里)略大,不到浦东新区(1200平方公里)的两倍,建成后可容纳人口超过1000万,这样的规模和体量足以为解决京津冀协调发展的核心问题——疏解北京非首都功能提供辗转腾挪的战略空间,且与其他地方相比,三个县城的建设成本又是最低的。最后,具有一子落定满盘皆活的系统效应。比较而言,在一穷二白上,雄安新区有些像当年的小渔村深圳,在后发优势上,又像当年和沪西一江之隔的浦东,前者深入到战略前沿,后者具备雄厚的外势。在没有这个新区时,谁也看不出京津冀与一带一路、长江经济带如何互动,而一旦有了这个新区,一幅"南深圳,东浦东,北雄安"的深化改革和开放发展宏图已跃然纸上。

在战略一词已被用滥的当下,这才是真正的城市战略规划。不同于一般的空间、人口、交通、土地、金融、文旅等专项规划,它既在横向上统筹了环境、政治、经济、社会、文化等发展要素及其交互作用关系,又要在纵向上把握过去、当下、未来的内在关联及其包含的风险和机遇,是一种更加系统的国家大局设计和一种前瞻性的千年城市谋划。

当然,"罗马城不是一天建成的"。雄安新区的规划才刚刚迈出第一步。由于涉及环境资源、人口、经济、社会、文化等多要素,以及体量巨大、关系众多和层级复杂等原因,不论是规划刚刚提出的现阶段,还是在以后的规划建设进程中,出现一些怀疑、摇摆、反复甚至是局部的困难,可以说都是正常和无可避免的,对此既无须"大惊小怪",也要防止"因噎废食"。对于所有"发展中的问题",只能以更高水平的发展去解决。

## 五、战略定位:国家新型城镇化规划示范区

雄安新区是《国家新型城镇化规划》推进过程中批准设立的规格最高的国家新区,因此在战略定位上不仅要和新型城镇化战略保持高度一致,还应在解决旧城市化的主要问题及后遗症方面发挥重大引领和示范作用。这就要求在规划编

制之前,必须明确划清新型城镇化和旧城市化的界限,并将此战略定位贯彻于规划编制的整个过程中。

在模式上看,旧城市化主要表现为两种形态:一是由政府主导的"政治型城市化",政府管得太多、统得太死,不利于发挥市场在资源配置中的主导性;二是任由市场发挥的"经济型城市化",既不考虑自然和资源环境的承受力,也不顾及人在城市中的获得感和幸福感。与之相对,新型城镇化提出的生态城市、人文城市,中央城市工作会议要求树立正确的城市观、人民城市为人民以及协调政府"看得见的手"和市场"看不见的手"等,都是针对旧城市化的问题和后遗症而发。这是编制雄安新区规划必须确立的战略问题意识。

在实践上看,国家发展改革委联合11部委组织实施了国家新型城镇化综合试点工作,目前已发布三批,分别是2015年2月第一批62个、2015年11月第二批73个、2016年12月第三批111个,涵盖了省、市、县、镇等行政单元。从总体效果看,可以说参差不齐。就多数城市而言,则是局部进展较好,但整体上改观不大。因为旧城市化和新型城镇化是两种不同的城市发展方式,在环境、空间、经济、社会等方面存在巨大的矛盾和冲突,它们会不同程度地渗透进规划编制并影响到新型城镇化建设。在编制雄安新区规划时,如何充分吸取试点规划经验,率先走出一条新型城镇化发展道路,也是在"画图"之前就要解决的。

就此而言,雄安新区应以"国家新型城镇化示范区"作为自身的战略定位,深刻把握和体现"千年大计、国家大事"的科学内涵,在总体思路上坚决摒弃旧城市化及其"先建设,再改造"的老路子,为画一张最好最美的新区蓝图提供指导和支持。

## 六、战略框架:"十三五"规划以"1+5"为核心内容的"新型城市"

从改革开放以来的城市化经验看,和最初的深圳、浦东有所不同,雄安新区面临的主要挑战之一是"颇为用钱苦",即作为一个低水平的城市化区域,在国家战略红利和各种社会资源大规模、快频率、高强度的注入和集聚下,如何为雄安新区的高水平建设和可持续发展搭建一个尺度适当、富有弹性的战略框架。

作为我国新型城镇化的有机组成部分,雄安新区在战略框架上并不需要"一切推倒重来",而应与已有的战略规划密切联系起来进行交互设计。由于《国家新型城镇化规划》和"十三五"规划在时间上完全叠合,加之后者在五大发展理念指导下补入了新精神和新要求,因此,"十三五"规划提出的以"1+5"为核心内容的"新型城市",作为我国新型城镇化探索的结晶和集大成,也是雄安新区规划建设应遵循的基本战略框架。

所谓的"1",是"建设和谐宜居城市"。"十三五"规划的具体表述是:"转变城市发展方式,提高城市治理能力,加大'城市病'防治力度,不断提升城市环境质量、居民生活质量和城市竞争力,努力打造和谐宜居、富有活力、各具特色的城市。"这是"十三五"时期新型城镇化建设的主要发展目标。不管未来经济怎样繁荣,人口怎样集聚,如果破坏了"和谐宜居"这个"以人为本"的基础和根本,它和旧城市化就没有什么本质差别,当然也不可能是我们希望建成的雄安新区。

所谓"5",是对"新型城市"的具体界定。"十三五"规划的具体表述是:"根据资源环境承载力调节城市规模,实行绿色规划、设计、施工标准,实施生态廊道建设和生态系统修复工程,建设绿色城市。加强现代信息基础设施建设,推进大数据和物联网发展,建设智慧城市。发挥城市创新资源密集优势,打造创业乐园和创新摇篮,建设创新城市。提高城市开放度和包容性,加强文化和自然遗产保护,延续历史文脉,建设人文城市。加强城市空间开发利用管制,建设密度较高、功能融合、公交导向的紧凑城市。"由此可知,新型城市规划建设主要包括五方面的内容,即绿色城市、智慧城市、创新城市、人文城市和紧凑城市。这五个城市建设目标,既充分研究了世界城市发展的规律和趋势,也吸收了我国城市现代化建设的经验教训。抓住了这五个城市目标,也就抓住了雄安新区规划的重心。

坦率而言,"十三五"规划提出的"新型城市",目前还没有成功的建设样板。因为要在现有城市基础上建设新型城市,难度太大、成本太高并需要假以时日。而如同一张白纸的雄安新区则具有得天独厚的优势,因此在研究雄安新区的战略框架时,必须把旧城市化后遗症、国家新型城镇化综合试点及"十三五"新型城市放在一起统筹考虑、"打包解决",所以完全可以按照此战略框架编制雄安新区规划,而不需在此之外另起炉灶。

## 七、战略重点:以规划预防城市"过度集聚"

城市发展离不开"集聚",但过度"集聚"就会导致城市病。这是旧城市化的一个主要问题,以至于在今天我们看任何一个城市规划,百分之百都会碰到"轴""带""区""点"等概念,也百分之百都会看到"上下左右几个圈"再加"几个纵横轴线"的图示。沿"轴""带"分布的"集聚区""功能带""增长极""示范点"等,既是基础设施建设、投资、房价飙升、公共服务密集布局的空间,同时也是城市不健康的病灶和症结所在。要改变旧城市化的规划思路,需要确立一种"集中+分散"的基本思路,做到"该集聚时集聚,该分散时分散"。

和一般新区遇到的"卧城""鬼城""产城不融合"等问题不同,可以预言在未来的相当长时期内,雄安新区的主要任务是防止"过度集中"。在这方面尤其可以北京为戒,并对已存在和可能出现的雾霾、拥堵、房价、上学难、看病难等"大城市病"有所准备。但同时也要防止因制定过多的限制性政策,造成未来人口结构失衡、人气低迷、产城不融合等"供给侧"问题。

　　城市发展的关键不在事后"用脚投票",而贵在事前"用脑子思考"。在新区规划的起始阶段,认真研究环境、经济与人口等因素的错综复杂机制,通过制定适当政策和科学编制发展规划,促进经济、产业、人口等有序集聚,引导人口与资源多点、多线、多面布局,既要防止"过度集中",也要解决"过于分散",把能想到的问题都解决在萌芽阶段,力避在华北平原上再摊一个新的大饼,是雄安新区亟待下好的一步先手棋。

# 我国"土地财政"的成因、效应及前景

中国地方"土地财政"产生的制度基础是"租税并存"的财政分权体制,其制度动因则是"强制性增长"的经济模式。"社会经济的高速增长"是中国地方"土地财政"之于宪法上国家目标规定的积极意义,但是城乡居民的"生存困境"则是"土地财政"之于宪法上公民基本权利的消极影响。城市土地使用权期限届满之后免费续期,可能会使"土地财政"陷入财源枯竭的困境;"刘易斯转折点"和"老龄化"趋势的形成,更可加剧中国地方"土地财政"的现实危机。为此,中国政府需要以法律方式明确规定土地使用权期限届满之后免费续期,适时对于城市居民自住用房开征房产税,因而以"房地产税财政"取代"土地财政",以稳定的税收收入为基础稳步推进城市化进程。

著名经济学家斯蒂格利茨(J. E. Stiglitz)曾指出,中国的城市化与美国的高科技将是影响 21 世纪人类发展的两大主题。城市化的进程,不仅是一个人口聚集、经济聚集、产业转型的过程,更是一个社会形态、社会制度重构的过程。据国家统计局公布的第六次人口普查数据,2010 年中国城镇人口已达 6.7 亿多人,乡村人口 6.6 亿多人,城镇人口首次超过乡村人口。① 仅仅从城乡人口对比来说,中国城市化进程已经取得了举世瞩目的伟大成就。

然则,城市化进程的迅速推进,客观上需要大量的城市基础设施。城市基础设施建设与城市人口高速聚集、城市土地快速增值,乃是"互为因果"关系。譬如,1842 年芝加哥中心商业区方圆一英里的总地价为 81 万美元,1856 年则达 5057 万美元,上涨了 60 倍。② 可见,城市房地产随着快速城市化进程而迅速增值,并非中国之孤例。城市土地的快速增值,为中国县市等地方政府带来了丰裕的财政收入,此即中国社会民众广为关注的"土地财政"现象。土地财政之产生,已经成为中国县市政府极为依赖的财政收入来源,甚至堪称中国地方财政模式之重要特征,它不仅为实现中国城市基础设施建设提供了资金来源,亦预设了中国未来城市社会的诸多民生隐患。在人口老龄化迅速到来的今日中国,我们需要对"土地

---

① 《中国 2010 年人口普查资料》,国家统计局网,2011 年 4 月 28 日。
② 〔美〕霍华德·丘达柯夫、朱迪丝·史密斯、彼得·鲍德温:《美国城市社会的演变》,熊茜超、郭旻天译,上海:上海社会科学出版社 2016 年版,第 60 页。

财政"的成因、效应及前景做一番深入的考察。

## 一、地方"土地财政"的成因

### 1. 地方"土地财政"产生的制度基础:"租税并存"的财政分权体制

尽管我国自 1958 年以来曾经多次实施"权力下放"改革,但是从我国新中国成立以来所推行的财政体制来看,不论是严格意义上的"统收统支"还是"分类分成",或者是"总额分成"及"财政包干",我国财政制度均体现出"财政分权规则制定权层层集中"的实质性特点,政府间的财政权力与财产权利亦没有被明确界分。实际上,我国《宪法》第 89 条第 4 项已明确规定:国务院有权统一领导全国地方各级国家行政机关的工作,规定中央和省、自治区、直辖市的国家行政机关的职权的具体划分。据此,国务院颁布了《关于实行分税制财政管理体制的决定》,其中规定我国自 1994 年起开始实行"分税制"。而 1995 年《预算法实施条例》第 7 条亦要求,县级以上地方各级政府应当根据中央和地方分税制的原则和上级政府的有关规定,确定本级政府对下级政府的财政管理体制。为此,财政部 1996 年要求各地根据中央的分税制模式,制定省以下的分税制制度。① 从现有的情形来看,省与市县之间的财政分权,各地之间并不完全统一。收入稳定而且数额较大的税种如增值税、营业税、企业所得税和个人所得税、城镇土地适用税一般由省与市县共享,而收入较少的税种如资源税、城建税、房产税、车船使用和牌照税、耕地占用税、印花税、契税、土地增值税等一般专属市县政府。亦有部分省市规定主要行业或支柱产业的税收收入划归省级政府独有,如 20 个省将金融保险营业税全部作为省级固定收入。而县与乡镇的财政分权,则主要有"分税制""收支包干制"与"统收统支制度"三种类型。② 由此而言,因县市等地方政府缺乏主体税种、缺乏稳定的收入来源,尤其是经济不发达地区,其财政收入主要依赖上级政府的财政拨付。

古语云:"郡县治则天下安。"县市级政府是地方治理中最为重要的一个政府层级,但是它们乃是现有财政分权体制下政策制定与实施的"弱势一方",缺乏稳定的法定税收收入来源,其财政收入主要依靠国有土地出让金等政府性基金收入。在性质上,土地出让金等政府性基金收入属于"租"而非"税",其宪法和法律

---

① 财政部在一份文件中指出:"各省、自治区、直辖市和计划单列市(以下称地区)根据中央对省级的分税制财政管理体制模式,结合本地区的实际情况,相继制定了省以下财政体制办法。这些办法不同程度地体现了分税制的总体要求。但是,有些地区在地方各级政府之间的纵向财力分配方面还存在明显不合理因素,在税种划分、税收返还操作办法等方面还存在一些问题,为进一步完善分税制财政体制,提出以下指导性意见:为了保证分税制财政体制框架的完整性,各地区要参照中央对省级分税制模式,结合本地区的实际情况,将分税制体制落实到市、县级,有条件的地区可落实到乡级。"参见《财政部关于完善省以下分税制财政管理体制意见的通知》(财地字[1996]24 号文),财政部 1996 年 3 月 26 日颁布。
② 李萍主编:《中国政府间财政关系图解》,北京:中国财政经济出版社 2006 年版,第 134、153 页。

依据主要在于如下条款:《中华人民共和国宪法》(以后简称《宪法》)第10条规定:"城市的土地属于国家所有。农村和城市郊区的土地,除由法律规定属于国家所有的以外,属于集体所有;宅基地和自留地、自留山,也属于集体所有。国家为了公共利益的需要,可以依照法律规定对土地实行征收或者征用并给予补偿。任何组织或者个人不得侵占、买卖或者以其他形式非法转让土地。土地的使用权可以依照法律的规定转让。一切使用土地的组织和个人必须合理地利用土地。"《中华人民共和国土地管理法》第55条也规定:"以出让等有偿使用方式取得国有土地使用权的建设单位,按照国务院规定的标准和办法,缴纳土地使用权出让金等土地有偿使用费和其他费用后,方可使用土地。自本法施行之日起,新增建设用地的土地有偿使用费,百分之三十上缴中央财政,百分之七十留给有关地方人民政府,都专项用于耕地开发。"而《中华人民共和国城镇国有土地使用权出让和转让暂行条例》第8条、第9条则明确规定:"土地使用权出让是指国家以土地所有者的身份将土地使用权在一定年限内让与土地使用者,并由土地使用者向国家支付土地使用权出让金的行为。土地使用权出让应当签订出让合同。""土地使用权的出让,由市、县人民政府负责,有计划、有步骤地进行。"实际上,地方人民政府所获取的新增建设用地之70%的土地有偿使用费能否真正"用于耕地开发",《土地管理法》并没有设定这一条款的效力保障机制。在现行税权分配体制已呈现严重失衡的状态下,市、县人民政府既然负责土地使用权的出让并可以获取其收益,则其财政收入必然逐渐滋生对于土地收益的严重依赖性。此即地方"土地财政"的宪法和法律制度的根源之所在。据统计,2001—2003年全国土地出让金合计9100亿元,约占同期全国地方财政收入的35%;2004年全国土地出让金(仅限土地一级市场)达5894亿元,占同期地方财政收入的47%;2005年出让金所占比重略有下降,但是总额仍有5505亿元,2006年出让金总额达7676.89亿元。有些县市土地出让金占预算外收入的50%以上,有些地区甚至达到了80%以上。[①] 这些数据充分说明了中国地方政府,尤其是县市政府对于"土地财政"的高度依赖。

**2. 地方"土地财政"产生的制度动因:"强制性增长"的经济模式**

地方土地财政的制度根源是否为"分税制"?换而言之,"土地财政"的形成,是否源于地方税收等收入严重不足?全国人大财经委副主任委员贺铿曾经提出:"土地财政与分税制没有因果关系,地方政府卖地是因为其他的原因。形成今天这个情况,应该说各个部门都有责任。从思想上来讲,大家都希望把事情办得好一点,但是财力是有限的。最开始有关观点就是经营城市,经营城市不就是把土

---

[①] 陈国福、卿志琼:《财政幻觉下的中国土地财政——一个法经济学视角》,《南开学报》2009年第1期。

地倒来倒去吗？这个理念的积极作用是促进了一部分城市发展得比较快，消极方面是引起了社会不公和房地产泡沫。"①由此而言，土地财政可以为地方政府带来非常丰裕的财政来源，问题在于，地方政府在获取了地税收入和巨额土地收益之后，为何还会背负日益严重的债务呢？这一问题还需要我们进一步地深入追问。

　　地方巨额负债以及"土地财政"之滋生，其更深层次的原因在于中国宪法文本所确立的国家目标规定，以及与之相关联的经济增长战略——我国《宪法》在"序言"中明确规定："我国将长期处于社会主义初级阶段。国家的根本任务是，沿着中国特色社会主义道路，集中力量进行社会主义现代化建设……"依据这一段宪法规定，中国的"国家目标"由1978年宪法的"社会主义强国"调整为"富强、民主、文明的社会主义国家"，而"国家根本任务"则由前几部宪法所规定的"工业化"修改为"社会主义现代化"。我国在计划经济时期的经济发展战略，即通常所谓"赶超型"战略，从狭义上讲是指一种"不顾资源的约束而推行超越发展阶段的重工业优先发展战略"，其政策工具有："低利率政策""低汇率政策""低工资和能源、原材料低价政策"及"低农产品和其他生活必需品及服务价格政策"。②我国实行改革开放以后，虽然计划经济时期政府直接组织经济生产的传统有所改变，但是各级政府依然为了保持地区经济增长速度，深度涉足市场投资领域，这也属于新型"赶超型战略"之一种。为此，"经营城市"一度为各地方城市政府所推崇——"所谓城市经营，是指按照市场经济的规律，综合运用土地资源、地域空间及其他经济要素，从总体上整合城市资源的配置，使经济效益最大化。具体来说就是各级政府把城市中的各种经济要素、土地资源、人力作用资本（道路、桥梁）和相关延伸资产（路桥的冠名权）等，运用市场经济的手段进行经营，将获取的收益用于城市建设，以弥补财政资金的不足。"③无可否认，近年来中国地方政府利用债券融资、股权融资、项目融资和资源融资等手段，确实促进了城市基础设施建设的快速发展。但是，在所谓的"城市经营"中，政府从土地出让金中所获取的高额收入与房地产行业的暴利，不仅侵害到人民的生存权（尤其是城市新移民的住房权等社会权），还可能导致经济资源的严重浪费。另一方面，在现行财政分权体制和预算管理体制下，地方政府既然缺乏充裕的税收来源，则所谓"土地出让金"等政府性基金的收入，就不可避免地成为某些地方政府极其依赖的财政收入。

---

①　王尔德、郭一信、刘倩伶：《贺铿：分税制事权与财权不对等是伪命题》，《21世纪经济报道》2011年8月3日。
②　林毅夫、蔡昉、李周著：《中国的奇迹：发展战略与经济改革》，上海：上海三联书店1999年版，第38页。
③　王铁军编：《中国地方政府融资22种模式》，北京：中国金融出版社2006年版，第8—9页。

## 二、地方"土地财政"的效应

### 1. 社会经济的高速增长:"土地财政"之于宪法上国家目标规定的积极意义

由前揭所述,以经济快速发展为形式的"社会主义现代化",实乃中国宪法文本所设定的"国家发展目标"。正是此种国家目标规定赋予了中国政府较之于其他国家更多、更大的经济职能。张五常先生曾经指出:"一个发展中的国家,决定土地使用的权力最重要。没有土地就没有什么可以发展。土地得到有效率的运用,其他皆此要。"[①]中国的比较优势在于人力资源丰富,便于劳动密集型产业的成长,地方政府之间在争取更多财政收入的动机之下所展开的激烈竞争,不仅"盘活"了土地等国有资源并提高了资源使用效率,更使中国已有的比较优势得到了前所未有的充分发掘。故而,在一个税权高度集中的财政分权体制中,地方政府依然可以通过土地等国有资产、利用地方商业银行迅速实施大规模融资,这是近20年来中国"经济奇迹"产生的重要原因。然而,不可忽略的是,在目前行政决策机制民主化、法治化程度亟待发展的条件之下,政府经济投资决策上的盲目与失误就可能转化为严重的财政负担,导致地方政府财政债务的恶化;而地方政府为了"招商引资",则可能会不惜以牺牲农民、农民工的利益,牺牲环境的代价为基础而换取 GDP 高速增长的所谓"经济成就"。由此而言,如果单纯以"经济高速增长"作为注解宪法文本上"国家目标规定"之张本,中国宪法文本上的"国家根本任务"条款、"国家目标规定"与宪法上其他条款如基本权条款之间的效力冲突,遂已若隐若现,成为当今中国宪法实施与适用之重要课题。

### 2. 城乡居民的"生存困境":"土地财政"之于宪法上公民基本权利的消极影响

财政资源的稀缺性是任何国家、任何时代的政府都必须面对的一个现实。我国尚处于社会主义初级阶段,人均国民生产总值及政府财政收入非常有限,但是地方政府不仅承担了诸如"社会保障"方面的公共服务职能,还受"政绩考评"等因素之影响而积极涉足经济投资领域,这样必然导致地方财政支出极度扩张,并因此而使城乡居民背负沉重的"税负"(包括人民为使用土地等国有资产所付出的"对价")。与此同时,政府的公共服务支出费用却往往被挤占、扣减,中低收入阶层陷入"生存困境"遂由此不可避免。具体而言,地方"土地财政"之于公民基本权利的影响主要表现在如下几个方面。

第一,"土地财政"之于公民的"财产权"等自由权。当地方财政沦为"土地财政"之后,则地方政府在土地开发过程中利用行政权力维护地产垄断市场,甚至故意压低土地补偿金,此种与民争利的行为遂不可避免。对此,有学者非常尖锐地

---

① 张五常:《中国的经济制度》,北京:中信出版社 2009 年版,第 144—145 页。

指出:"在竞争的压力下,地方政府寻求自我发展空间的努力往往导致两败俱伤:地方政府纷纷树立起种种壁垒,阻碍要素的自由流动,使得全国资源合理配置、产业结构调整举步维艰。各地在吸引外资的竞争中对土地地价与税收的一降再降甚至倒贴,对环境污染型企业的一让再让,以及在项目投资商各地竞相比拼而导致大量重复建设与资源浪费,令许多地方付出惨痛的代价。""日益稀缺的土地资源被地方政府低价出让作为竞争的筹码,与此同时,土地收入'赤字'造成的成本损失,必然诱使政府通过地价征收土地来补偿。为扩大土地供给增量,近年来各地强行征地、野蛮拆迁的事件屡见不鲜。而农民获得的征地补偿费极低,农民得不到合理补偿。"①土地资源不仅是地方政府获取财政收入的重要来源,而且其本身还被直接用于"招商引资"、促进地方经济发展之目的。土地资源的稀缺性、不可再生性,使得地方政府在"经营城市"的方案,一再适用针对城市国有土地上居民房屋的所谓"强制拆迁",以取得可以再次拍卖、并再次获取国有土地有偿使用费用的国有土地;而在城市国有土地资源(即将)被耗尽的条件下,则地方政府只能倚重于针对农村集体经济组织土地的所谓"公益征收"。为了平复被征收人的"抵抗",地方政府甚至不惜采取限制公民人身自由的各种公法上强制手段。地方"土地财政"之恣意扩张,已经蕴藏着侵害公民人身权利、财产权利等"自由权"的巨大隐患。

第二,"土地财政"之于公民的"住房权"等社会权。据国务院发展研究中心课题组调查,地方政府所征收、征用得来的土地,有30%—40%左右的地用做基础设施、道路、学校等公共目的用地,30%—40%左右做工业用地,另外大约还有30%用于商业和住宅用地。如果其中有一半要建经济适用房,那么只有15%才是真正的商业用地和房地产。也就是说,地方政府要供应的土地里面,85%是没有多少利益的,只有15%的地是可以挣钱的,地方政府要想从土地上获得利益,就必须拿占总数15%的商业用地,赚大于另外85%的非营业性用地的成本,才能有利润。"正是在这样一种机制的刺激下,地方政府自然要拼命炒高房地产,绞尽脑汁使占小部分的商业用地价值最大化成为自然的逻辑。"②可以说,中国城市化进程中巨量增加的城镇人口,乃是地方政府通过"土地财政"恣意获取土地使用费收益的社会基础,而在土地使用费巨幅增长之同时,城镇居民尤其是城镇新移民中的中低收入阶层势必由此而陷入生存困境。一般认为,所谓住房权(the right to adequate housing),又称"适足住房权","是指公民有权获得可负担得起的适宜于人类居住的,有良好物质设备和基础服务设施的,具有安全、健康、尊严,并不受歧视的住房

---

① 刘亚平:《当代中国地方政府间竞争》,北京:社会科学文献出版社2007年版,第1、102页。
② 徐德富、涂云龙:《我国地方政府的"土地财政"行为分析》,《现代商业》2007年第1期。

权利"①。据廉思博士等人的调查结论,近年来在各大城市出现了一个规模庞大的"大学毕业生低收入聚居群体"(他们被形象地称为"蚁族"),他们大都居住在面积狭小、租金低廉的出租屋内,人均居住面积 10 平方米及以下的被访者占 69.6%,人均租住面积在 11—20 平方米之间的占到了 24.8%,人均 20 平方米以上的被访者仅占 5.5%,月租金人均 377.24 元。② 居住面积小、条件差是众多大学毕业生生存状况的显著特征。如果加上农民工等城市新移民群体,那么"蚁族"的规模将更加庞大。实际上,根据国家统计局的统计数据,在人均居住面积 8 平方米以下的 11637076 户城市居民中,大专学历以上(含本科生、研究生)的仅有 751335 户,仅占 6.4%;而初高中毕业生却有 8643068 户,占 74%以上。③ 城市新移民们的生存困境,并非城市政府"土地财政"所独使然,却与城市政府积极获取土地使用权收益、消极承担居民生存权保障职能的财政投融资政策及行为具有必然之联系,它实际上阻碍了城市新移民融入城市的进程。因此,"土地财政"与"城市化",乃是一种"相辅相成",却又"相爱相杀"的复杂关系。

## 三、地方"土地财政"的前景

### 1. 城市土地使用权期限届满之后免费续期:"土地财政"可能陷入财源枯竭困境

据国家统计局公布的数据,2010 年中国城市人均住房 0.87 间,镇人均住房 1 间,乡村人均住房 1.05 间。但是,中国也存在家庭之间人均住房建筑面积严重不均衡现象。以城市为例,2010 年中国城市有家庭 126081930 户,人均居住面积在 19 平方米以下的为 40180059 户,约占 30%;人均居住面积在 20 至 49 平方米的为 64245739 户,占 50%;人均居住面积 50 平方米以上的有 28487530 户,约占 20%。④ 由前揭数据可见,就整体而言,中国城乡住房已经接近人均住房一间、50%以上的家庭人均居住面积 20 至 49 平方米的状态,但是还存在严重的人均住房面积不均衡现象。然则,土地财政及其催生的高房价,将使得人均居住面积在 19 平方米以下的、占比 30%的城市家庭,可能难以有效改善其住房居住状况。换而言之,除非引入城市新移民形成新的"刚需";否则,在城市居民收入增长速度远低于城市房价增长速度的条件下,城市现有居民的住房消费格局及其比例将可能难以得到根本转变。

---

① Janet Ellen Stearns, Voluntary Bond: The impact of habitat Ⅱ on U. S. housing policy[J], Saint Louis University Public Law Review, 1997, p. 419.
② 廉思主编:《蚁族:大学毕业生聚居村实录》,桂林:广西师范大学出版社 2009 年版,第 61 页。
③ 《中国 2010 年人口普查资料》,国家统计局网,2011 年 4 月 28 日。
④ 同上。

另一方面,城市现有居民的住房消费,乃是以房屋所在土地所有权国有为前提条件,土地使用期限及其续费问题乃是决定地方土地财政的关键因素之一。换而言之,县市"城市经营"为手段形成的地方"土地财政",客观上需要以持续不断地收取"高额土地使用权出让金"为基础条件。2016 年温州市部分土地使用期限届满之后需要续费的事件持续发酵,引发社会民众的高度关注。2016 年 12 月 8 日《国土资源部办公厅关于妥善处理少数住宅建设用地使用权到期问题的复函》中指出:"在尚未对住宅建设用地等土地使用权到期后续期作出法律安排前,少数住宅建设用地使用权期间届满的,可按以下过渡性办法处理:一、不需要提出续期申请。少数住宅建设用地使用权期间届满的,权利人不需要专门提出续期申请。二、不收取费用。市、县国土资源主管部门不收取相关费用。三、正常办理交易和登记手续。"由此而言,城市房屋的土地使用权期限届满以后,县市国土资源主管部门或将不能继续收取费用。如此,除非县市政府通过新征原农村集体经济组织的土地并转化为国有土地予以出售,同时收取土地使用权出让金,它们目前不能以续费事由获取土地收益,土地财政或将陷入"财源枯竭"的困境。

**2. "刘易斯转折点"和"老龄化"趋势形成:"土地财政"可能陷入动力枯竭困境**

如前所述,地方土地财政的基础条件是城市房地产消费的持续发展,它需要以城镇新移民、新劳动力的增长及其购买力的增长作为基本动力。而问题恰恰在于,此种劳动力及城市新移民的"无限供给"并不具有永续存在的条件。我国经济学家蔡昉指出:"劳动力从无限供给到短缺的转变,即是二元经济结构转换,也被称为'刘易斯转折点'。以往的国际发展经验表明,在二元经济发展阶段,一个国家或地区可以通过形成具有生产性的人口结构,为经济增长提供人口红利,而二元结构转换的关键是传统人口红利的消失,以及增长方式的转变。"[①]

"人口老龄化"时代的到来,将加速中国房地产市场的困境,进而加剧中国地方土地财政的困境。"人口老龄化"是工业化国家所面临的普遍问题,也是工业化国家人口演变的普遍规律。欧洲国家在社会经济转变的同时,对人口死亡率、出生率由高水平向低水平转变的过程、特点、主要阶段和演变规律进行概括而形成的"经典人口转变理论",则不为人们所了解。根据这一理论,人类出生率、死亡率和自然增长率变动存在"高高低、高低高、低低低"三个阶段。[②] 人口出生率和死亡率双双走低,必然导致老年人人口的急速增长。为什么西方国家的人口演变规律会呈现此种格局?杨菊华教授认为:"人口转变是多种因素综合作用的结果,包括工业化、现代化和城市化的发展。经济的发展促进了医疗技术的进步,改善了人

---

① 蔡昉:《刘易斯转折点——中国经济发展新阶段》,北京:社会科学文献出版社 2008 年版,第 79 页。
② 杨菊华:《人口转变与老年贫困》,北京:中国人民大学出版社 2011 年版,第 16—18 页。

们的生活条件,生养孩子成本的提高使孩子的家庭效益弱化,文化的变迁减弱了孩子的重要性,使人们更重视孩子的质量而不是数量,赋权于女性并使她们拥有一定的生儿育女的决定权,避孕技术的推广使人们少生孩子成为可能,加上死亡率下降的推动,人口出生率随之下降,最终实现人口增长从高出生率和高死亡率向低死亡率和低出生率的低水平平衡过渡。"① 中国社会经济近年来发生了急剧的变革或转型,前文所述的这些因素,当然同样会对中国人口转变的规律产生重要影响。但是,中国的人口演变,却又因为计划生育政策对人口增长的刻意抑制,而具有独特的规律。杜鹏、姜向群认为:"中国老年人口占总人口比重的不断提高与几十年人口出生率的下降有很大的关系,特别是20世纪以来国家计划生育政策的推行起到了重要作用。另外,人口寿命的延长对人口老龄化的作用不断加大。20世纪五六十年代生育高峰期出生的大量人口近年来不断进入老年队列,对人口老龄化的提升起到了很大的作用。"②

长期以来,因计划生育政策的强大影响,人口过度增长必然导致粮食危机与资源危机,甚至酿成战争或者饥荒,这一马尔萨斯人口理论的定论始终是中国民众心中挥之不去的梦魇。实际上,中国传统农业社会屡次呈现人口恶性膨胀,最终导致人口与资源不相适应的格局,主要是因传统农业社会的经济规律所致。具体而言,传统农业经济以生存而非利润为目的,所谓"养儿防老",对于农民个体而言,其家庭经济效益最大化的基础,乃至其防范社会经济风险的基础,均在于家庭人口的增长,尤其是男丁的增长。由于传统农业社会中劳动力教育成本可以忽略不计,多生育人口是每一个社会个体的理性选择。"过密型增长"是传统农业经济的基本特征。③ 相反,在现代工商业社会,子女的生活成本与教育成本增加了人口增长的代价,社会保障制度的发展却部分地取代了传统家庭的养老功能;因此,可以理性地预测,在社会保障制度较为健全的地区,无须限制人口增长的计划生育政策,中国也将出现持续的人口低生育率。显然,这一趋势将构成中国地方政府"土地财政"的"硬约束机制",迫使中国地方财政模式"土地财政"转型。

## 四、结语

周其仁先生曾经指出:"人口聚集推进经济聚集,反过来再刺激人口聚集,这

---

① 杨菊华:《人口转变与老年贫困》,北京:中国人民大学出版社2011年版,第19页。
② 姜向群、杜鹏主编:《中国人口老龄化和老龄事业发展报告(2014)》,北京:中国人民大学出版社2015年版,第3页。
③ 黄宗智先生指出,"增长"系指生产总量在任何一种情况下的扩展,"发展"则是指基于单位劳动生产率提高的增长,而"过密"则是伴随着单位劳动生产率降低的生产增长。参见[美]黄宗智:《长江三角洲小农家庭与乡村发展》,北京:中华书局2000年版,第77、12、223页。

就是城市化的动态进程。"①中国在1949年以后的30年期间,曾经在粮食压力之下,推行"重视工业化轻视城市化"的策略,压制和延缓了城市化进程,因而在改革开放以后形成了城市化的爆发式发展。人口的大规模迁徙和快速聚集,刺激了房地产市场的快速升温,城市政府经由"土地使用权出让金"获得了巨额财政收入,积极加强城市基础设施建设,为城市化进程添加了新的动力。然则,房地产价格以远高于城镇居民收入的速度持续增长,亦使相当一部分城市新移民陷入"无房居住"或者"小房居住"的生存困境,进而在实际上阻碍了城市化进程的进一步发展。随着人口老龄化时代的到来,城市生活高房价、高成本或将构成中国地方土地财政的硬性约束条件,从而使中国县市财政更加陷入困境。中国的城市化进程或将因此而蒙受阴影。为此,中国政府或可以法律方式明确规定土地使用权期限届满之后免费续期为条件,适时对于城市居民自住用房开征房产税,因而以"房地产税财政"取代"土地财政",中国城市化进程则将迎来一个新的历史时期。

---

① 周其仁:《城乡中国》,北京:中信出版社2013年版,第10页。

# 全球科技资源配置中心的内涵解读与经验借鉴

国家中心城市是我国城镇规划体系设置的最高层级,目前已有北京、上海、广州、天津、重庆、成都、武汉、郑州8个。广州是2010年2月住房和城乡建设部《全国城镇体系规划》中首批确立的五个之一。"全球科技资源配置中心"是依托"国家中心城市"出现的新形态、新功能、新定位和新目标。我们认识、研究、规划全球科技资源配置中心,一刻也不能脱离作为其本源和环境的国家中心城市。这是我们讨论"全球科技资源配置中心"的主要出发点之一,同时也是在规划和建设中必须坚持的基本立场。

## 一、"全球科技资源配置中心"的背景分析

2016年3月17日,《国家"十三五"规划纲要》:"支持北京、上海建设具有全球影响力的科技创新中心。"2016年8月8日,《"十三五"国家科技创新规划》分别提出具体要求。北京的目标是"具有强大引领作用的全国科技创新中心""打造原始创新策源地""形成全国高精尖产业集聚区""建设国家科技金融创新中心"和"构筑全球开放创新高地,打造全球科技创新的引领者和创新网络的关键枢纽";上海的目标是"建设具有全球影响力的科技创新中心""布局建设世界一流重大科技基础设施群""形成具有国际竞争力的高新技术产业集群""培育创新创业文化""全面提升科技国际合作水平"和"打造全球科技创新网络重要枢纽,建设富有活力的世界创新城市"。

而广州则被包含在《"十三五"国家科技创新规划》8个全面创新改革试验区域的"广东"中:"加快推进创新型省份和创新型城市建设,推动创新驱动发展走在前列的省份和城市率先进入创新型省市行列""探索各具特色的创新驱动发展模式,打造形成若干具有强大带动力的区域创新中心,辐射带动周边区域创新发展""围绕发挥科技创新在全面创新中的引领作用,在京津冀、上海、安徽、广东、四川和沈阳、武汉、西安等区域开展系统性、整体性、协同性的全面创新改革试验,推动形成若干具有示范带动作用的区域性改革创新平台,形成促进创新的体制架构","在对8个区域改革试验总结评估的基础上,形成可复制的重大改革举措,向全国推

广示范"。

由此可知,广州建设"全球科技资源配置中心"应紧紧围绕着《国家"十三五"规划纲要》中提出的"具有全球影响力的科技创新中心"和《"十三五"国家科技创新规划》提出的8个全面创新改革试验区域来研究、规划和建设。

## 二、"全球科技资源配置中心"的内涵解读

作为一个本应无所不包的国际大都市和国家中心城市,广州提出"建设全球科技资源配置中心"的战略目标,这在某种意义上总给人把城市内涵和发展框架做"小"了的感觉。尽管对此可以解释说出于集聚优势、错位竞争的需要,但从国家中心城市的战略定位看,科技创新必然是其题中应有之义,而国家中心的科技创新资源和功能也必然是具有全球影响力的。这除了直接受《十三五》国家科技创新规划》这个专项规划的影响,还有两方面的问题也值得深入解读。把这些问题搞清楚,有助于丰富和完善"中心"的内涵。

在政策解读上讲,这与人们对《十三五》国家科技创新规划》的"拿来主义"直接相关。这个规划在本质上是一个专项规划,在一个城市中实施时,应作为城市发展的手段或支持平台,而不是反过来让一个城市从事于科技。就此而言,尽管文件使用的是"科技创新中心",但却不可以一般的"中心"论之。

首先,不同于以往的科技革命,当今世界科技创新不是一个自发的过程,而是在国家强大意志支配下的自觉行为,同时也不同于一般的科学技术发展战略,而是承载着改变国家命运和实现民族复兴的艰巨任务和使命。

其次,当今世界是城市世界,以城市为主体形态的现代化进程已在这个进程中催生了普遍的"城市病"和"城市危机",构成了对知识生产力和科技创新的巨大热情和迫切需要,当今世界科技创新和当今世界的城市化息息相关。

再次,没有城市空间,就不可能有科技创新。城市是全球创新网络的中心,是各类科技创新要素和基础设施的大本营,世界上绝大多数创新都发生在城市中。甚至不是一般的城市,而是城市中最高层级的中心城市。这是为什么只有北京和上海才有资格建"科技创新中心",而创新能力很强的深圳未能跻身其中,一个重要原因是它的城市综合发展水平够不上。

由此可知,"科技创新中心"的准确表述和完整内涵应是"科技创新中心城市"。这不是在"科创中心"后简单地加"城市"二字,而是未来的科技中心必定是以城市形态出现,是一种以科技创新为主要功能和核心机制的新的城市形态,并能够引领城市由传统的生产、制造和服务功能转向以知识、信息和技术为主的创新型城市。

从理论上讲,这主要是受一些国家中心城市学术研究的影响和误导。其中有

代表性的是国家中心城市"两级三类"说,即把国家中心城市分为综合性国家中心城市(全球影响力的全球城市和国家影响力、综合性国家中心城市)和特色性国家中心城市。很明显,"全球科技资源配置中心"就是以"特色性国家中心城市"为依据的。

但这个"两级三类"说,尽管表面上自成一家之言,但实际上站不住脚。

首先,在经济全球化的背景下,贸易、市场、信息、服务、文化、人口均呈现出全球化趋势,很难说哪个城市的影响是全球的而哪个城市的影响限于本土,因为不同城市的全球影响力只有量的差异,并无质的区别。

其次,把国家中心城市分为"全球中心"和"国家中心"很不恰当,既不符合当今中国政治、经济和文化的国际影响力不断提升的现实,也违背了开放发展的理念,更忽略了国家中心城市必定要走在开放发展最前沿的基本使命。

再次,"特色性"一般比较适合描述中小城市,在国家中心城市这个"塔尖"上,城市尽管也可以有特色,但更重要的是枢纽和综合功能,把"特色"作为国家中心城市建设目标,明显有悖于设置的初衷。这都是由于基础理论研究的问题而影响到城市战略的设计。

由此可知,对相关政策文件中"科技创新中心"的狭隘理解和解读,以及在相关国家中心城市分类研究的理论误导两方面的作用下,人们在制定"科技创新中心"战略时容易忽略手段与目的、部分与整体的系统和有机联系。这是在下一步开展全球科技资源配置中心研究和规划、建设时特别需要注意的。

## 三、上海建设科技创新中心城市对广州的参考借鉴

2015年5月,按照习近平总书记的相关要求,上海市提出建设全球科技创新中心。在深入研究和建设过程中,有得有失,有经验也有教训。

2015年5月25日,上海市委市政府出台《关于加快建设具有全球影响力的科技创新中心的意见》(又称"22条")。这个文件主要涉及具体的财税政策、科研人员待遇、金融、项目经费管理、项目成果奖励、股权转让、政府采购倾斜、对外技术服务收益等。但坦率而言,这些支持一直都有,即使不建科技创新中心,很多部门也一直在做,所以这个"22条"和以往的政策措施,只有程度上的差异而没有质的变化。这主要是没有把"科技创新中心"与"城市"密切结合起来,仍是"就科技论科技"而不是"从城市看科技"的结果。

上海交通大学城市科学研究院就此提出上海应建设"科技创新中心城市",即在城市框架下合理配置已有的科技创新、文化创新和社会创新功能。一方面,上海目前不是缺少创新,而是缺乏集成性创新;不是缺少重大科研成果,而是它们和国家战略、城市发展的需要结合得不够密切。另一方面,科技创新是整体,需要系

统的支持,不是简单地成立一个机构,提高一下行政级别,投一笔钱或是把钱投多些,增加一些财税优惠和建设用地指标,建几个机构和整合几个机构等我们常见的招数,而是要建设一个大平台,这个平台不仅要有良好的科研条件,也要能够提供完善的公共服务,不仅要有先进的仪器设备,还要有人生的价值和意义。在这个意义上,真正的全球科技创新中心,必定是健康和幸福的城市平台。

广州市委第十一次党代会提出:未来五年要实现"枢纽型网络城市格局基本形成。国际航运、航空、科技创新枢纽功能进一步强化,国际综合交通枢纽地位更加稳固,高端资源要素加快集聚"的基本目标。这个目标的实现离不开科技创新,离不开全球科技资源的科学与高效配置,需要提高广州的全球科技资源配置能力,但也要防止"为科技而科技",更多地关注科技中心与国家中心城市建设之间的复杂交互关系,并把"全球科技资源配置中心城市"作为更全面、更完整和更符合城市规模、地位的顶层设计。

# 城市转型发展与宁波"东方文明之都"的建设

  2017年2月,中共宁波市第十三次代表大会提出"名城名都"的建设,即将"打造东方文明之都"确定为今后五年乃至更长时期城市发展的重要奋斗目标。宁波建设"东方文明之都",是立足都市经济的持续发展,城市能级不断提升,面对时代发展新机遇,呼应全球化新阶段,基于宁波城市文化特色,
  文化强市建设现状上提出的城市文明发展新战略,对宁波现阶段城市文明建设起到重要导向作用。

## 一、宁波建设"东方文明之都"的基础

  在某种意义上说,宁波七千年的文明史,尤其是近千年来对于东方文明的构建起着奠基性作用。而改革开放以来,宁波文明阔步发展,在诸多领域取得重大成果。可以说,宁波建设"东方文明之都"有着深厚的文化基础,是宁波奋力前行的文化自信的来源和底气。

**1. 历史底蕴**

1.1 宁波是中国海洋文明的肇始地之一。

  21世纪将是海洋文明的世纪。而宁波河姆渡人早在7000年前,就刳木为舟,开始向海洋索取生活资料,并开拓对外交流空间。河姆渡古遗存是中国海洋文化肇始地之一,宁波也是世界海洋文化的发源地之一。从战国时的龙舟,三国的楼船,到宋朝的神舟等,从地图绘制技术到指南针的输出,古代宁波在中国海洋文化的核心领域贡献卓著。东海渔场是世界上最大的渔场之一,是海洋提供的蛋白质养育了宁波人,培养了敢闯敢拼、开拓创新的海洋精神。宁波百姓还建造碶闸堰坝、运河、海塘等水利工程,改造濒海湿地平原,创造了独特的人水和谐的江南濒海湿地城镇体系。

1.2 宁波是近世中华文化转型的重要展开区域。

  中唐以后,中国的经济、文化中心向东南迁移,宁波建立州治,宁波成为江南经济文化中心的出海口,海上丝绸之路重要起碇港。宁波经济文化一体化发展,青瓷、茶叶、丝绸、四大发明等产品输出,同时也带动了中华文化的传播,促进东亚文化圈的形成,影响了世界文明发展的进程;宁波成为世界看中国的窗口。儒释道多元文化在四明大地融合,形成了具有地域特色的思想文明,并成为承载中华

文化转型的文化高地。王阳明、黄宗羲等一大批学者开启了近现代经世致用和维新变革思潮。此地播扬的观世音信仰、弥勒信仰、妈祖信仰等,以宽容、和乐、平等与向往未来等地域价值取向,为中国海商及至整个市民阶层提供了积极的精神动力,甚至成为半个亚洲的信仰。

1.3 宁波是近代中国走向世界的重要港埠。

近代开埠以后,西方经济贸易、文化教育等接驳上岸,宁波老外滩成为最早的中西文化交融的城市样态之一。开放包容的价值取向,推动宁波精英文化由进士文化向院士文化发展,推动宁波帮从传统商帮转向近现代商帮。尤其是第二次工业革命时期,宁波帮将商业利润投资于新式银行、轮船航运、现代工业等新兴实业领域,及影视、出版等新兴文化产业,创造了50多个第一,创造了极具风情的上海滩文化,推动了中国近代化过程。二战以后,宁波帮辗转海内外,至今有42.7万海外"宁波帮"旅居世界103个国家和地区,促进了所在国家与地区的繁荣。海外宁波帮爱国爱乡、热心报效桑梓,成为促进宁波及至中国改革开放的重要力量。

**2. 现实基础**

2.1 现代化港口发展加速都市化进程。

1979年,宁波港对外开放。在30几年中,宁波迅速从内河港、河口港,走向了集装箱船、大型油轮时代的海港,宁波—舟山港与世界上100多个国家和地区的600多个港口通航,货物吞吐量连续八年居于世界第一,有力地支撑了长江三角洲地区基础产业发展;传统的国家命运共同体因宁波港获得了具有强大生命力的全新经济基础。港口发展带动了宁波石化、电力、钢铁等临港工业体系的形成;民营企业积极参与全球化贸易,专业市场发达,市场化程度全国领先,成为当代中国经济的宁波现象;余姚、慈溪等千年古城镇,北仑新区等30年间都发展成几十万人口的外向型新兴城市。2016年,宁波经济总量达8541.11亿元,常住人口787.5万人,居民人均可支配收入44641元。宁波初步具备规模巨大、结构合理、设施完善、环境美化等现代都市特征;中心城市形成"三江口"与"东部新城"双中心结构;区域基本形成"一核两翼、两带三湾"多节点网络化现代都市大格局。

2.2 文化强市建设助推城市转型发展。

宁波市委、市政府高度重视文化建设,相继实施文化大市和文化强市战略,着力改善文化民生,文化事业、文化产业建设取得重大成就,为推动全市经济社会发展,全面建成惠及全民的小康社会,提供了强有力的文化动力。宁波公共文化服务体系建设全国领先;基础教育均衡化走在全国前列,高中段教育基本普及。已连续四次荣膺全国文明城市,五次入围中国最具幸福感城市。"十二五"期间,宁波文化产业增加值年均增长13.5%,文化制造业总量居全省首位,初步形成了一批具有宁波特色的文化产业集群。为国家文化消费试点城市,电影等重点文化消费市场繁荣。

2.3 文化交流树立国际化城市形象。

宁波国际交流合作广泛,国际友好城市和友好交流关系城市数量(含县市区)已达到91对。宁波以优秀的本土文化产品为载体,借助宁波帮等人文资源,有效推动对外及对港澳台文化交流向全方位、多领域、深层次发展。2016年,宁波荣获东亚文化之都,2017年举办亚洲艺术节,国际影响进一步扩大。舞剧《十里红妆》等走进美国林肯大剧院等国际一流剧院。建立中英合作的宁波诺丁汉大学,牵手美国麻省理工学院,共建宁波(中国)供应链创新学院等,教育国际化发展迅速。打造中国—中东欧合作的桥头堡,建设梅山新区、杭州湾新区,推动国际中意宁波生态园等特色园区国际化、高端化、品牌化发展。举办中国—中东欧国家投资贸易博览会、中国航海日论坛等,有力推动了宁波的国际化进程。

## 二、"东方文明之都"的发展内涵

打造"东方文明之都"必须明确"东方文明之都"的现代内涵,准确把握城市发展规律、文明演进规律和人的全面发展规律,以城市文明的全面协调性、开放包容性、特质特色性、传承创新性,促进城市文明不断向更高水平演进。

**1. "东方文明之都"的重点是"都市文明"建设**

都市文明是当代中华文明的高地和堡垒,也是人类社会当今最为先进、最具代表性的成果。在全球化新阶段,经济文化一体化趋势增强,都市文明的标志转向为思想文化为核心、制度文化为框架、物质文化为基础的文化功能模式。"东方文明之都"的"都"指"都市文明",是宁波城市文明发展到一定阶段的必由途径。当下,宁波全面推进全域都市化,主动对接"环杭州湾大湾区建设",响应长三角世界级城市群、长江经济带等国家战略的深入实施,促进围绕宁波的都市圈空间组织形式不断成熟,跻身全国大城市第一方阵。宁波缩小在社会人文领域、国际交流合作、文化服务能力、文化产业发展等方面的城市国际化差距,以文明进步加强城市可持续发展。

**2. "东方文明之都"的格局是"东方文明"构建**

复兴民族文化,从传统文化及民族集体记忆中汲取那些特色突出、保证民族几千年延续壮大、最适合这块国土上人民理想追求和风俗习惯的因素,成为重要时代任务。与历史的辉煌相比较,宁波地理结构未曾改变,"一带一路""活化石"的文化责任需要挺身担当。"东方文明"指向宁波文明的历史特色、现实依据与未来方向。宁波有责任提炼优质的东方文明、东方元素,立于全新的东亚格局、太平洋格局、全球格局,全新探索文明自信、文明认同的回归,与中国人生存人才生活样板,建构新时代中国文化核心价值与国家级的文化竞争力,为城市发展的民族化、本土化及现代化可持续发展的方式,为全球和谐的文化生态秩序提供地方性发展样本。

**3. "东方文明之都"的核心是"人的文明"创建**

"东方文明之都"建设是新的历史条件下新的使命,与历史上的"东方名都"有着重大区别。芒福德说:"城市应当是一个爱的器官,而城市最好的经济模式应是关怀人和陶冶人。"①城市的最终任务是"促进人们自觉地参加宇宙和历史的进程",即如王阳明所说,"参天地之化育"。"东方文明"是对城市文明的发展内涵、精神定位的深刻界定和领悟,是在承继城市文化资本的基础上建设城市的基本价值观念体系,推动人的全面发展,增进城市市民的城市归属感、认同感,培育稳定的、高素质的城市市民,从而增强城市文化自信,提升价值力、文化凝聚力和精神推动力,并以人的价值需求,推动城市的文化创新与转型发展。

**4. "东方文明之都"的本质是"社会主义文明"建设**

打造"东方文明之都"是推进宁波城市发展的系统工程,具有鲜明的时代性和科学性,是"四个全面"战略布局和五大发展理念在宁波的具体实践与体现。中国特色社会主义建设从"物质文明、精神文明"两手抓、两手硬,到"物质文明、精神文明、政治文明、社会文明、生态文明"协调发展的和谐社会新目标,始终贯穿"文明"这一红线。新世纪以来,从"两创"到"两富"到"两美",浙江对社会主义建设规律认识不断提升。文明理论与实践的每一次丰富和发展,都成功推动着中国特色社会主义事业向前迈进。宁波"东方文明之都"建设,为社会主义城市文明建设提供更多的宁波元素、宁波经验、宁波实践。

## 三、宁波建设"东方文明之都"的主要问题

**1. 文化品质尚需提升**

1.1 文化遗存传承和开发力度不足。

宁波作为中国唯一的大运河与海上丝绸之路相衔接的城市,现拥有2处世界级文化遗产,11处全国重点文保单位,历史文化街区、古镇古村、名人故居举不胜举。但众多文化资源除天一阁有一定知名度外,公众认同感不高。文化资源缺少多样化的物化传播载体,开发利用内容片面、形式单一,缺乏特色,缺乏创新,向文化资本转化能力不强,城市知名度、美誉度与深厚内涵不相匹配。传统街区、村镇众多,但保护力度不足,破坏较重,中小城镇文化个性趋于消亡问题严峻。

---

① 刘易斯·芒福德:《城市发展史——起源、演变和前景》,宋俊岭、倪文彦译,北京:中国建筑工业出版社2005年版,第104—105、295页。

### 1.2 城市精神文明研究高度不足。

宁波文化所包含的站在中华文化高点之上的东方文明价值内涵,缺乏理论阐释与系统性研究,历代大儒的丰富典籍、宁波帮近代商业文明实践等缺少时代性解读,宁波在中国城市文明史的重要地位还未有重大研究成果。宁波本地缺乏有全国影响力的文化学者,更未形成相关学术流派。当代城市研究主要侧重于产业、金融、建设、管理等实用层面,而关于城市文化、精神、价值、心态等研究,多停留于对文明礼仪、文明规范的倡导,文明城市的创建还未上升到人文城市、国际化城市建设的现实需要,直接影响具有独特文化印迹的都市文明精神构建。

### 2. 都市文明转型起步伊始

#### 2.1 文化生产优势尚未形成。

工业产业比重较大,2016 年三大产业之比为 3.6∶49.6∶46.8。文化产业整体层次不高,文化产品竞争力弱、国际市场份额少,文化产业及文化贸易尚未取得根本上的发展优势。文化娱乐消费支出占整个消费比重低,跟世界平均规律性支出比例有很大差距。在区域文化设施、文艺院团数量和质量、重大文化活动和体育赛事、学术影响力、文艺精品创作、媒体创新发展等方面,仍然与现代化国际化创新型城市不相匹配,有待进一步提升。

#### 2.2 文化服务能力亟待提升。

宁波与西方国际化城市的差距集中体现在文化软实力上,尽管宁波为浙江省的高教、科研副中心,但缺少一流大学、研究机构、实验室等,艺术之城建设起步伊始,创意阶层尚未形成。宁波是华东地区重要但不先进的制造业基地。宁波港是干线港而非枢纽港,港口与城市发展有机结合有待提升。博物馆、美术馆等公共文化设施数量有待增加。高等级文化设施数量和规模与国际化都市逐渐相当,但服务能力(如策展能力、展出面积、馆藏量和藏品等级等)尚有较大差距。这种差距导致了高等级文化设施缺乏国际影响力,在"东亚文化之都"活动年中也尚未有根本转变。

### 3. 文明发展战略仍需拓展

#### 3.1 文化发展格局的世界眼光不足。

宁波全域都市化规划尚未延及宁波都市圈的文化整合发展。港口经济圈与宁波文化发展尚存隔离,文化传播与大港地位不相适应。"一带一路"文化发展的宁波战略尚未形成。在文明都市形象展示过程中,宁波更多强调地域传统特色项目,较少关注文化地域性与世界性、民族性的交融,海丝"活化石"文化内涵发掘不足。宁波都市文明不仅是宁波人生存理念和生活方式的传承与展现,也是中国人对于生存价值和生活样板的全新探索,是不断延展中华文化"文化主权"和"文明疆域"的重要组成部分,是人类共同的文明生态诉求与文明责任担当的体现。

### 3.2 文明协调发展的能力急待提升。

2016年,宁波进行区划调整,全域都市化全面推开,但区域发展不平衡问题仍然存在。科技文化和品牌软实力、教育和医疗的国际化服务、公共交通的便利性仍有待提升。文化治理体系和治理能力的现代化急需推进。文化活力指数与文化都市要求距离较大。城市双修任务艰巨,温室气体排放量高出世界平均水平,雾霾加重,生态环境亟待改善。产业发展亟需嫁接新技术、新模式,大力发展先进制造业和特色高端服务业,提升经济发展品质。通过文化以及信息传播在价值观上影响世界其他城市能力较弱,缺少国际化人才储备以及国际化研究能力,对外联系的网络地位有待提升。

## 四、宁波建设"东方文明之都"的目标要求

### 1. 建设目标

"东方文明之都"是以全球化为参照系,以复兴中华文化作为使命的本土化特色人文城市;是在空间上具有广泛交流与沟通能力、时间上具有与国际都市同步律动功能,以文化繁盛为标志的多元文化汇聚的人文都市;是具有鲜明精神气质和良好市民素质,传统文化与现代文明、城市文明与乡村文明的和谐发展,城市人文品质、公共服务品质、生态环境品质、文化产业品质、经济发展品质整体提升,在亚太地区具有较大影响力的国际化、高端化港口都市。

——全民文明素养示范城市。适应经济全球化和文化多元化的趋势和要求,以社会主义核心价值观为引领,努力提升被世界认同的现代城市市民素质。给学术以神圣地位,重构中国新文化的核心价值,建立精神中心,以市民全面发展增进城市的优势。

——魅力东方文明港口都市。以丰富的海丝"活化石"等历史文化底蕴为基础,追求传统文化和现代文化的有机结合,以独特文化理念展示海洋文化与大陆文化交汇的地域风姿,建设具有东方文明特质的国际港口都市、东亚文化之都。

——宜居宜业最佳范例城市。建设公共文化服务品质之城,以精品意识美化城市,以环境品位提升城市价值,以严密体系管理城市,以文化治理创新引领城市建设,吸引多元化移民,促进城市可持续发展,建设成以山海生态为特色的滨海宜居城市、生态人文型城市。

——文化创意产业智造高地。吸纳全球优秀人力资源和科教资源,占据全球文化产业链高端;从事文化创意产业人口达到工作人口四分之一以上。培育有国际影响力的文化产业园等良好的空间载体,打造创造性的文化都市,并着力推进宁波都市文化圈、文化城市带的形成,建设成特色突出、多元包容的文化创意城市。

——国际文化艺术交流中心。加强艺术、文化、教育、体育等国际交流平台建设,促进多元文化汇聚共融,用好中医药、宁波美食、浙东学术、宁波帮等名片,讲好宁波故事,发展与海上丝绸之路沿线国家的交流合作,打造对外交流品牌,构建国际化文化网络。

——对外文化输出重要港口。提升市场活力,抓住文化市场国际化和信息技术不断进步,参与国际化文化投资,扩大文化产品和服务在国际市场的份额与竞争力,促进港口经济圈经济与文化腹地的辐合。至十三五末,文化产品出口额达20亿美元。

**2. 建设导向**

2.1 以现代化、国际化的文化都市为目标指向

(1) 从文化城市转向文化都市。

文化都市是城市发展的更高阶段,突破在文化城市建设整体结构中,文化资源只是一个功能有限的部分,有时甚至只是一种点缀的局限。"东方文明之都"是当代性范畴,将文化作为城市发展的核心与关键所在,统筹改革、科技、文化三大动力,统筹生产、生活、生态三大布局,统筹政府、社会、市民三大主体,实现人口、资源、环境的和谐统一。增长、优化整个城市结构与功能,彰显总体性的精神和灵魂,实现城市管理向城市治理的伟大跨越。最终构筑起面向全球的以宁波都市文明为核心的"宁波都市圈"的新形态、新格局。

(2) 从区域传播转向全球传播。

"名城名都"是立足经济文化一体的国际化都市。"东方文明之都"建设立足宁波文化资源,放眼全球文明格局,指向宁波文化传播能力的提升,突破容量有限的传统文化交流体系,建立符合时代需要的新社会文化生态和新交流对话机制。大胆借鉴发达城市的成功经验,打破古今、中西、上层与草根等障碍,拓展文化资源的多样性,建构普适文化与特色文化相统一的双体结构,使一切人类文化遗产都成为其文化生产的对象。

2.2 以政府引导、社会参与为双轮驱动

(1) 政府力量是"东方文明之都"建设的推动力。

政府围绕文化事业顶层设计科学化,服务管理高效化,推进文化体制"软环境"建设。保护文化资源,加强物质投入,抓好"硬环境"建设。着重建设图书馆、博物馆、科技馆、文化馆等文化基地,扶持反映国家和区域文化特色的学术、艺术水平的精神产品,代表国家水平的文化艺术团队与学者。拓宽与沿海上丝绸之路各国,尤其是东亚诸国的交流路径,为建立"文化共同体"的长远目标作出贡献。

(2) 社会力量是"东方文明之都"建设的原动力。

整合社会资源,探索社会组织对人才引领、市场引领和平台引领的作用,切实

提高文明建设的社会化水平。以提升社会能力为支点,以市场机制为导向,培育、鼓励、支持和引导各类市场主体公平竞争,广泛参与文化建设,提供多样化的产品和服务。营造相对宽松的文化氛围,给予财政支持等,发挥广大市民的主动性、创造性,激发创新创业活力,推动大众创业、万众创新。培育引导人们的消费心理和消费习惯,借助经济的改善来提升宁波市民的文化消费热度和需求量。

2.3 以文化服务、文化产业为根本抓手

(1) 构建现代化公共文化服务体系。

以社会主义核心价值观的精神引领与深层驱动,以保障人民群众基本文化权益、促进人的发展为根本,提高基本公共文化服务均等化水平,让人民群众共享文化发展成果,不断增强文化获得感和幸福感。促进文教等资源共享,切实提高全民素质。建立健全文化服务的多元供给机制,构建城乡一体、区域平衡的文化发展格局。以物化与非物化结合的双重设计,建构属于宁波的新的文化关系、文化模式。

(2) 推进文化产业创新发展。

以创新为主要发展动力,立足宁波历史文化基础,立足当下,变文化资源为现实文化生产力,特别是形成高附加值的先进文化生产力。发展文化旅游、文化休闲、文化时尚、文化设计、文化服务、文化咨询等新兴业态,加强特色文化产业有序聚集,加快重点项目建设,努力创建各具特色的文化产业集群,推动经济文化一体化发展,发展服务型城市,从而推动经济转型升级。培育外向型文化企业,支持文化企业到境外开拓市场。

## 五、宁波建设"东方文明之都"主要路径的建议

**1. 实施增强都市文明内涵工程。**

立足宁波文化与中华文化、东亚文化及至全球文化的对话格局,结合宁波社会总体结构特征和社会经济发展目标再认识、再整合,开掘宁波文明资源时代意义,推动学习型、学术型城市形成,提升都市文明品格。重点推进:一是"东方文明"研究。建立浙东文化发展研究中心、浙学文献馆、宁波名人馆;举办阳明学术、浙东史学、宁波帮文化、禅宗文化等国际性论坛,推进以阳明心学为重心的浙东学术的当代化、国际化研究。以宁波文化为基础,推进东方价值的主体精神、审美意义研究,建立城市精神研究中心,促成人文精神向更高层次回归。二是宁波学研究。整合区域内高校及相关科研院所的研究力量,放眼世界城市学、文化学研究前沿,以"宁波学"研究推动"宁波现象"、宁波都市文化研究向深层次发展,揭示宁波作为海丝"活化石"在中国城市文明史上的典型意义,为城市发展提供理论支撑与经验总结。三是学术研究机构倍增计划。以 2025 中国智造试点示范城市为契

机,突出文化名家、文化产业人才科技人才的引进,汇聚国内外优秀学术资源,竭力推动形成若干著名高等院校、学术基地、科研机构,支持民间学术团体发展。在十三五末形成若干引以为豪的学术流派,在部分学科上的话语权,具有区域性乃至世界性影响的思想或著作,著名的艺术团体,及在全球范围内流行的艺术表演作品。

**2. 实施提升市民人文素养工程。**

"东方文明之都"建设依赖于都市市民意识的觉醒与观念的自觉,最终指向市民文化生活质量的提高,促进人们生命本质力量的全面发展。重点推进:一是现代市民精神建设。突显精神文明创建测评体系导向作用,着力用法规制度推动核心价值观的全民践行。不断研究、改进和创新市民素质教育的内容、形式、手段和机制,突出以法律意识、道德自律意识、现代科技意识、独立人格意识为主的现代素养培育。加快社会信用体系建设,建立全覆盖的社会信用体系。二是宁波文化普及。建立新证人书院、月湖书院等教育、交流平台,阐扬宁波文明中包含的世界主义精神、人文主义价值观等。出版高质量宁波文化教材,推动宁波文化进校园、进课堂、进社区、进机关,激发民众的主创精神。三是人文素质教育体系建设。制定精神文明建设规划,推动全民阅读,强化以文化人,塑造有文化品位、有高尚生活理念的宁波人。设立文化社团活动基金,深入实施"一人一艺"全民艺术普及工程,为文化艺术人才脱颖而出创造有利环境。发展读书类、艺术类等社团组织,建立宁波民乐团,提升宁波交响乐团、宁波画院、宁波作协等专业院团、组织作用。

**3. 建设"东方文明"特色展示工程。**

以艺术眼光和精品意识来规划城市、建设城市、经营城市,嵌入更加丰富的文化元素,构建具有海丝文化特色的东亚文化之都。重点推进:一是中心城区的文化复兴。充实"天一阁—月湖景区"内涵,建立以南宋博物馆、浙东学术博物馆、中国院士博物馆、王应麟纪念馆、全祖望纪念馆为中心的博物馆群。建立三江口港口大遗址公园,恢复和义路渔浦门、江厦街码头功能;完成甬江北岸工业文化带改建工程。宁波火车南站等城市客厅建立王阳明、黄宗羲等具有国际影响力地域文化名人形象。推进天童寺、阿育王寺等大丛林,月湖清真寺、庆安会馆等发展,阐扬东海人文魅力,彰显国际港口名城"活化石""圣地宁波"形象特色。二是"一核两翼、两带三湾"多节点网络化现代都市文化格局的完善。切实保护好、恢复好承载地方文化的各种古建筑、历史遗迹及传统城市环境,推动城市街区、园区、社区、校区、林区等各类生产、生活空间的人文化转向,增强生活体验与文化特征。建设甬江文化创意带、北仑国际港口生产景观带、中官路创业创新大街等重要平台,展现港口文化核心资源。推进特色文化小镇、文化产业园、国家级风景区等建设,建设河姆渡遗址公园,推进溪口民国文化、佛教文化开发,推动余慈人文圈、大四明人文山水圈、环都市文化圈、东部滨海文化圈的整合,构筑起宁波全域"东方文明之都"的新形态、新格局。三是推动传统艺术复兴。制定宁波传统手工艺振兴计划方案,培育一批非物质文化遗产生产性保护平台,培育一批传统工艺振兴项目。完善老字号认定机制,推进老字号创新发展。扶持曲艺、戏曲团体发展,戏曲人才培养,戏曲市场培育。促进适合修身、养心的茶道、花道、香道、园林等传统生活艺术复兴,使传统创作技巧和中国韵味成为宁波当代艺术崛起的重要基石。

**4. 实施城市文化外交战略**

推进城市外交,促进在思想、文化和教育等领域对外交流活动,实现资源共享、优势互补、合作共赢等目的。重点推进:一是融入国家"一带一路"发展战略。依托"一带一路"节点城市优势,主动承接国家重大文化战略任务,增强宁波文化的集聚与辐射能力。以海上丝绸之路为纽带,推进东亚合作交流,开展"青年大使计划""三国合作智库网络""三国外交官培训"等项目,力争2020年将三国人员交流规模提高至30万人次。推进中东欧文化中心建设。扩大友好城市数量。邀请国际文化组织和世界文化名城政府与机构到宁波举办活动。力争重大国际性组织落户宁波。二是完善城市文化外交框架。加快制定《宁波市对外文化交往项目指南》《宁波国际化政策推进大纲》,尽快成立宁波公共外交协会,吸引企业、非政府组织、文艺团体、普通民众等参与,充分利用海外宁波帮、外籍友人和"宁波荣誉市民"等人脉资源,共同建构城市文化外交的组织网络。推进中华文化促进会宁波分会工作,设立文化振兴会、国际文化交流基金,用于国际化推进项目的实施。设立宁波荣誉大使、形象代言人。鼓励社会团体、行业企业等开展生活化、常态化的民间国际交流活动。三是完善国际交流平台建设。打造以"一带一路"为主题的国际艺术节、博览会、艺术公园等国际交流合作平台,举办国际性品牌文化节展赛事、艺术品牌活动、旅游文化盛事节庆活动,组织园艺博览会、东亚运动会等大型事件,提升中东欧博览会、海外·宁波周等平台影响力,构建具有国际话语的宁波文化体系。打造国际旅游目的地,成为旅游、休闲、会务、体育和高端医疗的基地。推进中外合作办学。制定科学、技术、医学领域的会展引入特别的鼓励政策,对引入参加人数超过1000的国际会议提供赞助费。完善接待服务系统,包括专门的服务机构、信息服务系统、涉外饭店、外语人才以及相关的法律和政策。

**5. 实施文化产业提质扩量工程。**

以信息经济、科技创新为引领,以项目为抓手,以资本为纽带,以平台建设为根本,充分发挥文化及其产业的先行优势,打造"全国文化创意中心",建立创新型城市。重点推进:一是发展壮大文化市场主体。推动大众创业、万众创新,扶持专、精、特、新的小微文化企业。支持优秀文化企业在新三板、创业板、中小板、主板上市。推进国有文化企业跨地区、跨行业所有制兼并重组。依托"创新128产业园"、华侨城"欢乐海岸"、国家原创动漫游戏产业基地、宁波国家广告产业园、飞越时光演艺城、罗蒙环球城、象山影视城等园区基地,推动文化产业集群化发展。到2020年,争取规模以上企业超过1000家,做大做强100家中小文化企业,新增文化上市企业10家、省级文化产业示范基地3个、国家级文化产业示范园区1个,建立数个千亿文化产业群。二是宁波文化产业结构的战略性调整和优化。以"书香之城""音乐之城""影视之城"打造为重要抓手,发展壮大文化创意、高端影视、工艺美术、数字传媒、演艺娱乐、新闻出版、动漫游戏、海洋节庆、文博会展等新型文化业态。培育宁波音乐港品牌、优秀演艺经纪公司品牌、全国性领军企业动漫和网游品牌、艺术品经营品牌等,引进国际性传媒品牌。推动文化技术与应用平台开发,大力建设数字媒体城市,加快文化产业对传统制造业的渗透影响。建设宁波文化港等20个以上文化产业发展功能区,打造全国智能经济发展先行示范区,努力在技术创新、产品创新、制造转型等方面走在全国前列。三是宁波文化传承再造工程。实施"宁波传统文化元素评估与提炼数据库"等重大工程,促进以传统文化为基本元素的产品开发和服务贸易。鼓励在文艺创作、影视生产、装帧设计等方面加入宁波传统文化元素与文化资源;借助互联网等科技手段和科技平台进行内容开发,使宁波传统文化的精髓与时尚文化、流行文化相结合。

**6. 提升现代文化市场体系发展战略**

面向国内国际两个市场、业态培育与品质提升两个同步,创新文化市场发展模式,建设具有国际元素、时代特征、宁波特征的现代化文化市场体系。重点推进:一是建立多层次文化产品和要素市场。建设以网络为载体的新兴文化产品市场,培育大众性文化消费市场。建设一批大型现代文化流通企业和若干国家级文化产品物流基地。发展文化产权、版权、人才、技术、信息等要素市场,办好重点文化产权交易所,建立健全文化资产评估体系和文化产权交易体系。加强各类文化行业协会等行业组织建设,健全行业规范,完善行业管理。二是文化产品出口。推进保税区、出口加工区、保税物流园区等海关特殊监管区域的资源整合,打造综合保税区,申请建立文化自由贸易试验区。鼓励文化企业通过各种形式走向世界,参与国际竞争与合作。围绕保险创新综合试验区和跨境电子商务综合试验区建设,发展海洋金融,成为国内企业"走出去"的资金支撑平台。对那些具有鲜明中华民族特色的优秀文化产品,给予专项支持与帮助,扩大其在国际上的影响力。三是培育和引导文化消费。办好东亚艺术节、亚洲艺术节、文化产业博览会等,促进文化消费扩大和升级,增强居民消费便利性,带动新产业、新业态发展。支持建设文化娱乐综合体,支持艺术街区、特色书店和小剧场等建设。打造惠民文化消费季,由直接补贴文化经营单位向补贴居民文化消费转变。提高对文化惠民卡加盟商户的扶持和绩效奖励水平,推动市场主体扩大优惠票、低价票、公益票范围。

拓展文化旅游、教育培训、体育健身等方面的消费信贷业务。

**7. 实施公共文化服务品质提升工程。**

坚持消费活动和公益活动相结合,把握"惠民"要求,注重社会效益,让广大群众充分享受文化改革发展成果。重点推进:一是完善都市文化设施体系。强化以月湖—三江口、东部新城、鄞州新区为中心的现代化、国际化的城市中央文化区建设。提升宁波文化广场、国际会展中心、宁波博物馆等高等级文化中心能级,建立共享共建机制,提升活力指数。着力培育次等级文化设施,建设宁波市当代艺术与城市规划馆、文学艺术中心、宁波文化馆新馆、宁波美术馆新馆,作为高等级文化设施的辅助。建成1200家以上村文化礼堂。集聚100家以上博物馆,200家以上非营利文化艺术机构,50家以上艺术展馆,200家以上设计服务商,10家以上图书杂志出版社和100家以上卡通制作室、电影制片工作室及摄影棚。根据"重心突出,组团特色,轴线贯连"的原则,串联起整体文化区域。二是提升公共文化服务效能。推动科技馆、工人文化宫以及青少年校外活动场所免费提供基本公共文化服务项目。提升重大文化节庆活动影响力,加强公共文化惠民工程、服务品牌建设,推动形成具有鲜明特色和社会影响力的服务项目。加大对跨部门、跨行业、跨地域公共文化资源的整合力度。加快实施重点文化惠民工程,进一步丰富基层文化资源。提高网络文化产品和服务供给能力,完善"文化云"建设,提供一站式数字文体服务,促进优秀传统文化瑰宝和当代文化精品网络传播。三是引导社会力量参与。推进文化类社会组织建设,联系和凝聚了一大批高层次、高素质的优秀文化人才,推进以各级党组织、各级政府、各类企事业单位和各种民间组织为主体的多元治理的格局。把一些公共文化活动项目委托给有专业资质的社会机构管理,建立全市统一的社会化、专业化、连锁式运行管理机构,推广公共文化设施社会化、专业化管理模式。发展地铁文化、商圈文化、集市文化、街头文化和创意文化,突出文化氛围。

**8. 实施都市生活品质提升工程。**

以人性化为原则,创造宜居环境,完善城市服务,提高生活质量,提升幸福指数。重点推进:一是城市双修。打造亚太国际门户、山海宜居名城,重点是建设智慧城市,完善基础设施。加快推进三江口核心区、东部新城核心区重点区块、新材料科技城建设,展现现代化国际港口城市核心区的景观风貌,打造现代都市文明承载新地标。推进中心城区"两心一轴、三江六岸"核心景观系统、六塘河沿岸绿道贯通整治工程建设,开展甬江、小浃江、月湖等水体生态修复,建设好东钱湖现代化湖泊休闲新城。按照居民出行"300米见绿、500米入园"的要求,因地制宜建设"家门口公园"和海绵绿地。系统推进地下空间开发利用,促进地下空间建设大型化、网络化、层次化、人性化发展。推进智慧城管、城镇生活废弃物收集循环利用、餐厨垃圾处理、老小区物业管理、绿色建筑等方面工作,推进"小微民生工程",提升品质城市管理水平。二是提升社会保障水平。缩减部门之间、行业之间、地区之间的收入差距;以产业转型发展提升就业水平。提高福利预算在市预算比例,持续向妇女、老年人、残疾人等提供就业岗位等活动,降低市民的居住费用和教育费用。建立儿童无安全问题城市、食品安全城市,提高公共交通服务质量和效率,优先发展公共交通。推进全市各区开展全国健康促进区建设,大力推动创建健康促进场所。三是社区文明建设。推进从"行政社区"到"公民社区"转变,形成政府管理与公民自治互动的新的城市民主治理体系。打造高品质国际化生活社区,开展"睦邻运动""社区传统文化月"活动等,创造多元兼容的文化追求和文化环境的良好氛围,增强中外居民文化认同,促进城市人口多元化。

**9. 建立都市圈一体化发展联动机制**

落实国务院《关于进一步推进长三角地区改革开放和经济社会发展的指导意见》,完善宁波、台州和舟山协同发展空间格局,建构以宁波为引领、大中小城市(镇)并举、具有地域差序化格局的城镇发展体系。重点推进:一是打造"一小时交通圈"。通过高速铁路、高速公路,基本实现宁波都市圈内"一小时交通"。协调都市区内部综合运输服务体系,推进都市圈内通勤一体化发展。在宁波都市区内部着力推进交通全域畅通,加快建设宁波至慈溪、象山、宁海城际铁路,形成宁波"县县通城际"的交通格局。二是都市圈人文交流。广泛开展都市圈内科教文卫、旅游体育等领域交流合作,鼓励丰富多样的民间文化交往,构建官民并举、多方参与的人文交流机制,有效增进城市间的亲近感与紧密性。组建甬舟海上旅游集团,有效整合两地海湾、海岛与岸上旅游资源,开展观光游、休闲游为一体的综合海上旅游服务。与长三角其他都市圈联手促进文化市场要素跨区域流动,鼓励文化集团跨区域经营。三是民生同城化。依托智慧城市建设,推进都市圈民生大数据联网工程,通过公共交通、基础教育、医疗服务、社会保障等方面的系统对接与数据共享,助推三地人才交流。依托宁波都市圈市(县)长联席会议设立环保委员会,建立与强化杭州湾、三门湾、浙东沿海等区域的生态环保合作与环境联合执法机制,探索通过生态补偿等市场化手段共建四明山、天台山等跨区域生态功能区。

**10. 实施政府服务能力提升工程。**

推动政府职能重心从经济建设向社会管理、公共服务转变,实现社会治理方式方法从"刚性"到"柔性"的转变。重点推进:一是完善治理体系。准确定位政府职责,注重发挥政府投入的引导作用,发挥市场配置资源的决定性作用。加大在教育、医疗等公共服务领域资金投入;完善政府购买公共服务制度,为基本公共服务均等化提供资金保障;规范管理、统筹安排、合理使用各类公共服务投入资金,完善公共服务投入运行和监管体系。争取更优惠的出入境政策,探索境外人员在华管理、国际性组织活动管理等涉外管理体制。探索城市文明建设的综合协调机制,推动文明建设合力共进。二是完善文化发展保障体系。创新开放政策与路径,制定相关优惠政策,为国内及海外知名文化企业公司、文化人进驻创造条件。推进行业协会组织发展,推动政府与社团合作。扩大文化产业扶持基金,设立原创剧目贡献奖、演出贡献奖、文化旅游贡献奖和展演参演奖等,扶持一批优秀的青年人才,实施文化精品创造工程,文化人才与艺术团体培育工程,推进文艺大师工作室效用发挥,实施网络文艺发展计划,繁荣艺术生产,壮大文艺甬军实力。加快建设"千人计划"产业园等人才发展平台,发掘一批具有开放智慧、开放品质、开放本领的国际化市场需求的人才,释放各类民营机构、团体、自由创业者的创造力。提升版权保护的执法和实施力度,创造良好法制环境。三是打造阳光政府。全面推进法治政府、廉洁城市的建设,进一步完善立法程序,完善法治制度体系,提高立法工作质量;完善惩治和预防腐败体系。完善政府服务绩效评价值指标体系,简化办事程序,优化行政流程,构建政府服务云模式,从机制、技术上提高办事和服务效率。

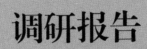

调研报告

# 从公共产品供给模式入手的社会治理创新

## ——深圳市龙岗区"社区民生大盆菜"的经验和启示

深圳市龙岗区从 2015 年年初开始,启动了"社区民生大盆菜"改革项目。其核心内涵,是把一部分社区层面的、小规模的公共产品和公共服务项目的选择权交给了居民自身,从过去的"政府配菜"变为"居民点菜"。项目实施一年多来,在提高基层公共产品和公共服务对居民需求的回应性、促进居民自治改进基层治理两大方面取得了明显的成效,是城市社会治理创新的一个有益探索。

## 一、基本情况

龙岗区是深圳市的后发城区,2005 年完成城市化改制,2010 年进入深圳特区的版图。由于历史原因,区内的基础设施及公共服务相对原"关内"城区还存在一定差距。近年来,龙岗区为改善这一状况增加了相关投入,取得了一定成效。但在此过程中也发现,一些民生实事项目与居民的需求之间存在一定程度的错位,居民的认同感不高。为了改变这一状况,在借鉴一些其他地区社会治理经验的基础上,龙岗区于 2015 年 2 月推出了"社区民生大盆菜"改革项目。其主要内容是,由区财政向每个社区提供项目资金(2015 年为每个社区 200 万元),项目内容则由社区居民自主决定。当地干部群众形象地将这种做法称之为"居民点菜做菜,政府买单"。之所以取名为"社区民生大盆菜",则是以当地习俗来体现项目创意:龙岗区是客家人聚居地,逢年过节有集聚相庆、共享"大盆菜"的习俗。一个大盆中各式菜肴叠放在一起炖煨,既有山珍海味,又有家常青菜,食者各取所好,可以最大限度满足众人的不同需求。借用这种乡土习俗的名称,也使项目内涵更易于被居民所理解,有利于动员居民的广泛参与。龙岗区政府希望通过实施"社区民生大盆菜"项目,对居民迫切需要、普遍关注的社区层面的民生实事,进行系统化、规范化、常态化办理,并以实现社区居民"我的实事我做主"的方式,培育和提升社区自治能力,探索完善社区自治共治机制。

为推进项目的顺利开展,龙岗区于项目启动伊始就制订了《龙岗区"社区民生大盆菜"改革项目管理暂行办法》,对项目进行了整体的制度设计。其中的一些要

点如下:

项目征集:由社区居委会牵头,以社区和谐共建促进会为平台,以多种途径公开向居民进行项目的征集。

项目范围:项目分为工程类、服务类和货物类三类。工程类项目主要推进小区文体设施完善、社区公园绿化美化、老旧小区环境整治、小区便民设施和公共设施维护提升;服务类项目包括社区文体活动组织、各类技能培训等;货物类项目包括社区公共设备和产品的采购等。

项目确定程序:首先由社区和谐共建促进会对社区居委会收集的项目进行讨论票决,确定为本社区"大盆菜"初选项目。在此基础上,各街道办组织"两代表一委员"、社区居民代表和专家对各社区初选项目进行论证评审,明确本街道"大盆菜"备选项目并上报区民政局。最后,区"大盆菜"项目专责小组定期召开会议,研究确定区民政局汇总的各街道"大盆菜"实施项目。

项目公示要求:所有项目坚持"四公开",即征集公开、确定公开、实施公开和效果公开。项目公示由社区居委会负责组织实施,公示内容包括经区"大盆菜"项目专责小组研究决定的项目名称、项目内容、项目资金、实施主体、进度安排、实施中的进度情况、实施后的资金使用情况、实施效果和群众评议等。另外,经审核未能通过的项目也要以公示的方式充分说明理由,以取得居民的理解。公示的方法采用社区居务公开栏、楼栋宣传栏、电子广告宣传栏以及社区家园网等载体,公示时间为两周。

项目资金管理:项目资金列入区财政年度预算,并专门制订了专项经费管理实施细则作为管理依据。根据该实施细则,项目经费审核及拨付程序如下:社区居委会申报→街道办事处汇总→区民政局审核→区"大盆菜"项目专责小组研究决定→区财政局在15个工作日内拨付资金到街道办事处。各类项目的资金额度为:工程类项目单项资金一般不超过50万元,服务类项目单项资金一般不超过20万元,货物类项目一般不超过3万元。另外,对于征集到的确属社区迫切需要、且工程量和所需资金额较大的项目,将纳入区政府民生实事项目统筹解决。

项目评议:由街道办采取两种方式组织实施。一是公开测评。项目完成后,街道办组织"两代表一委员"、社区党员、居民代表、业主委员会成员以及有关项目专家,对项目实施情况进行满意度测评,并将测评结果向社会公开。二是项目评优。采取居民评议、专家评议等方式,开展"优秀项目提议""优秀项目"评选活动,对居民提议、项目完成情况进行评选,评出"好提议""好项目",并通过媒体进行宣传。

截至2015年年底的近一年时间里,龙岗区共分四批确定了3211个"大盆菜"项目,经费总额达到4.17亿元。项目中工程类1405个,占44%;服务类1094个,占34%;货物类712个,占22%。工程类项目主要包括小区内的道路修缮、文体广场建设或维修、绿化种植等;服务类项目主要包括举办教育培训活动、文体活动及青少年、老年人活动;货物类项目主要是采购文化用品和便民利民设备。

## 二、"社区民生大盆菜"的社会治理创新意义

"社区民生大盆菜"最核心的内涵,是把一部分社区层面的、小规模的公共产品和公共服务项目的选择权,交给了公共产品和公共服务的需求者——居民自身,从过去的"政府配菜"变为"居民点菜",这是基层公共服务供给模式的一个重要创新。也就是说,以往几乎所有的公共产品和公共服务项目都是由政府自上而下地决策和实施,居民只能被动地接受;而通过"我的实事我做主"的供给决策模式创新,使基层公共产品和公共服务的供给更好地实现了需求导向,居民日常感受到的一些看似不大但却给生活带来不便和困扰的事情陆续得到解决。由于"社区民生大盆菜"项目在"我的实事我做主"的决策机制导向之下,其所指向的基本上都是居民迫切希望解决的急事、难事,这既是对习近平总书记在中央全面深化改革领导小组第十次会议上提出的"让人民群众有更多获得感"改革大方向的贯彻落实,也是以补民生短板的方式,契合了近期中央大力提倡的供给侧结构性改革的方向。

从社会治理的视角看,"社区民生大盆菜"项目的实施,反映的是政府治理理念的转变,符合党的十八届三中全会《决定》提出的"推进国家治理体系和治理能力现代化"全面深化改革总目标的要求。在过去那种单纯强调政府管理的思维之下,政府是唯一的社会管理主体,社会事务的管理是一元化的、自上而下的、单向度的,即使是最为贴近居民日常生活的基层公共服务,居民也只能被动地接受政府决策的结果。十八届三中全会《决定》提出:实现政府治理和社会自我调节、居民自治良性互动;促进群众在城乡社区治理、基层公共服务和公益事业中实现自我管理、自我服务、自我教育、自我监督。这些要求突出了人民群众在社会治理中的主体作用,坚持了社会治理为了人民、依靠人民、成果由人民共享的新型治理观,是执政党顺应时代发展潮流、在社会治理理念方面的重大创新。深圳市龙岗区"社区民生大盆菜"的核心内涵就是在基层公共服务领域实现了从"政府配菜"到"居民点菜"的转变,无疑是践行执政党社会治理理念创新的实践探索,值得充分肯定。

另外值得特别强调的是,这种"我的实事我做主"的公众参与实践,对于培育社区居民的自治理念和自治能力,有着十分重要的积极作用。毋庸讳言,由于过去较长时期内社会领域高度一元化管控的影响,也由于公权力缺乏有效的监督和制约,公权力过度扩张,侵入了许多本来属于应由私权利相互之间进行协商来调

整的领域，导致我国目前社区与居民自治发育严重不足，理念与能力的基础都非常薄弱。这是我国社会转型期社会治理领域存在的突出问题之一。以前些年屡屡成为社会热点的"城管"问题为例，很多属于城市管理综合行政执法部门执法范围内的事项，如社区周边的占道经营、社区内部的私搭乱建、乱倒垃圾、邻里之间的噪声污染等问题，原本都是可以通过社区自治、居民民主协商和自主管理加以解决的。但由于社区自治能力的孱弱，不得不求助于公权力的广泛介入。这一方面造成城市管理综合行政执法部门的职责范围过宽、官民矛盾扩大化，另一方面反过来更进一步挤压了居民自治的空间，导致社区和居民自治的更加难以发育。十八届三中全会《决定》指出，改进社会治理方式，要"鼓励和支持社会各方面参与，实现政府治理和社会自我调节、居民自治良性互动"。但现阶段我国居民自治的意识和能力都还比较薄弱，需要一定的引导和培育。深圳市龙岗区的"社区民生大盆菜"由于是最为贴近居民的基层公共产品和公共服务项目，与居民的切身利益密切相关，因此最容易唤起居民的参与热情和自治意识。而通过项目实施过程中的议事、投票、监督等环节，对于居民参与公共生活的意识和能力都是很好的"干中学"的培养，能够为居民自治的未来发展打下良好的基础。

## 三、结束语

社会治理的内涵，除去社会公共服务的提供之外，还包括社会秩序的维护、社会利益关系的协调、社会公益活动的组织等方面的内容。深圳市龙岗区的"社区民生大盆菜"属于运用新的治理理念在社会公共服务提供方面的探索。近年来很多地方都在社会治理层面根据当地实际进行了多种多样的探索，创造出了丰富多彩的实践案例，不同地方之间的相互借鉴、取长补短将是大有裨益的。相信通过各地方社会治理创新实践的总结和交流，我国地方政府在社会治理创新领域的探索能够在深度和广度两个维度取得持续性的进展，在更广的领域、以更多的途径向居民"还权"和"赋能"，朝着十八届三中全会《决定》提出的"增强社会发展活力，提高社会治理水平"的目标开拓奋进。

# 农业转移人口市民化成本测算及分担机制研究

## ——以山东省淄博市为例

## 一、相关概念与背景

近三十多年来,伴随经济增长,大量农村人口进入城镇务工经商,使我国城镇化水平有了明显提升。但是,我国城乡人口管理体制的改革明显滞后,城乡二元化的户口制度使进城农民工及其家属未能同步实现身份转型,使以常住人口衡量的城镇化水平明显虚高,被学界称之为"半城市化"。[①] 为此,不少学者呼吁要推进城镇化进程中进城农民工的市民化,使他们逐渐融入城市社会。

为进一步缩小城乡差距,实现社会和谐发展,党的十八大报告指出:"加快改革户籍制度,有序推进农业转移人口市民化,努力实现城镇基本公共服务常住人口全覆盖。"也就是说,把城镇基本公共服务覆盖到农业转移人口是当前推进市民化的重点,以便使进城农民工共享发展的成果。

从公共财政视角来看,农业转移人口市民化的过程就是基本公共服务均等化的过程,而每一项公共服务的提供都包含着巨大的资金需求,离不开财政的投入。[②] 因此,对农业转移人口市民化的成本进行合理测定具有重要的现实意义。首先,对市民化成本进行测算,能够为财政预算编制与支出提供依据,推动财政转移支付同农业转移人口市民化挂钩,形成成本分担机制;第二,对成本进行核算,可以有的放矢地对相关成本进行控制,并使地方政府可以更客观地对待市民化带来的成本负担问题。

## 二、现有研究成果与评述

实现进城农民工的市民化需要支付高额的"转化成本",即通常所说的市民化成本。2000年以来,众多学者以及由国家相关机构和研究部门对全国层面和地方

---

[①] 王春光:《农村流动人口的"半城市化"问题研究》,《社会学研究》2006年第5期。
[②] 陆成林:《新型城镇化过程中农民工市民化成本测算》,《财经问题研究》2014年第7期。

层面的农民工市民化成本进行了测算。已有的研究成果主要可以分为三类:一是主要从个人成本角度研究农民工市民化的成本。陈广桂认为农民工市民化的私人成本包括城镇生活成本、住房成本、智力投入成本、自我保障成本。① 二是主要从公共成本角度研究农民工市民化的成本。建设部调研组(2006)、国务院发展研究中心课题组(2011)、申兵(2012)等着重研究了农民工市民化过程中政府投入的公共成本,包括为接纳新市民化人口而投入的基础设施建设成本、公共服务成本、社会保障成本、保障性住房成本、城市管理成本、农民工随迁子女教育成本等。三是综合性的视角,即将公共成本、个人成本甚至企业成本统筹起来考虑,该类研究是目前的主流。如中国科学院可持续发展战略研究院(2005)研究了农民工市民化过程中的个人支付成本和公共支付成本。张国胜(2008)等测算了农民工市民化过程中的公共发展成本和私人发展成本。而周小刚(2010)等也从各自角度对农民工市民化过程中的公共成本和私人成本进行了测量。此外王志燕(2015)等根据山东的情况,从城镇建设维护成本、公共服务管理成本、社会保障成本、保障房建设成本、生活成本、住房成本、社会保障成本等方面计算市民化成本,他们认为山东市民化的公共成本为15.07万元/人,个人成本为2.37万元/年+12.43万元。

从已有的文献看,目前有关农民工市民化成本的研究虽已取得了一定的成果,但仍存在需要进一步改善的地方:一是关于农民工市民化成本的概念与内涵的认识缺少共识,造成测算方法和项目构成差异明显,从而使测算结果大相径庭。二是对公共服务成本的计算或项目缺失或重复计量,缺乏系统性,即便是测算同一项目,也存在口径不同的问题,如"社会保障"这一项内容,张国胜计量的是当地人均社会保障支出,而国务院发展研究中心的社会保障是指政府对于社会保障的补助支出,重庆方案中的养老、医疗则是指社会保险体系下由企业、个人缴费形成的养老保险和医疗保险,口径差别之大导致研究结果缺乏可比性。三是对城市基础设施建设和运营管理成本的计量存在高估成分。四是市民化成本如何分摊的问题。

## 三、测算范围及数据来源

宁越敏认为,中国的城镇化是政府、企业和个人三个行为主体互相作用的结果,其中由于改革放权,中央政府和各级地方政府在经济和社会发展中各自承担不同的作用,而人口城镇化的主体则是进城农民工。② 据此,三个行为主体在推进

---

① 陈广桂:《房价、农民市民化成本与我国城市化》,《中国农村经济》2004年第3期。
② 宁越敏:《中国城市化特点、问题及治理》,《南京社会科学》2012年第10期。

市民化中将承担相应的成本。本文测算的市民化成本参考了《国家基本公共服务体系"十二五"规划》以及其他学者的测算成果,从政府公共成本、个人成本、企业成本三个角度进行(图1)。

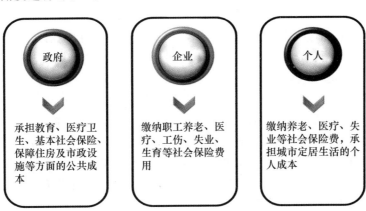

图1　政府、企业、个人分担的市民化成本

具体而言,政府成本主要表现为政府为市民化的农民工(即新市民)提供各项公共服务、社会保障、新扩建基础设施等而需增加的财政支出。企业方面,根据国家新劳动合同法规定,企业必须为所聘员工提供必要的劳动条件、劳动保护、福利报酬,并依法为劳动者缴纳社会保险。也就是说,企业要生产运营,无论是聘用城镇户籍职工还是农民工,都应支付上述费用。因此,在农民工市民化过程中,企业成本主要表现在企业为外来农民工提供住宿和进行专业技术培训所需的额外支出以及缴纳养老、医疗、失业等社会保险费。个人成本主要指农民工个人及其家庭在城镇定居需要支付的高于若仍在农村会发生的生活和发展费用,以及养老、医疗、失业、住房公积金等社会保险费用。①

本文以山东省淄博市市民化成本测算为例,数据来源包括《2015年淄博市社会经济发展统计公报》、《淄博市2015年财政预算执行报告》,淄博市、山东省有关养老保险以及医疗保险的相关标准规定,以及在淄博市调研期间从各相关部门获得的有关数据。

---

① 单菁菁:《农民工市民化的成本及其分担机制研究》,《学海》2015年第1期。

## 四、测算方法

### 1. 公共成本

#### 1.1 城市基础设施成本

良好、高效的城市市政公用设施不仅是城市生产和居民生活必不可少的物质条件,而且是社会稳定和经济繁荣的重要保证。农民工进入城市,日常生活中离不开各个方面的市政设施提供相应的服务,市政设施的建设维护规模大,资金需求也大,其投入可以说构成市民化成本的主要组成部分。市政基础设施成本主要指为容纳新增的市民化人口在给排水、电力、燃气、道路、交通、环卫等各类市政基础设施和公用设施的建设、维护方面所必须增加的资金投入。由于城市基础设施的成本不仅包括因人口增加新投入的部分,也包括城市基础设施运营维护和更新改造所耗费的成本。按照新增基础设施投资与更新改造投资 1∶0.5 比例关系,测算市民化的公共基础设施成本为:

人均城市基础设施成本=城市基础设施投资×1.5/城镇人口

2015 年淄博市全年市政公用基础设施完成投资 30 亿元,城镇人口为 265.24 万人,则转移一名农业人口的城市基础设施成本为 1696 元/人。

#### 1.2 住房保障成本

居住保障是农民工市民化实现的重要条件,由于农民工收入水平较低,有必要为其中的低收入者提供必要的保障性住房。保障性住房是指政府专门为中低收入家庭建设的具有社会保障性质的特殊住房,主要包括廉租房、公租房、经济租赁房、经济适用房和限价房,其房源主要通过新建、改建、收购和长期租赁等方式筹集,其中廉租房、公租房、经济租赁房一般采取政府投资,或由政府提供政策支持、社会力量投资、政府回购或租赁等方式建设。因此,保障性住房成本,主要指政府为把市民化人口纳入城镇住房保障体系所需增加的资金投入。

根据《关于推进公共租赁住房和廉租住房并轨的实施意见》和《山东省保障性住房十二五规划》文件,到 2015 年全省保障性住房供给以公共租赁住房为主,并全面取消户籍限制,实现同城待遇,全省保障性住房覆盖率达 20%。一般来说,保障性住房面积控制在 50 平方米以内,人均住房保障面积在 15—20 平方米左右。若按标准的 3 口之家计算,人均保障住房的公共成本为:

住房保障成本=单套保障性住房建造价/3

2015 年淄博市住房保障建设支出为 58913 万元,共竣工各类保障性住房 7652 套,单套住房的建设成本约为 7.6 万元,按三口之家计算,保障住房的建设成本为 25333 元/人。

### 1.3 社会保障成本

社会保障成本是农业转移人口市民化后享有城镇的基本养老、医疗、失业、工伤、生育等社会保险而需投入的资金。所计算的公共社会保障成本主要包括养老保险和医疗保险两个方面。政府对于流动人口社会保障的支出集中在这两个方面,失业保险和工伤保险支出主要由企业和流动人口个人承担。由此,社会保障成本的公共财政承担部分可分为养老保障成本和医疗保障成本。

(1) 养老保险

我国的养老保险主要分为城镇职工基本养老保险、城乡居民社会养老保险和"新农合"三种。2013年10月1日,新农保与城居保两项制度合并为居民基本养老保险制度。倘若流动人口参加城镇职工基本养老保险,则当前政府并不需要付出成本,反而还可以增加社会统筹部分的基金。但由于大量普通流动人口多从事非正规就业,因而参与职工基本养老保险的很少,大多参加城镇居民社会养老保险。在此假设,有20%的流动人口加入职工基本养老保险,80%加入居民社会养老保险。

2013年颁布的《淄博市人民政府关于建立居民基本养老保险制度的实施意见》明确,除每月65元的基础养老金补贴外,政府对参保人缴费给予适当补贴:缴费100元的补贴30元,缴费300元的补贴40元,缴费500元的补贴50元,缴费600元的补贴60元,缴费800元的补贴70元,缴费1000元的补贴80元,缴费1500元的补贴100元,缴费2000元的补贴110元,缴费2500元的补贴120元,缴费3000元的补贴130元,缴费4000元的补贴140元,缴费5000元的补贴150元。其中,100元档次只适用于重度残疾人等缴费困难群体的最低选择。2015年淄博市将居民基本养老保险基础养老金最低标准提高至每人每月85元。

这样,政府对于居民养老保险的基础养老金部分,每人补助为1020元/年;对于个人缴费补助部分,按照年缴费500元的标准,政府需对每人补助50元/年。因此,每名农业转移人口的补贴费用总计为1070元/人/年。

(2) 医疗保险

医疗保险同样分为城镇职工医疗保险和城镇居民医疗保险。参加城镇企业职工医疗保险的流动人口,通常由单位和个人按照工资的8%比例缴纳保险基金,政府没有补助,因此这部分不需增加成本。

参与居民基本医疗保险的农业转移人口,按山东省财政厅标准,2015年山东居民基本医疗保险参保居民政府补助标准提高到不低于360元。省财政对济南、淄博、东营、烟台、威海5市参保居民的补助标准为每人每年108元,对潍坊、济宁、泰安、日照、莱芜5市参保居民的补助标准为每人每年162元,对枣庄、临沂、德州、聊城、滨州、菏泽6市参保居民的补助标准为每人每年252元。省级财政补助后的差额部分,由市、县级财政补足。2016年6月,财政厅将2016年居民基本医保人均政府补助标准提高到420元。若省政府对各市的补助标准未变,则淄博市对每名农业转移人口的最低补贴为312元/人/年。

1.4 教育成本

农业转移人口市民化的教育成本是指农业转移人口及其随迁子女获得同城市居民同等的教育水平和教育环境所支付的成本。由此,教育成本可分为成人教育成本和随迁子女义务教育成本。

成人教育成本指的是农业转移人口获得与普通城镇居民相同的教育水平所需要的人均教育支出。由于目前我国农村人口的教育水平与普通城镇居民仍存在一定的差距,因此农民工的劳动技能与文化素质较低,在城市中的就业也相应受到歧视。因此,要实现农业转移人口市民化,首先必须对农业转移人口自身进行成人教育。所谓的成人教育包括学校教育与职业培训两个方面。

义务教育成本一方面指农业转移人口获得与城镇居民相等的义务教育服务所需增加的教育支出,主要取决于农业转移人口市民化后的带学生数和生均义务教育经费;另一方面,随迁子女的教育成本不仅包括经常性的教育支出,还包括政府为农民工子女提供教育新增的学校建设支出。学校建设成本使用生均校舍面积×单位造价测度。假设农民工子女中幼儿园、小学、初中的人数均分,根据《山东省幼儿园基本办园条件标准》,幼儿园(12个中班/360人)生均建筑面积13.99平方米/生;根据《山东省普通中小学基本办学条件标准(试行)》(以下简称《标准》),小学(30班1350人)生均建筑面积6.96平方米/生;初中(30班1500人)生均建筑面积9.47平方米/生。

综合考虑教育性支出和建设成本,总的教育成本为:

教育成本=人均教育经费+(13.99+6.96+9.47)×校舍单位面积造价/3

2015年淄博市人均教育经费为1926元。校舍单位面积造价和保障房采用同样标准,即1516元/平方米,则校园建设生均成本为15372元。农业转移人口市民化总的教育成本达到15372元/人+1926元/人/年。

1.5 医疗卫生服务成本

医疗卫生成本包括人均医疗卫生支出以及医院建设成本。人均医疗卫生支出包括各级政府用于城乡医疗卫生服务、医疗卫生管理、人口与计划生育、医疗救助等各项社会事业和公共服务的经费支出,医院建设成本按照每增加15万人新增一所医院的标准,一所医院的建筑面积最低按25000平方米计算(综合医院建设标准,2008),则人均医院建设成本=医院单位造价×面积/15万人。医疗卫生服务成本=人均医疗服务支出+医院单位造价×25000/150000。

2015年,淄博市人均医疗服务支出达到835元,医院单位面积造价和保障房采用同样标准,即1516元/平方米,医院建设的人均成本为253元,则医疗卫生服务的总成本为253元/人+835元/人/年。

**2. 个人成本**

1.1 生活成本

农业转移人口市民化的生活成本主要是指农民工自身及其家庭在城镇生活的日常消费支出,包括衣、食、住、行、文教、娱乐等消费支出(住房成本下面单独计算),再去除其在农村的支出费用。以2015年淄博市城镇居民和农村居民的年均生活消费支出差额作为农业转移人口市民化增加的年平均生活成本,为11748元/人/年。

1.2 居住成本

从现实情况看,虽然政府提供了一定的保障性住房,但大部分农业转移人口仍然通过商品住房市场自行租用住房。尤其是外来务工人员,由于淄博市保障性住房申请人需具有5年以上当地城市常住户口身份,因而大部分只能租赁商品住房或在城中村租用农民住宅。根据规定,保障性住房申请人家庭人均住房建筑面积需在15平方米以下。2015年度各区县、高新区、文昌湖旅游度假区住宅每月每平方米建筑面积市场租金标准为:张店区7.80元、淄川区5.50元、博山区5.10元、周村区5.10元、临淄区7.30元、桓台县7.10元、高青县7.15元、沂源县5.56元、高新区7.80元、文昌湖旅游度假区5.10元,全市均价约为6.3元/月/平方米。若市场租赁住房按照人均不低于15平方米的下限计算,则农业转移人口的住房成本约为1134元/人/年。

1.3 社会保险成本

根据国家规定,用人单位需为聘用职工缴纳五种保险,即基本养老保险、基本医疗保险、失业保险、工伤保险和生育保险。其中基本养老保险、基本医疗保险、失业保险的保费由企业和个人共同缴纳,工伤保险和生育保险则完全由企业承担。在个人需缴纳的保险中,基本养老保险、基本医疗保险和失业保险的缴费比例分别为个人工资的8%、2%和1%。此外职工还需最低缴纳5%的住房公积金比例,因而农业人口市民化的社会保障成本约达到个人工资总额的16%。

职工以本人上一年度月平均工资为缴费工资基数,本人工资一般是指本人上年度月平均工资。也有的地区以本人上月工资作为缴费工资基数。月平均工资按照国家统计局规定列入工资总额统计的项目计算,包括工资、奖金、津贴、补贴等收入。本人月平均工资低于当地职工月平均工资60%的,按当地职工月平均工资的60%缴费;超过当地职工月平均工资的300%的,按当地职工月平均工资300%缴费,超出部分不计入个人缴费工资基数。

由于农业转移人口的具体工资数量无法获得,本报告以淄博市人社局公布的

2014 年淄博市全市企业职工缴纳社会保险费基数 46564 元为基础,计算出农业转移人口市民化所需个人缴纳的基本养老保险、基本医疗保险、失业保险以及住房公积金费用为 46564×16％＝7450 元/人/年。

### 3. 企业成本

企业成本主要表现在企业为农业转移人口缴纳养老、医疗、失业、工伤、生育等社会保险费。企业为工人提供住宿多利用其现有经营场所、废弃厂房或简易房等,进行专业技术培训也大多通过与受训者订立劳动协议、约定服务期的方式予以报偿,所以该成本在很大程度上是企业自身的生产成本,而非完全是农民工市民化的成本。

原则上,用人单位需为聘用职工缴纳五种保险,即基本养老保险、基本医疗保险、失业保险、工伤保险和生育保险,以及住房公积金,缴纳比例分别为工资总额的 20％、8％、2％、1％、1％以及 5％(最低)。但实际的情况是,受经济下行压力影响,部分企业经营困难,利润下降,负担加重,不愿为农民工缴纳社会保险费。因而实现真正的市民化,需要企业将这一部分成本承担起来。

以淄博市人社局公布的 2014 年淄博市全市企业职工缴纳社会保险费基数 46564 元为基础,计算出农业转移人口市民化所需个人缴纳的基本养老保险、基本医疗保险、失业保险以及住房公积金费用为 46564×37％＝17229 元/人/年。

## 五、测算结果

根据以上测算方法,测算出政府、企业、个人三方平均为每个农业转移人口需承担的费用。测算结果共分两种方式表达,一种是一次性的成本,一种为年度成本(表 1)。

表 1　各项目成本理论结果

| 成本类型 | 成本构成 | 人均成本 | |
| --- | --- | --- | --- |
| | 具体项目 | 一次性成本 | 分年成本 |
| 公共成本 | 城市基础设施成本 | 1696 元/人 | — |
| | 住房保障成本 | 25333 元/人 | — |
| | 社会保障成本 | — | 1382 元/人/年 |
| | 教育成本 | 15372 元/人 | 1926 元/人/年 |
| | 医疗卫生服务成本 | 253 元/人 | 835 元/人/年 |
| | 总计 | 42654 元/人 | 4143 元/人/年 |

(续表)

| 成本类型 | 成本构成 | 人均成本 | |
|---|---|---|---|
| | 具体项目 | 一次性成本 | 分年成本 |
| 个人成本 | 生活成本 | — | 11748元/人/年 |
| | 居住成本 | — | 1134元/人/年 |
| | 社会保障成本 | — | 7450元/人/年 |
| | 总计 | — | 20332元/人/年 |
| 企业成本 | 社保成本 | — | 17229元/人/年 |
| | 总计 | — | 17229元/人/年 |

山东省经济工作会议提出，全省要推进"三个市民化"，即有序推进外来务工人员市民化、城中村和城边村原有居民市民化以及其他农村地区就地转移就业人口市民化。对于这三类人群，其在市民化过程中所付出的成本有一定差异，如原城中村居民，其已享受城市的基础设施，并多数已具有稳定就业，因而政府不需额外增加基础设施、医疗教育等额外支出。同时不同人群在社会保障的缴纳程度也有所不同，住房和就业状况亦有所不同，并不是上文所列的所有成本都会同时支出。因而，需要根据淄博情况对三类不同人群分类统计市民化成本，且应对表2中的理论值乘以一定的系数。

1. 城中村、城边村居民原本已生活在城镇中并享用城镇的基础设施，以及教育、医疗等服务，因而不需要政府额外承担这部分费用。根据淄博公安局的调查，城中村接近44%的人员已为正式非农就业，自由职业者约占17.5%，50%的居民已有完备的社会保障；在住房方面，已在外居住的约占30%，因而只需再解决70%的住房问题，这其中需要政府提供保障性住房的约13%。总体上该部分人市民化成本较低。

2. 对于本乡镇内就地转移的农业人口，多数人居住在自己家中，且已享用所在乡镇的教育、医疗资源，因而政府只额外增加少数镇区的市镇建设成本，政府、企业、个人主要承担保障性成本。其中根据公安局调查摸底情况估算，转移人口中约50%已有社会保障，56%为正式非农就业。

3. 而对于外来人口，则政府、企业、个人均应对其市民化承担相应成本，包括城市的建设、教育、医疗及社会保障相关成本。其中根据淄博公安局调查，约有30%的外来务工人员已缴纳社会保险，约40%需要自身租赁住房，且80%实现非农就业，自由职业的约占10%。详细测算分解如表2所示：

表 2 淄博市人口市民化成本详细测算分解表

| 成本分类 | 项目 | 城中村、城边村 覆盖人群 | 占比 | 农业就地转移人口 覆盖人群 | 占比 | 外来务工 覆盖人群 | 占比 |
|---|---|---|---|---|---|---|---|
| 公共成本 | 城市基础设施成本 | — | — | 所有人 | 100% | 所有人 | 100% |
| | 住房保障成本 | 无住房人员中部分提供保障房 | 70%(无住房人口比例)×13%(需提供保障性住房人口比例) | — | — | 无住房人员中部分需提供保障房 | 40%(无住房人口比例)×0%(需要提供保障房人口比例) |
| | 社会保障成本 | 未正式就业的基本社会保障补贴 | 50%(现无社保人口比例)×56%(非正式职工比例) | 未正式就业的基本社会保障补贴 | 50%(现无社保人口比例)×44%(非正式职工比例) | 未正式就业的基本社会保障补贴 | 70%(现无社保人口比例)×20%(非正式职工比例) |
| | 教育成本 | — | | | | 所有人 | 100% |
| | 医疗卫生服务成本 | | | | | 所有人 | 100% |
| 个人成本 | 生活成本 | | | | | 所有人 | 100% |
| | 居住成本 | 无住房人员中部分个人通过市场化解决 | 70%(现无住房人口比例)×87%(个人解决住房人口比例) | | | 无住房人员中部分个人通过市场化解决 | 40%(无住房人口比例)×100%(个人解决住房人口比例) |
| | 社会保障成本 | 新增正式就业的社保支出 | 50%(现无社保人口比例)×44%(正式职工比例) | 新增正式就业的社保支出 | 50%(现无社保人口比例)×56%(正式职工比例) | 新增正式就业的社保支出 | 70%(现无社保人口比例)×80%(正式职工比例) |
| 企业成本 | 社保成本 | 新增正式就业的社保支出 | 50%(现无社保人口比例)×44%(正式职工比例) | 新增正式就业的社保支出 | 50%(现无社保人口比例)×56%(正式职工比例) | 新增正式就业的社保支出 | 70%(现无社保人口比例)×80%(正式职工比例) |

按 5 年实现 27.5 万城中村、城边村居民市民化、18.5 万农业人口就地市民化、41.9 万城镇外来务工人员市民化计算,政府、企业、个人的成本如表 3、表 4 所示。应当指出,市民化成本中,个人和企业成本属于市场化的部分,而非市民化关注的核心成本,二者会根据实际情况自我调节,因而会有较大的弹性;而政府公共成本则是市民化成本的核心。对于人口市民化公共成本,其在规划期内每年增加的成本约占全年财政支出的约 7%,政府可以采用 PPP 等多种模式分摊到多年解决。

表 3　淄博市三类人成本测算分解表

| 构成成本分类 | 项目 | 城中村、城边村 覆盖人群（万人） | 城中村、城边村 成本（万元） | 农业就地转移人口 覆盖人群（万人） | 农业就地转移人口 成本（万元） | 外来务工 覆盖人群（万人） | 外来务工 成本（万元） |
|---|---|---|---|---|---|---|---|
| 公共成本 | 城市基础设施成本 | =27.5×0.3×0.7×0.13=0.75 | =0.75×21467 | 18.5 | =18.5×1696 | 41.9 | =41.9×1696 | 1334738 |
| 公共成本 | 住房保障成本 | — | — | — | — | =41.9×0.5×0.4=0 | 0 |
| 公共成本 | 社会保障成本 | =27.5×0.5×0.56=7.7 | =7.7×1382×5 | =18.5×0.5×0.44=4.1 | =4.1×1382×5 59307 | =41.9×0.7×0.2=5.87 | =5.87×1382×5 15372 |
| 公共成本 | 教育成本 | — | — | — | — | 41.9 | =41.9×1926×5 +41.9×253 |
| 公共成本 | 医疗卫生服务成本 | — | — | — | — | 41.9 | =41.9×835×5 +41.9×253 |
| 公共成本 | 生活成本 | — | — | — | — | 41.90 | =41.9×11748×5 |
| 个人成本 | 居住成本 | =27.5×0.3×0.7×0.87=5.1 | =5.1×1134×5 | — | — | =41.9×0.5×0.4×1=8.38 | =8.38×1134×5 193700 |
| 个人成本 | 社会保障成本 | =27.5×0.5×0.44=6.1 | =6.1×7450×5 | =18.5×0.5×0.56=5.2 | =5.2×7450×5 56142 | =41.9×0.7×0.8=23.46 | =23.46×7450×5 3382605 |
| 企业成本 | 社保成本 | =27.5×0.5×0.44=6.1 | =6.1×17229×5 | =18.5×0.5×0.56=5.2 | =5.2×17229×5 525484 | =41.9×0.7×0.8=23.46 | =23.46×17229×5 447954 | 2020961 |

表 4　三类人成本测算实际估算结果

| 三类人 | 政府 | 个人 | 企业 |
| --- | --- | --- | --- |
| 城中村、城边村 | 1.4 亿/年 | 5.1 亿/年 | 10.5 亿/年 |
| 农业就地转移人口 | 1.2 亿/年 | 3.9 亿/年 | 8.9 亿/年 |
| 外来务工 | 26.9 亿/年 | 67.7 亿/年 | 40.4 亿/年 |

## 六、市民化成本的分担机制

中国城镇化正处于快速推进阶段,预计到 2030 年中国城镇化率将达到 68%左右,这表明仍将有超过 2 亿的农村人口要转移到城镇就业。再加上原有存量,到 2030 年需要实现市民化的农业转移人口规模将达到近 4 亿。当前,中央已经明确提出到 2020 年实现全面建成小康社会的目标,争取基本实现基本公共服务均等化。面对较高的市民化社会总成本,政府、企业、个人三个城镇化过程中最重要的行为主体应当承担各自的责任:

**1. 政府**

王志燕认为政府应当成为人口市民化过程中成本分担的主要责任方。首先,就省级政府而言,由于类似山东省农业人口转移主要集中在省内,就地就近城镇化特征明显,省级政府应尽快完善人口市民化的配套政策,加强人口流动的监测与统计,完善财政转移支付制度,加大对农业转移人口流入地区的支持。在土地供给、基础设施建设以及基本公共服务方面,省政府应当对农业转移人口数量较多的城市予以一定的政策倾斜;同时在兼顾公平的基础上,对跨市转移的农业人口进行及时统计,从而对外市流入人口较多的城市进行适当财政奖励,从而鼓励其积极性。第二,地方政府既是农业转移人口市民化任务的主要实施者,也是由此带来的城镇化红利的主要受益者,因而其应当承担人口市民化的主要成本。一方面政府应当加强对城镇基础设施的建设与维护,从而提高城镇的承载力;另一方面地方政府应加大对农业转移人口在住房、医疗、养老、教育等方面的资金投入,确保实现基本公共服务的均等化。

应当指出,淄博市的人口流动中,来自本市内的占比较大,因而要处理好市政府与各区县分摊的关系。农民工市民化是一个涉及基础设施建设、公共服务供给、社会福利保障的系统工程,需要各级地方政府庞大的公共财政支出。因此,为了加快推进农民工市民化,亟需合理调整各级政府在农民工市民化中的支出责任。一是根据公共支出的外溢性优化市政府与各区县的分摊责任,市政府承担跨区县基础设施建设以及社会保险、教育医疗、住房保障等基本公共服务需要全市统筹部分,区县政府承担地方性公共事项。二是根据农业转移人口的跨区性优化各级地方政府的分摊责任,市政府重点解决来自市外的农业转移人口以及城中村、城边村居民市民化成本,区县政府重点解决就地农业转移人口市民化成本。三是建立健全与农业转移人口数量挂钩的财政奖励机制,建立农民工市民化专项补助资金,财政支持力度与土地指标分配适度向农业转移人口数量较多或潜力较大的区县倾斜。

### 2. 企业

企业是吸纳农业转移人口就业的载体,也应为市民化的推进承担相应的责任。除了按时按量支付工资、进行职业技能培训以及提供必要的居住条件外,企业对于市民化成本的分担主要在社会保障方面。企业需要严格按照国家法律规定,为农业转移人口办理"五险一金",及时足额缴纳相关保险费用,逐步提高农业转移人口参与城镇职工社会保险的比例。从用工企业来看,在原材料、劳动力、资金等投入成本上涨以及国内外市场需求乏力的情况下,企业利润率普遍较低。如果以按城镇职工标准为农民工缴纳"五险一金"的话,需要新增支出接近工资总额40%的费用,将大幅提升中小企业的社保成本。为了减轻企业负担,可以考虑为吸纳农业转移人口较多的行业降低缴费标准并免除部分收费,对吸纳农业转移人口较多的企业给予一定财政奖励和税收优惠。

### 3. 个人

农业转移人口是市民化过程中最大的受益者,因而也需要承担必要的成本。一是需要承担衣、食、住、行等在城镇中的生活、居住成本,以及子女的教育费用;二是要缴纳医疗、养老等社会保障费用中个人所需要承担的部分。从农民工和就地转移农民情况来看,其自身承担市民化个人成本的能力相对薄弱。以按城镇职工标准缴纳"五险一金"为例,仅此一项,农业转移人口需要支出的费用就接近工资总额的20%,因此对于低收入的农业转移人口,其在养老保险、医疗保险以及住房上应得到更大力度的补贴。

## 七、创新体制机制,充分发挥市场的调节作用

为更好地从制度层面保障农业转移人口市民化进程,中央2015年以来出台了一系列土地、财政政策。如2015年底,中共中央办公厅、国务院办公厅印发了《关于引导农村土地经营权有序流转发展农业适度规模经营的意见》,2016年8月《国务院关于实施支持农业转移人口市民化若干财政政策的通知》,以及2016年10月出台的《关于完善农村土地所有权承包权经营权分置办法的意见》等。

其中在财政方面,国家要求创新公共资源配置的体制机制,将持有居住证人口纳入义务教育、基本医疗、基本养老、就业服务等基本公共服务保障范围,使其逐步享受与当地户籍人口同等的基本公共服务。强化经济发达地区为农业转移

人口提供与当地户籍人口同等基本公共服务的职责;建立中央和省级财政农业转移人口市民化奖励机制,调动地方政府推动农业转移人口市民化的积极性,有序推动有能力在城镇稳定就业和生活的农业转移人口举家进城落户。依法维护进城落户农民在农村享有的既有权益,消除农民进城落户的后顾之忧。为进城落户农民在农村合法权益的流转创造条件,实现其权益的保值增值。在土地政策上强调坚持农村土地集体所有,实现所有权、承包权、经营权三权分置,引导土地经营权有序流转,坚持家庭经营的基础性地位,积极培育新型经营主体,发展多种形式的适度规模经营,巩固和完善农村基本经营制度。中央政府这些新的文件表明,充分发挥市场机制的调节作用,政府与市场的双向互动在农业转移人口市民化的过程中将发挥更大的作用。为此,可从以下三个方面入手:

第一,要多渠道筹集城市建设资金。通过发行地方政府债券等多种方式拓宽城市建设融资渠道。要推广政府和社会资本合作(PPP)模式,吸引社会资本参与城市基础设施建设和运营。按照市场配置资源和政府保障相结合的原则,鼓励农业转移人口通过市场购买或租赁住房,采取多种方式解决农业转移人口居住问题。上级财政在安排城市基础设施建设和运行维护、保障性住房等相关专项资金时,对吸纳农业转移人口较多的地区给予适当支持。

第二,提升进城农民支付市民化成本的能力。总体而言,进城农民普遍缺乏支付市民化成本的经济能力。① 要加快推进农村土地制度改革,建立农村集体建设经营性用地产权流转和增值收益分配机制,切实增强农民"带资进城"的能力。要通过健全农村产权流转交易市场,逐步建立进城落户农民在农村的相关权益退出机制,积极引导和支持进城落户农民依法自愿有偿转让相关权益,促进相关权益的实现和维护。要多渠道筹集资金,支持进城落户农民在城镇居住、创业、投资。

第三,解决农地流转后的长远后顾之忧。适度补贴土地流转农户,结合地租收益,建立全社会农民养老保险统筹制度。充分发挥农业保险对农业经营的保障作用,通过保险赔偿金的方式,优先补偿土地流转农户的租金收益,从整体上有效化解农民土地流转之后的社会保障缺位问题。

---

① 马晓河、涂圣伟、张义博:《推进新型城镇化要处理好四大关系》,《经济纵横》2014年第11期。

# 中国小城镇开发建设的现状与趋势

自建设小城镇计划列入国家"十五"发展规划、中央农村工作会议纲要以来，我国各地区在小城镇开发建设过程中，早已出现了一批具有示范作用的典型案例，也积累了一些经验、形成了一定的模式。比如，自2015年1月21日浙江省委省政府提出创建特色小镇战略一年多来，一个个各具特色的小镇如同漫天繁星散落在浙江大地上，成为加快产业转型升级的新载体，引发全国关注。而在落实中央"引导约1亿人在中西部地区就近城镇化"中，四川又走在了前列。2012年，四川开始启动"百镇建设行动"。3年来300个试点镇竞相发展，一批工业强镇、商贸重镇、旅游名镇脱颖而出，有力推动了农民工就地就近城镇化进程。[①] 可见，小城镇的开发建设是解决"三农"问题和实现农业现代化的一个重要途径，具有非常广泛的社会效应和经济效应。然而，小城镇开发建设毕竟是一个在理论与实践中的新鲜事物，其内涵、范畴、模式，甚至是现状、问题与趋势都出现了"剪不断，理还乱"的纠缠，鉴于其对中国和谐社会的建设及城市化进程的推进具有深刻影响，我们认为在当下首先应对这一系列问题展开梳理与探索，才能在后续的开发建设中有的放矢、对症下药。

## 一、中国小城镇开发建设的基本现状研究

"小城镇"虽是20世纪80年代经费孝通先生提出后，才成为城市研究者的研究重点，但作为我国实现农村现代化的必由之路，小城镇的开发建设自新中国成立以来一直是国家政策关注的重点问题之一。

**1. 小城镇开发建设的相关国家政策研究**

我国是世界上最早出现城市的文明古国之一。虽然因历史等原因，新中国成立初期，我国仅有132个城市，但经过了60多年的政策调整，我国的城市化发展政策也经历了一个较长的演化过程。

第一个五年计划期间，我国实施了工业化战略，同时实行以工业化为动力、以农业进步与发展为基础的城市化进程。这期间，国务院通过颁布《关于设置市建制镇的决定》明确了设镇的标准，并在《关于城乡划分标准的规定》中要求各级根

---

① 《四川：百镇建设行动 让"进城"农民爱上小城镇》，《四川日报》，2016年5月16日。

据有关标准对已有城镇进行逐一审查,调整取消了一批不够标准的乡镇。

"文革"期间,城市建设工作遭到严重冲击,1963年《关于调整市、镇建制,缩小城市和郊区的指示》明确了"市、镇是工商业和手工业的集中地",并规定了设镇标准,要求调整和压缩建制镇。实际上,"一五"后直至改革开放前的20年间,由于"左"的思潮占据了统治地位,对城市化政策的基本认识是避免资本主义城市化道路造成的城市病,从而采取以中、小城镇及工人镇为主,并在可能的条件下建设少数中等城市,没有特殊原因,不建设大城市的城市化战略。这一战略在实施中逐渐演变为城市规模方针使城乡关系长期失衡,农业长期停滞不前,城市发展缓慢,虽然工业发展速度很快,但整个经济发展效益很低。[①]

直到1979年9月,党的十一届四中全会通过《中共中央关于加快农业发展若干问题的决定》,要求有计划地发展小城镇建设和加强城市对农村的支援,明确提出发展小城镇的意义和基本思路之后才重新进入加速阶段。1980年12月,国务院在下发的《批转全国城市规划工作会议纪要》中提出要控制大城市规模、合理发展中等城市、积极发展小城市,依托小城镇发展经济,这标志着发展小城镇的战略地位得以明确。

继20世纪80年代乡镇企业迅速推动小城镇的形成之后,市场化动力在沿海开放城市(计划单列市)和大大小小的开发区强劲地拓展着自己的功能,造就了一个个新城区。以深圳、上海浦东等地区为代表的新城区建设开发了一个个城市新功能,吸引着劳动和资本等生产要素的大幅度进入,造就了高水平集聚的经济空间和高质量聚合的社会空间。[②] 与此同时,1984年国务院《关于农民进入集镇落户的通知》与民政部《关于调整建制镇标准的报告》则在政策上放宽了建制镇户籍管理限制,降低了建镇标准,确立了以乡建镇的新模式,有力地推动了小城镇的迅速发展。

1994年的中共中央农村工作会议提出"要促进乡镇企业的相对集中和连片发展,从而带动小城镇的发展"的明确任务,于是1994年9月,建设部、国家计委、国家体改委、国家科委、农业部、民政部等六部委联合发布《关于加强小城镇建设的若干意见》,这是我国第一个关于小城镇健康发展的指导性文件,是政府引导城镇化的开端。1995年4月,由国家体改委、建设部、公安部、国家计委等11家单位联合下发了《小城镇综合改革试点指导意见》,对小城镇综合改革的目标、原则、内容、组织实施作了具体说明,并确定了52个国家级试点小城镇进行小城镇综合改革试点。1998年,《中共中央关于农业和农村工作若干重大问题的决定》中又首次

---

[①] 王雅莉:《我国城市化战略的演变及政策趋势分析》,《城市》2008年第11期。
[②] 同上。

提出"小城镇,大战略"问题,确立了小城镇在我国城市化过程中的重要作用。密集出台的系列政策,直接导致1998年我国城市化率达到30.4%,年递增速度是改革开放前的3倍。

2000年,党中央国务院下发了《关于促进小城镇健康发展的若干意见》,指出在小城镇开发建设中存在的问题:一些地方缺乏长远、科学的规划,小城镇布局不合理;有些地方存在不顾客观条件和经济社会发展规律,盲目攀比、盲目扩张的倾向;多数小城镇基础设施不配套,影响城镇整体功能的发挥;小城镇自身管理体制不适应社会主义市场经济的要求。

2001年《国民经济和社会发展第十个五年计划纲要》首先提出要"有重点地发展小城镇",并明确了发展小城镇是推进我国城镇化的重要途径。随后在《国民经济和社会发展第十个五年计划城镇化发展重点专项规划》中又细化为"有重点地发展小城镇,积极发展中小城市,完善区域性中心城市功能,引导城镇密集区有序发展,走多样化的城镇化道路"等具体要求。自2000年下半年开始,国家对于农村劳动力转移的政策方向由上一个时期的"规范流动"向"公平流动"转变,因此,在此专项规划中也特别指出要"打破垄断和地区保护,除个别特大城市外,要改革城乡分割的就业制度,取消各地区针对农民和外来人口制定的限制性就业政策"。

2002年中共十六大又提出全面建设小康社会的奋斗目标,明确了"全面繁荣农村经济,加快城镇化进程"的工作任务,并给出"统筹城乡经济社会发展""逐步提高城镇化水平,坚持大中小城市和小城镇协调发展"等关于经济、户籍、空间布局、土地、管理等多方面的十条意见。而且,开始关注小城镇开发建设中的环境问题,对小城镇镇区规划、特色塑造、基础设施建设、环境保护及防灾减灾等方面进行详细指导。值得注意的是,本时期小城镇与城市、乡村的关系也发生了重大变化。在"十五"计划期间,特别是"十六大报告"和2004年"政府工作报告"等一系列中央正式文件中不再严格控制大城市的规模。[①] 直到2007年中共十七大报告中,则明确提出了要走中国特色城镇化道路,促进大中小城市和小城镇协调发展的思路。

2005年胡锦涛指出,按照循序渐进、节约土地、集约发展、合理布局的原则,努力形成资源节约、环境友好、经济高效、社会和谐的城镇发展新格局,这是对中国特色的城镇化道路的战略性指导。于是,2006年建设部和科技部颁布的《小城镇建设技术政策》作为这一战略的技术性指导,通过技术手段指导小城镇发展,强调小城镇本身的建设和可持续发展,其中,关于小城镇生态建设方面的政策值得特别关注。2011年,《住房城乡建设部关于绿色重点小城镇试点示范的实施意见》则

---

① 田颖、耿慧志、王琦:《小城镇政策的演变特征及发展态势》,《小城镇建设》2014年第10期。

明确提倡建立绿色重点小城镇,《绿色低碳重点小城镇建设评价指标(试行)》也对绿色小城镇给予了技术上的政策指引。

2008 年的《城乡规划法》比起原来的《城市规划法》新增了乡村规划,赋予镇政府规划管理权,规划编制思路从注重城市发展转变到注重城乡统筹发展,从关注中心城区编制内容转向兼顾城乡协调发展。城乡一体化发展正式被提上日程。2010 年与 2012 年的中央经济工作都明确了城镇化是"我国现代化建设的历史任务,也是扩大内需的最大潜力所在",因此,未来大中小城市和小城镇、城市群要科学布局,并要求"把有序推进农业转移人口市民化作为重要工作抓实抓好"。紧接着,到 2014 年,《关于进一步推进户籍制度改革的意见》全面放开建制镇和小城市落户限制,使城乡一体化进入新的阶段。城乡统筹及一体化成为我国新型小城镇发展的背景。在此之后乡融合成为全国城市化的大趋势,同时也是一种城市化从规模扩大到质量提升的决定性转变,而小城镇建设也逐渐从政策制订向实践试点发生转变。

**2. 小城镇开发建设的现状特征**

(1) 小城镇开发建设的时间特征

从历史演变的角度看,我国小城镇开发建设经历了"恢复与发展—调整与衰落—快速扩张—重视质量"四个历史阶段。(附图 1:中国主要年份建制镇数量①)

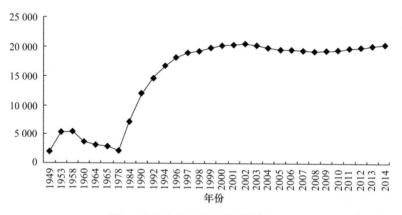

图 1　中国主要年份建制镇数量(个)

分别对应为:

第一阶段(1949—1957),由土地改革运动、社会主义生产关系的确立及农村

---

① 根据李树琮:《中国城市化与小城镇发展》(北京:中国财政经济出版社 2002 年版,第 97—101 页)、汤铭潭、宋劲松、刘仁根、李永浩编:《小城镇发展与规划概论》(北京:中国建筑工业出版社 2004 年版,第 6 页)相关内容及中国历年统计年鉴整理。

劳动力的解放所带来的城乡农业生产大发展大繁荣而开始的小城镇恢复建设与由衰转盛的阶段；

第二阶段(1958—1979)，一方面，计划经济体制、人民公社化运动等政策，提高了建镇条件，另一方面"大跃进"盲目吸收大量农业劳动力进城，带来工农业比例失调，城镇人口膨胀，供应紧张，于是国家不得不压缩城镇人口，减少城镇数量。"文革"期间，城镇建设日益凋零；

第三阶段(1979—2000)，随着农村改革开放政策的不断深入及建镇标准的调整，城乡之间的壁垒逐渐松动并被打破，由于推行了农村联产承包责任制，使农村经济得到了快速发展。特别是乡镇企业的发展，容纳了大批农村剩余劳动力，大大地促进了小城镇的繁荣，小城镇人口迅速增加。再加上我国政府自1979年以来把小城镇建设纳入了政府工作日程，提出积极发展小城镇的城市建设方针，进一步促进了小城镇的发展；

第四阶段(2001年至今)，在经历了快速增长之后，小城镇发展也出现了诸多问题，为此，国家出台《关于促进小城镇健康发展的若干意见》，就我国发展小城镇的重大战略意义必须坚持的指导原则等10个方面的重大问题提出了重要的指导性意见，因此，以江、浙、沪等沿海省市为代表的发达地区开始着手调整城镇布局上存在的问题。2000年以后，小城镇发展呈现出新的特征：一是由数量的扩张转向质量的提高，加大撤乡并镇等建设力度，逐步向提高小城镇质量发展；二是建设与管理并重，增大科技含量；三是以人为本，重视环境的净化、绿化与美化。

(2) 小城镇开发建设的空间特征

长期以来，由于经济发展水平东高西低，经济实力东强西弱，乡村产业化进程和乡村市场经济发展东快西慢，乡镇企业发展东多西少，我国小城镇发展存在明显的空间差异：从东到西小城镇建设水平和经济实力逐步递减，且差异明显。

(3) 小城镇开发建设的类型特征

由于自然、经济等条件的不同，小城镇常常具有多元特征，按功能来划分，可以分为综合型小城镇、作为社会实体的小城镇、作为经济实体的小城镇和作为物资流通实体的小城镇等，并可从偏重农业、工业、交通、科技、贸易、旅游等职能进行细分。从空间形态划分，可分为城乡一体、连片发展的"城镇密集区"形态和城乡界限分明，具有完整独立形态两种。按发展模式分为地方驱动型、城市辐射型、外贸推动型、外资促进型、科技带动型、交通推动型、产业集聚型等。[①]

---

[①] 汤铭潭、宋劲松、刘仁根、李永浩编：《小城镇发展与规划概论》，北京：中国建筑工业出版社2004年版，第15—20页。

### （4）小城镇开发建设的发展模式

目前比较受认可的三大主流模式：一是苏南模式，即以村或城镇的集体经济进行资金的原始累积，逐步发展壮大农村的工业经济，并借助农村经济体制改革的历史机遇，推动乡镇企业蓬勃发展，从而带动小城镇的建设和发展。二是温州模式，其典型特质主要是通过个体、家庭、联户企业等私营性质企业的迅速发展为小城镇的建设和发展积累资金。三是珠三角模式，这种模式的特点是发挥其临近香港的优势区位条件，通过发展外向型经济获得小城镇发展建设的资金。

根据有关专家的调研而形成的具有地域特征的发展模式主要有："民权模式"，其特点是"公司＋农户"式的农业产业化；"耿车模式"，主要特征是以小型工业为主发展家庭工副业；"侨乡模式"和"晋江模式"，主要是借助侨胞的投资兴办各种企业、成片开发工业小区，并进行集资经营、股份制经营；"孙耿模式"，即通过"以邻村换地，集整为零"等方式解决小城镇乡镇企业布局分散问题；"襄樊模式"，把乡镇企业和农村产业化相结合促进小城镇发展；"诸唐模式"，即分散开办企业；"大唐模式"，以市场为导向进行产业集聚；"南山类型"，即通过园区的建设带动区域经济的融合；"华明模式"，其核心内容概括为"以宅基地换房"，还有"园林式小城镇"发展模式等。

从我国小城镇发展现状看，目前已经得到广泛认可的小城镇发展模式有：苏南模式、温州模式、珠三角洲模式、股份型模式、聚资模式、襄樊模式、矿工集聚型模式、风景区旅游型模式和服务基地型模式等9大类。①

## 二、小城镇开发建设的主要问题研究

### 1. 小城镇开发建设中存在的问题

回顾我国小城镇建设的60多年，经过了快速增长之后，取得巨大成就的同时，也因为缺乏相应的政策引导和理论指导等历史原因，产生了一系列亟待解决的问题：

（1）小城镇土地政策有效供给不足

目前小城镇土地政策的问题有两个方面，一是土地增殖收益分配不合理；二是集体建设用地使用权流转政策缺失。土地产权不明晰，农民不能作为土地所有者参与土地市场交易，不仅难以从根本上保护农民利益和实现土地资源的合理配置，而且，低价获取土地的短期效率收益，必将带来巨大的社会资源扭曲和损失，以及越来越尖锐的社会冲突和风险。这背离了社会主义市场经济的发展方向，更不符合科学发展观与建设和谐社会的要求。因此，集体建设用地使用权流转制度

---

① 邵燕：《国内小城镇发展模式述评》，《江西青年职业学院学报》2014年第2期。

缺失是目前小城镇和农村土地政策中最突出的问题。①

(2) 小城镇开发建设过程中地方特色不明显,没有形成与区域的良性互动

我国有相当数量的小城镇的地方经济体系建设没有引起重视,造成小城镇职能分工不明确,产业结构趋同,缺乏各自的特色,盲目攀比、建设无序,重复建设和资源浪费严重。在建设方式上,相当数量的小城镇在建设上互相模仿,缺乏自身应有的个性与地方特色,小城镇的建设特色存在危机。在当前的小城镇建设中,多数城镇采用的是拆旧换新,推倒重来的政策。又由于小城镇建设管理者、设计者的水平所限,在小城镇的建设中,大量使用户型有限的标准图,使成片的没有特点的建筑拔地而起,导致地域区别和建筑文化多样性的消失,小城镇的风貌趋于雷同和走向平庸。小城镇居住环境也正恶化,清新淡雅的民居群落,多姿多彩的地域性建筑文化被"欧陆区"或"现代火柴盒"所替代,与环境自然协调、极富生活情趣的空间布局形态,尺度亲切宜人的街道小巷,被模仿大城市而建的宽大空旷的大街所代替,小城镇地方文化资源保存力度不够,地方文化功能弱化,小城镇文化在发展进程中开始迷失。

(3) 小城镇综合功能不强,对资金、人才的吸纳能力较弱

小城镇不能有效整合区域内部的优势资源和要素,城镇之间、城乡之间功能分工不明确;小城镇在节地、节能、节水和生态环境建设中存在明显差距,离形成资源节约型的生态城镇尚有很大距离;小城镇的公用设施网络不健全,人居环境不够优化;信息技术应用和其提供的综合服务效力和服务质量刚刚起步。

目前国家财政直接投向小城镇的很少。小城镇建设除了国家发改委的小城镇建设试点、交通和电信部门的"村村通"工程、水利部的改水工程、教育部的危舍改造等项目资金外没有其他资金来源,而且仅仅覆盖到一些点,尚未惠及到面。同时,小城镇人口规模不大,相对服务对象不多,从投资的角度看投资回报周期长,效益不佳,对投资商也缺乏吸引力。因此,小城镇获得的投入少,资金运作能力低,导致人口与产业集聚向小城镇集中的趋势并不明显,市场竞争力没有显著提高,小城镇在社会主义新农村建设中的作用没有得到充分发挥。

(4) 小城镇发展的产业动力不足,多元发展的动力格局尚未建立

随着我国经济环境的变化,乡镇企业发展的市场空间在缩小、发展机制的优势在减弱,发展的竞争力在下降。市场经济的进一步完善,交通和信息交流的改善,小城镇商业发展与大中城市的竞争更加激烈,市场的业态也发生转化,专业市场的建设面临的挑战更大。虽然大城市的辐射已经成为小城镇发展的动力之一,但大城市的辐射尚不能覆盖全部的小城镇,甚至可能出现大城市以更快捷的方式

---

① 袁中金:《中国小城镇发展战略研究》,华东师范大学 2006 年博士学位论文。

盘剥和巧取豪夺小城镇的资源、资金。

（5）小城镇发展地域差异巨大,因地制宜的发展战略和路径尚在探索

由于巨大的自然环境、文化、经济发展和工业化水平的差距,中国小城镇发展表现出巨大的地区差异。东部地区小城镇在改革开放以来,乡镇企业异军突起,经济出现了前所未有的发展局面,远远超出了中西部地区的水平。中西部地区绝大部分小城镇由于经济实力较弱,导致基础设施落后,小城镇的吸引力和辐射功能较差。相当一部分集镇,只不过是放大了的村庄而已,经济辐射力十分有限,与传统社会中的小城镇没有多大差别,只是用于交易的物品多了些而已,有的仍旧是"三日一集、六日一市"的交易中心。小城镇市场主体还相当弱小,市场设施也很落后,市场发育水平仍停留在集市层次上,市场带动商业、旅游、交通运输、邮电、金融服务等相关产业的能力差,是原始的集贸型的小城镇。

（6）小城镇开发建设过程中的规划编制问题

小城镇建设的目标从某种意义上说主要是指乡村生活方式的城市化。然而,在一定时空条件下的小城镇开发建设,又同时具有不可逆、不可复的特点,低起点（资金、技术、规划能力）搞起来的小城镇,最易产生环境污染、资源浪费和区域大规划脱钩或冲突对立等矛盾。① 因此在其规划编制工作上的问题往往会演变为小城镇建设成功与否的关键。在经济较发达地区的小城镇建设,一般都重视规划对小城镇建设的引领作用。然而在实际工作中,很多小城镇重中心镇规划,轻乡村规划,重规划编制,而轻规划实施,导致规划的编制与实施经常面临脱节的现象,出现建设和规划不符的情况,削弱了规划的严肃性和规范作用。

**2. 小城镇开发建设中主要问题的深层原因**

（1）城乡二元结构是主要原因

土地所有制存在二元结构即土地的国家所有制和集体所有制并存;行政建制上存在村镇管理的市、区、镇、村的分级管理体制,存在权力界定不清、职能交叉的问题,地方政府和有经济实力的基层单位,在分权的制度背景下,都有一种"扩大营盘""扩大政绩",通过城镇建设促进产业产值高速增长的冲动,而且很容易产生规模攀比和急功近利的弊病,从而出现各村镇以土地为资本进行分散的、低水平的建设。

（2）体制不健全、管理不科学

小城镇开发建设中的自发性与盲目性,抑制了小城镇的承载力、吸引力和辐射力,如严格的户籍制度、不合理的农村土地流转制度、滞后的社会保障制度、不

---

① 李骊明:《关于小城镇和大规划的思考—小城镇开发建设及其规划机制和理念问题》,《人文地理》1995 年第 3 期。

完善的税费和投融资制度等。又因缺乏区域的观念,小城镇的规划过程往往是领导说了算,限于个人的学识与能力问题,大部分规划缺乏与大中小城市之间以及所处区域依存关系的考量,造成小城镇在区域城镇体系结构中的地位和功能定位不准确,盲目投资项目,扩大建设用地规模,重复建设严重,起不了带动周围农村经济发展的辐射作用。

(3) 政府财力不足,基础设施资金投入比例低

镇政府的财政收入主要是由上级政府的税收返还构成的,自身收入很少,往往难以支撑各类基础设施建设的巨大费用。大部分乡镇企业规模较小,缺乏良好的还贷信誉,金融机构也不愿对其发放贷款,导致信贷资金难以在小城镇基础设施建设以及经济发展中发挥应有的作用。

(4) 小城镇开发建设模式不同于大城市,且东西部差异巨大

20世纪60年代,美国著名城市地理学家刘易斯·芒福德(Lewis Mumford)站在城市发展的立场指出:"城与乡,不能截然分开;城与乡,同等重要;城与乡,应当有机地结合在一起。对于城市与乡村哪一个更重要,应当说自然环境比人工环境更重要。"① 关于城乡关系,芒福德认为城市只是区域整体的一部分,城市与乡村天然一体。而作为"城之尾、乡之首"的小城镇更是"望得见山、看得见水、记得住乡愁"的主要载体,但是在中国城市化进程浪潮中,小城镇的开发建设模式却往往重蹈大城市"贪大、求全"的覆辙。由于产业结构、交通设施、政策支持、资金状况、对外开放程度等方面的不同,东西部地区的城市化出现断崖式发展的趋势,相对应的小城镇开发建设的模式也必然不同。而学界所总结研究出的诸多小城镇的发展模式相互之间却缺乏可比性,没有揭示出事物的普遍性,且缺乏与之相应的后续研究。

## 三、小城镇开发建设的发展趋势研究

### 1. 小城镇数量进一步减少

小城镇数量经历从增长到减少的演变过程,有其必然性。在经济发展水平不高,交通、通讯不发达,城市化总体水平很低的时候,大量的农村地区处于与城市文明相隔绝的状态,小城镇的规模和腹地普遍较小,小城镇发展的主要特点是数量增长。而当小城镇的数量增长到一定程度,农村地区被数量不断增多的小城镇"分割"完毕,都成了小城镇的腹地之后,小城镇的数量增长就会停止,小城镇发展的主要特点将变为规模的扩大和质量的提高。再进一步发展,小城镇的数量反而可能会减少,但发展空间则有所扩大。

---

① 康少邦、张宁编译:《城市社会学》,杭州:浙江人民出版社1986年6月版,第216页。

**2. 小城镇开发建设的目标更加注重质量和规模效益**

由近年来从中央到各地政府制定的各类小城镇发展政策的内容可以看出,政府正逐步推动地方特色小城镇建设,并重视小城镇发展的质量和规模效益,关注生态保护和环境治理,同时探索有效的管理模式。现阶段的重点建设目标是,建设具有地方特色、生态环境良好、强镇扩权的小城镇。①

**3. 国内外企业向小城镇转移的趋势开始出现**

交通基础设施的完善促使小城镇的区位优势形成,国内外产业转移向小城镇延伸。自1990年代后期开始,我国高速公路、铁路、港口、机场等交通枢纽点建设进入高峰期。一系列区域性基础设施的建设和完善,加快了一大批原本交通不便小城镇区位优势的迅速形成,一方面使得在一些交通枢纽点和区域性交通干道沿线崛起了一批新的小城镇,另一方面普遍提高了小城镇的交通通达能力,极大地促进了小城镇的发展。特别是21世纪以来,伴随着小城镇区位、基础设施等投资环境的完备,其相对较低的土地和劳动力成本吸引了大量外商进入小城镇投资建厂。同时,由于大中城市生产成本的增加与自身产业升级的需要,其一些传统产业或现代化项目也开始落户小城镇,投资和产业梯度转移开始向小城镇延伸。

**4. 出现大量颇具特色的块状经济和专业镇,小城镇特色产业逐步形成**

1990年代以来,核心城市金融、邮电通讯、物流等生产性服务业高速发展,为小城镇的加工制造业提供了信息、技术、资金乃至市场的支持。在与核心城市的互动发展中,小城镇的专门化生产分工不断深化,出现了以东南沿海浙、粤、闽、苏等省为代表的以特色产业为主导的小城镇,俗称"一镇一品""一村一品"的"集聚经济""块状经济"。在浙江,以"块状经济"为主要特征的专门化生产已成为当地产业的一大特色,一个或几个小城镇共同以一种产品为主导,分工合作,形成从原料到产品的完整生产链条,或者一个镇发展多种产业,与周边不同特色产业同时接轨,这种在一定区域内形成集聚的产业集群,提高了浙江小城镇和企业的产业竞争力。在珠三角的广东省,小城镇专业化特色同样鲜明,如东莞厚街镇的家具业、顺德陈村镇的花卉业等都达到了较大规模。② 而江苏的江宁开发区结合空港枢纽经济区、江苏软件园的资源禀赋,制定了空港枢纽小镇和吉山软件小镇规划建设实施意见,加快形成形态上"小而精"、产业上"特而强"、发展上"聚而合"的特色小镇。③

---

① 符礼建、罗宏翔:《论我国小城镇发展的特点和趋势》,《中国农村经济》2002年第11期。
② 吴康:《新中国60年来小城镇的发展历程与新态势》,《经济地理》2009年第10期。
③ 《江宁开发区两大特色小镇"扬帆起航"》,《江宁新闻》2016年6月3日第1版。

# 城市镜像

# 武汉和郑州算不算国家中心城市

## 一、国家城镇体系的制高点

国家中心城市,是2010年2月住房和城乡建设部在编制《全国城镇体系规划》时提出的,是指处于城镇体系最高位置的城镇层级。但这只是一个比较笼统的界定,至于怎样才算是"处于城镇体系最高位置",迄今并没有国家层面权威的定性和量化的评价指标体系。同时,由于这个概念本身的含金量太高,所以有一些争论、一些不同的理解和引起大家竞争是很正常的。关于武汉和郑州算不算国家中心城市,按照我个人的理解应该算是。这主要是参照我们已有的国家中心城市作出的判断。

## 二、各个国家中心城市的出场方式

在武汉和郑州之前,国家中心城市已经有了6个,包括4个直辖市、广州和成都。它们是分两批进入这个行列的。

一是2010年2月,住房和城乡建设部发布的《全国城镇体系规划纲要(2010—2020年)》明确提出建设五大(北京、天津、上海、广州、重庆)国家中心城市的规划。但文件同时对五大城市的功能又有所区分。具体内容是:

北京:着眼建设世界型大都市,强化首都功能,发展首都经济,建成国家创新型城市,提升国际化程度和国际影响力,联袂天津引领环渤海地区发展。

上海:优化提升经济功能,形成服务经济为主的产业结构,建成国际经济、金融、贸易、航运中心和国际大都市,联袂南京、杭州辐射带动长三角地区发展。

广州:增强高端要素集聚、科技创新、高端服务和综合服务等功能,强化综合性门户城市和区域文化教育中心的地位,联袂深圳、香港、澳门建成创新型国际大都市,推进珠三角地区现代化。

天津:提升国际港口城市、生态城市和北方经济中心功能,重点开发天津滨海新区,建设成为对外开放的重要门户、先进制造业和技术研发转化基地、北方国际航运中心和国际物流中心,协同北京辐射带动环渤海地区发展。

重庆:推进统筹城乡科学发展,强化主城核心区的综合服务功能,加快国际贸易大通道建设,发挥"两江新区"、西永综合保税区等物流集散功能,加速提升先进制造和综合服务水平。

要注意的是,文件在这五大国家中心城市前面都用了"建设"二字,也没有说"谁是建成的,谁是没有建成的"。这可能是因为究竟建到什么程度才能算是"国家中心城市",大家并没有统一的标准或共识。如果按照这个现状来说,就不能因为在武汉、郑州前面用了"建设"二字,就怀疑它们不是国家中心城市。

二是 2016 年 5 月 4 日,国家发改委网站公布了《成渝城市群发展规划》,首次明确提出成都要以建设国家中心城市为目标,增强成都西部地区重要的经济中心、科技中心、文创中心、对外交往中心和综合交通枢纽功能。到 2030 年,重庆、成都等国家中心城市的辐射带动作用将明显增强。成都连同第一批的 5 个,是目前公认的 6 个国家中心城市。

关于成都进入国家中心城市,我曾写文章解释过:按照目前国家中心城市的产生方式,可以说从"城镇体系规划"的"口子"出来的,是"明媒正娶"或"名正言顺"的。而成都的"出场方式",是在一个"城市群规划"中"夹带"出来的,有些不是很正规和正式。但也是可以理解的,这是我国一种特有的"任命"方式或"公告文化"。如同常见的一些干部任免,有些是经某某部门正式任命、宣布后上任,而有些则是"夹带"在相关的活动新闻中,但同样是合理合法的。成都成为国家中心城市的宣布,和后一种"任命"方式比较一致。

从这个角度看,武汉和郑州的国家中心城市命名,和成都进入国家中心城市的方式是很接近的,所不同的只是在一些措辞上。但这应该属于细节问题,无伤大雅。

## 三、武汉和郑州算不算国家中心城市

2016 年 12 月 14 日和 2017 年 1 月 22 日,国家发改委先后出台了《国家发展改革委关于支持武汉建设国家中心城市的复函》(发改规划[2016]2650 号)和《国家发展改革委关于支持郑州建设国家中心城市的复函》(发改规划[2017]154 号)。尽管落款的时间略有先后之别,但它们却同时见诸媒体和公众。这似乎可以理解为,这两者的地位不分伯仲,所以才一起和大家见面。

从形式和内容两方面看,这两个文件在行文上高度一致,同时主要内容也只有两段。

第一段是讲两个城市的基本情况和建设国家中心城市的效益或意义。其对武汉的描述是:"武汉市作为我国中部和长江中游地区唯一人口超千万、地区生产总值超万亿元的城市,区位优势突出,科教人才资源丰富,文化底蕴深厚,具备建设国家中心城市的基础条件。武汉建设国家中心城市,有利于增强辐射带动功能、支撑长江经济带发展,有利于激发改革创新动力,推动中西部地区供给侧结构性改革,有利于构筑内陆开放平台,纵深拓展国家开放总体格局。"其对郑州的描述是:一、郑州作为中原城市群核心城市,区位优势明显,腹地市场广阔,人力资源丰富,文化底蕴厚重。根据国家发改委 2016 年 12 月先后印发的《促进中部地区崛起"十三五"规划》和《中原城市群发展规划》有关要求,推进郑州建设国家中心城市,有利于增强综合服务功能、引领中原城市群发展和支撑中部地区崛起,有利于加快新旧动能转换、带动中部地区供给侧结构性改革,有利于打造内陆开放高地、积极服务和参与"一带一路"建设。

在其中,有两句很关键的话,一是武汉"具备建设国家中心城市的基础条件",二是"推进郑州建设国家中心城市"。细品一下,这两者的基本内涵也差不多,所以没有必要在建设国家中心城市这个话题上"厚此薄彼"。

第二段是讲怎么建设国家中心城市的指导意见和具体要求。其关于武汉的表述是:原则同意武汉建设国家中心城市。请你省按照《国家发展改革委关于支持武汉建设国家中心城市的指导意见》(附后),指导武汉市编制具体实施方案。武汉市要紧紧围绕建设国家中心城市的战略目标,加快推进相关工作,全面提升辐射带动能力和国际竞争力。我委将对武汉国家中心城市建设给予指导支持。其关于郑州的表述是:为加快推进郑州国家中心城市建设,更好发挥辐射带动作用,我们制定了《国家发展改革委关于支持郑州建设国家中心城市的指导意见》,现印送你们。请你省按照《意见》要求,指导郑州市编制具体实施方案。郑州市要紧紧围绕建设国家中心城市的战略目标,加快推进相关工作,全面提升经济发展水平和辐射带动功能。我委将对郑州国家中心城市建设给予指导支持。

其中最值得关注的内容有二:一是两个城市都有"国家发展改革委关于支持某某建设国家中心城市的指导意见"和"我委将对某某国家中心城市建设给予指导支持"。这等于把武汉、郑州正式列入了建设计划;二是对两市都提出"要紧紧围绕建设国家中心城市的战略目标,加快推进相关工作,全面提升辐射带动能力和国际竞争力"。这可看作是对武汉、郑州下达的目标任务书。

总之,无论是参照我国国家中心城市已有的出场方式,还是比较武汉、郑州和已有国家中心城市的建设内容和目标,都应该可以得出一个基本结论,即我国目前已有 8 个国家中心城市,分别是北京、上海、广州、天津、重庆、成都、武汉、郑州。

# 找准国家中心城市战略定位
# 全面提升城市的综合竞争力

加快建设郑州国家中心城市是重大国家战略。目前，按照国家对郑州的目标定位，郑州围绕加快建设国家中心城市，结合现实基础、比较优势和发展潜力，进一步深化提升，明确了建设国家中心城市的六个定位：国际综合枢纽、国际物流中心、国家重要的经济增长中心、国家极具活力的创新创业中心、国家内陆地区对外开放门户、华夏历史文明传承创新中心。郑州城市发展站在了一个新的历史起点，开启了新的征程。如何围绕国家中心城市建设推动郑州实现新的发展，如何围绕多点多极支撑发展，更好发挥国家中心城市作用是关系郑州未来发展的重大课题。借此机会，我简单谈几点看法，与大家交流。

## 一、加快建设郑州国家中心城市，首要的问题在于以更高的站位和视野找准战略定位

一个城市的发展定位决定其在较长历史时期内在一定区域、一个国家乃至世界范围内所处的位置，也是城市未来经济社会发展的逻辑起点。国家中心城市是居于国家战略要津、体现国家意志、肩负国家使命、引领区域发展、跻身国际竞争领域、代表国家形象的特大型都市。加快建设国家中心城市，是郑州和河南发展的需要，也是国家战略布局的需要。这在给郑州发展带来重大历史机遇的同时，也赋予了郑州引领河南发展、支撑中部崛起的重大历史使命。

跳出传统思维的窠臼，以更高的政治站位找准建设国家中心城市的战略定位，对于郑州乃至河南未来发展至关重要。加快建设国家中心城市，郑州原有的大都市的性质、功能和地位、作用，在世界视野、国家意志下已经发生了很大变化，需要坚持世界眼光、国际标准、中国特色、高点定位，以新发展理念为引领，审视、谋划和推动未来发展。要自觉把城市未来发展放在世界城市体系中去思考和谋划，自觉克服内陆思维和传统路径，跳出一时一地的狭隘视野和地方利益，避免就郑州谈郑州或者就经济谈经济。"只见树木，不见森林"抑或"见物不见人"。加快建设郑州国家中心城市，需要为"天下之中"赋予新的时代内涵和空间形态，充分展现出"天下之中"的大视野、大气魄、大格局、大手笔，也需要根据自身资源禀赋

做出最优的发展方略,避免由于顶层设计不理想,规划建设不到位,超前谋划不周密,落入国内外一些中心城市发展的窠臼。

## 二、加快建设郑州国家中心城市,主要途径在于全面提升城市综合竞争力

"城市竞争力是指一个城市在竞争和发展过程中与其他城市相比所具有的吸引、争夺、拥有、控制、运营和转化资源的能力;为其居民提供福利和创造美好生活环境,使居民生活水平提高的能力。"[①]它是一个综合的系统,由许多子系统和要素集聚组成,构成城市综合竞争力。一个城市的综合竞争力是一个城市整合自身经济资源、社会资源、环境资源与文化资源参与区域资源分配竞争及国际资源分配竞争的能力。从本质上说,城市综合竞争力是指城市吸引尖端生产要素和提高居民生活质量的能力。从国家中心城市应具备的发展特征和基本功能来看,城市综合竞争力既是入选国家中心城市的基础条件,又是加快建设国家中心城市的题中要义,可以视为直观衡量国家中心城市的一个重要的综合性指标。郑州跻身国家中心城市行列,就是近年来城市的综合竞争力持续攀升的结果。

但是,进入国家中心城市行列,并不意味着郑州已经是国家中心城市。与中央、省委赋予郑州的重大使命相比,与国家中心城市的内涵和所承担的功能相比,对标全国范围内其他10个国家中心城市,郑州在产业结构调整、城市承载功能、科技创新能力、人才队伍建设、生态环境保护等方面都存在严重的短板,差距明显。主观上看,郑州在全局定位、发展理念更新、国际化意识、现代化领导能力、创新性谋划推进工作等方面还亟待提升。这些短板和差距,从根本上说,就是郑州的城市综合竞争力还不够强。譬如,2017年6月,中国社会科学院与经济日报社共同发布的《中国城市竞争力报告No.15》显示,郑州、武汉、成都2016年城市综合经济竞争力指数、宜居竞争力指数、可持续竞争力指数排名分别为:武汉10、成都15、郑州18;武汉11、成都23、郑州53;武汉11、成都13、郑州27。

## 三、以解决突出问题为突破口和主抓手,全面提升郑州的城市综合竞争力

坚持以人民为中心的发展思想,加快建设全面体现新发展理念的郑州国家中心城市,需要以解决突出问题为突破口和主抓手,补齐短板、增创优势、软硬兼施、重在软件,推动郑州的城市综合竞争力全面提升。

---

① 李怀亮、任锦鸾、刘志强:《城市传媒形象与营销策略》,北京:中国传媒大学出版社2009年版,第241页。

首先,要始终坚持科技、教育、人才、生态优先发展战略。一方面,以创新驱动引领郑州国家中心城市建设,科技是关键,教育是基础,人才是核心。另一方面,推动工业文明与生态文明良性互动、融合发展,是郑州建设国家中心城市的内在要求。要把科技、教育、人才、生态放在加快建设郑州国家中心城市全局的核心位置优先发展,统筹布局,加大投入,改革创新,形成支撑郑州国家中心城市发展的科技教育新优势、人才集聚新优势、创新创造新优势、生态文明新优势。

其次,要着力提升与国家中心城市相适应的文化软实力。城市文化与城市精神是城市的灵魂和名片,是区别于其他城市最核心的软竞争力,更能体现城市对内的凝聚力和对外的影响力。要以高度的文化自觉和文化自信,强化中原文化特别是华夏历史文明和中原人文精神作为郑州发展的特殊禀赋优势,对郑州固有、特有的城市文化与城市精神进行系统梳理和深度挖掘,充分激发郑州地域文化的优秀基因,塑造体现文化传承、时代精神和郑州特色的城市文化与城市精神,提升与国家中心城市相适应的文化软实力。

第三,要积极推进郑州城市治理体系和治理能力现代化。如果说,国家治理体系和治理能力是一个国家制度和制度执行能力的集中体现,那么,城市的治理体系和治理能力则是城市现代化和国际化水平的集中呈现。要基于郑州国家中心城市的战略定位,积极推动城市管理向城市治理转型,努力争创城市治理体系和治理能力现代化先行区。要立足共建共治共享,加强依法治理、推进系统治理、提升智慧治理、强化精准治理,提高郑州城市治理科学化、系统化、精细化、智能化、法治化水平,让城市运营整体效率更高、让城市生活更美好、让城市市民更幸福。

# 郑州建设国家中心城市的理论探索与实践进程

国家中心城市不仅在观念上改变了中国城市的范畴体系和分类框架,也在中国的城市天空上绘出了一道更高更远更壮阔的新天际线,并在深层次上重构中国新型城镇化的基本思路和发展道路,不只是对改革开放以来很多城市辛勤跋涉、努力奋斗的认可和奖掖,更是一个城市遇到的重大历史转机,是关于一个城市未来的规模、层级、地位、形象和前景的制度安排。一个城市的地位和层级,不仅直接影响资源和人口的集聚,也决定着其经济生产方式和普通市民的精神面貌。①

国家明确支持郑州建设国家中心城市,是郑州发展历程中具有里程碑意义的大事,标志着郑州站在新的历史起点和征程,开始向全国乃至全球城市体系中更高层级迈进。郑州进入国家中心城市建设,是国家深刻把握全国发展大局、顺应区域发展规律科学决策的结果。郑州呈现出地位提升、优势扩大、稳中有进、蓄势崛起的良好态势,加快国家中心城市建设,既要遵循发展规律,借鉴先进经验,又要面对现实场景,走好建设国家中心城市的郑州路子,开创郑州发展的新格局。

## 一、国家中心城市演进的历史脉络

国家中心城市处于金字塔型国家城镇等级体系的顶端。2005 年当时的建设部在编制新的国家城镇体系规划中首次提出国家中心城市这一概念。2008 年 12 月"国家中心城市"正式出现在《珠江三角洲地区改革发展规划纲要》中来描述广州的城市定位。2010 年 2 月,住房和城乡建设部《全国城镇体系规划》中明确提出建设北京、天津、上海、广州和重庆五大国家中心城市。国家中心城市作为中国城镇化进程中的独有特色词汇,国外不存在这一概念,但纽约、伦敦、东京等国际大都市事实上都承担和发挥着国家中心城市的功能。

### 1. 国家中心城市的理论渊源

国家中心城市最早可以追溯到区位论,德国经济学家韦伯(Alfred Weber,1868—1958)1909 年的《工业区位论:区位的纯理论》从经济区位的角度,在探索资本、人口向大城市移动背后的空间机制后,从运费指向、劳动费指向和集聚指向来解释人口在地域间大规模移动以及城市的人口与产业的集聚的原因。区位论认

---

① 刘士林:《国家中心城市绘出中国城市新天际线》,新华网,2017 年 3 月 8 日。

为政府可通过改善区位条件、增加区位补助金和区位限制条件等手段吸引、诱导或改变个人或企业的区位投资,来促进城市的发展。

随后的德国经济地理学家克里斯塔勒(Christaller Walter,1893—1969)的中心地理论也可以部分地来解释和描述国家中心城市。该理论认为:在整个社会经济中逐渐占据主导地位的城市是工业、交通的集中点,商业、贸易和服务行业的聚集点,中心地的空间分布形态受市场因素、交通因素和行政因素的制约。

城市位序—规模理论和分形理论也是研究国家城市系统的重要基础理论。城市位序—规模理论可以较好地刻画城市的规模分布,分形理论可深入地解释城市规模的分布规律。在研究一个国家的城市规模分布规律时,理论上可认为分维值和 Zipf 维数的乘积等于一个常数,数值一般为 1。齐普夫法则从数量上给出了城市规模分布与城市的规模排序之间的统计关系,1949 年由 G. K. Zipf 综合了奥尔巴克和辛格的关于规模分布和模式后提出:

$$即\ P = C/S^a$$

其中,P 为城市规模,一般用城市人口来表示,S 为该城市在城市体系中的位次,C 为一个常数,一般为 1。如果 a=1,则说明城市规模符合 Zipf 法则;如果 a>1,则说明城市规模比较集中,大城市发达,中小城市发展不够;如果 a<1,则说明城市规模分布比较分散,中小城市过多,大城市数量不够。

世界城市网络理论最早由"世界/全球城市"开始,随后的研究不断深入。世界城市最早在 1915 年由英国格迪斯(Patrick Geddes)提出,随后英国霍尔(Peter Hall)基于新国际劳动分工理论研究世界城市体系。美国经济学家科恩(R·Cohen)于 1981 年提出全球城市的概念标志世界城市理论诞生。弗里德曼(J. Friedman)进行了概念化并提出完整的研究框架,提出世界城市的开放程度和国际劳动分工决定城市功能、产业结构和城市形态。萨森(Saskia Sassen)的世界城市学说认为全球城市是管理中心、专业服务和金融创新的生产中心。卡斯特尔(Manuel Castells)的全球城市分析框架认为全球城市是存在于"流的空间"中的"过程"。泰勒(P. J. Taylor)指出只有研究城市间的复杂联系才能够更深刻地认识世界城市网络的本质。

**2. 国家中心城市的内涵辨析**

无论是在实践层面,还是在理论层面,国家中心城市都没有统一的概念。不同学者从不同层面进行了分析梳理,实际操作层面也进行了一系列的制度安排和改进。

层级说。从世界城市体系来说,国家中心城市是其中的一个层级,比如,弗里德曼把 30 个世界城市分为全球金融中心、跨国联系中心、重要的国家级中心、次国家级或区域性中心四个等级。连玉明 2010 年把国际城市分为高端、中端和低端三种形态,高端是全球性国际城市,如纽约、伦敦、东京等,中端是区域性国际城市,如巴黎、新加坡城、香港等,低端是国家性国际城市即国家中心城市,包括北京、上海、天津、重庆和广州等。

节点说。全球网络城市的网络流量和影响范围决定节点城市的能级。卡斯特尔以节点城市来说明全球城市网络间的相互作用和关系,城市通过信息流、资金流、人流、物流等来获得并积累财富、控制和权力,从而形成流量经济。国家中心城市与其他城市的区别仅仅在于节点功能和能级的差异,体现为全球联通性的能力不同。

塔尖说。从现实衡量和操作的层面来看,为了在国家层面来刻画城市等级,从国家城镇体系或者专项规划的需要来划分国家中心城市。全国城镇体系规划把国家范围内的中心城市划分为国家中心城市、区域中心城市、地区中心城市、县域中心城市(镇),国家中心城市处于金字塔等级的顶端。建设国家中心城市不仅可以提升城市的地位和功能,也可以进入国家政策的优先考虑对象,获得更多资源配置。

功能说。从现实选择和有效来说,国家中心城市是整个区域内的竞争力、带动力、辐射力、创新力、影响力中心。国家中心城市虽然是行政界定安排的,但是更是区域经济发展和市场选择的结果,能效决定其是否成为国家中心城市。孙久文认为国家中心城市应该具有政治功能、经济功能、社会功能、文化功能和开放功能等。

综上所述,本研究定义国家中心城市为:国家中心城市是大都市区的核心城市,在一定区域或者全国社会经济活动中处于重要位置,具有综合功能以及多种主导功能,起着枢纽作用的对外开放的大城市。

### 3. 国家中心城市的综合功能

国家中心城市的中心、节点和枢纽等属性决定具有多样性的综合功能。国家中心城市是全国城镇体系规划的核心城市,是具备较强引领辐射功能的城市,是承担一定国家功能、跻身国际竞争、展示国家形象的大都市。不同的学者从不同侧面进行了功能划分和分析:

王伟在《外资与城市发展》中指出国家中心城市具有:集聚功能,包括集聚人口、资金、技术和企业等,从而产生规模效应,提高经济效益;扩散功能,包括生产要素、产业、精神文明成果等方面的扩散,从而实现区域发展一体化;创新功能,包括观念创新、科技创新、经济制度与机制创新等。

姚华松认为国家中心城市应该是国际商贸会展中心,政治、经济、文化交流中心,引领辐射能力,国家门户和交通信息枢纽等。①

田美玲把国家中心城市的功能概括为:管理集聚功能(政治管理和商贸集聚)、空间辐射功能(区域增长和区域开放)、社会服务功能(生产服务和生活服务)、综合枢纽功能(交通枢纽和信息枢纽)、生态文化功能(生态保护和文化创新)等。②

综上所述,本研究把国家中心城市的功能概括为:

经济辐射带动。国家中心城市经济都相当发达,是区域经济增长的发动机和压舱石,集聚人流、物流、资金流和信息流,通过极化效应和涓滴效应促进整个区域的经济发展。国家中心城市是区域经济发展的龙头,很大程度上决定整个区域经济发展的实力和潜力。

社会协调统筹。国家中心城市坐落众多的行政组织、国际机构、医疗机构、文化娱乐机构和社会组织等,是行政中心,具备较强的行政管理、协调统筹资源等能力,高度发达的金融、法律等生产服务设施和健全的医疗、教育、娱乐等生活服务设施为整个社会提供所需服务。

对外开放交流。国家中心城市都具有较强的国际贸易能力和国际交流能力,一般具有外国驻华大使馆或者领事馆、跨国公司总部或者分支机构、开展国际贸易和国际交流需要配套的服务机构等,是外国人在国内的聚集地,是国家参与国际贸易、国际交流、国家竞争和对外开放的主阵地和平台。

文化继承创新。国家中心城市不仅是全国的政治和经济中心,也是科学技术和文化创新中心。国家中心城市一般具有悠久的历史文化,是历史文化名城,也是现代的教育和科技中心,集聚大量高知识、高文化、高素质人才为继承传统文化和创新科技文化提供了最基础和最重要的要素,这些使得国家中心城市成为创新中心。

生态培育保护。国家中心城市凭借良好的区位条件和雄厚的经济社会发展实力,都在保护和优化城市生态空间格局,加大城市生态修复力度,扩大生态空间总量,提升城市生态功能,创造优良人居环境,构建"山青、水净、天蓝、地绿、城美、人和"的美丽家园,依靠优良的生态环境和人文环境吸引高素质人才和集聚优质社会资源,提升整个城市的竞争力、吸引力和美誉度。

## 二、郑州建设国家中心城市的历程

郑州先后经历了建设现代化商贸城、区域中心城市、国际商都和国家中心城

---

① 姚华松:《论建设国家中心城市的五大关系》,《城市观察》2009年第2期。
② 田美玲、方世明:《国家中心城市研究综述》,《国际城市规划》2015年第2期。

市的探索,对城市的认识和定位逐步清晰、逐步深化、逐步提升,指引郑州发展迈上了一个又一个台阶。郑州以"一枢纽一门户一基地四中心"为支撑向国家中心城市迈进,抓住国家新一轮城镇体系规划机遇,得到了国家的认可和支持,郑州跻身全国城镇体系规划"塔尖"城市行列,列入国家中心城市规划,扩大了城市影响力,提升了整个社会对郑州的预期,拉升了郑州的发展层次,增强了郑州的发展后劲。

**1. 探索培育期**

郑州以1990年代的亚细亚商场为代表的商战为契机,提出要建设"地方芝加哥"的商贸城市,并制定了建设规划。1997年国家五部委正式批准郑州为全国商贸中心改革试点城市,并在1999年制定了总体建设规划。2005年,河南省委提出"中原崛起看郑州","看郑州的发展力、辐射力、带动力、创造力、影响力、凝聚力"。2010年,国务院批复《郑州市总体规划(2010—2020年)》定位郑州为我国中部地区重要的中心城市。2011年河南省委提出"发挥郑州龙头作用、重心作用和示范带动作用"。

**2. 支持爆发期**

2016年时任郑州市市长马懿在全国两会提出"郑州要进入全国十大中心城市"的建议,同年9月,郑州市第十一次党代会提出"加快向国家中心城市迈进",12月国家关于中部地区十三五规划批准郑州建设国家中心城市。国家发改委先后下发《促进中部地区崛起"十三五"规划》和《中原城市群发展规划》,2017年1月国家发改委出台《关于支持郑州建设国家中心城市的指导意见》,形成了国家层面支持郑州建设国家中心城市的政策体系。这是郑州具有里程碑意义的大事,标志着郑州的发展站在新的历史起点,开启向全国乃至全球城市体系中更高层级城市迈进的新历程。2017年河南省委书记谢伏瞻在河南省十二届人大七次会议指出:"郑州要围绕建设国家中心城市这个总目标,找准标杆、突出重点、加快发展。继续发挥龙头作用、引领作用、支撑作用。"河南省省长陈润儿在省十二届人大七次会议《政府工作报告》中提出:"支持郑州建设国家中心城市","加快郑州与周边毗邻城市融合发展,推动郑州大都市区建设"。《郑州市城市总体规划(2010—2020年)(2017年修订)》提出郑州要建设国家中心城市、国际综合交通枢纽和物流中心和国家历史文化名城的定位。

为对标先进、借鉴经验、提高站位、拉高标杆,全力以赴加快推进郑州国家中心城市建设,2017年8月份郑州市党政考察团先后考察学习武汉和成都建设国家中心城市的新理念、新举措,提出郑州要着力在招商引资、人才引进、产业培育、开放创新、生态建设、体制机制改革、规划引领等方面下功夫,全面提升郑州发展水平,全力以赴加快国家中心城市建设步伐。2017年8月的郑州市委十一届四次全体(扩大)会议上进一步明确郑州建设国际中心城市的总体思路、重大任务、九大支撑性工程和六大基础性工作。郑州提出近期到2020年,全面推进国家中心城市建设,基本确立国际枢纽地位,基本形成现代化国际化大都市的框架体系,进入全国经济总量万亿城市行列,实现人民生活水平、生活环境、生活质量的全面提高;中期到2030年,全面建成国家中心城市,综合实力位居全国主要城市前列,基本实现现代化,达到中等发达国家水平,人民生活更加殷实,国际枢纽地位更加突出,建成国家重要的创新创业中心,成为现代化大都市,向全球城市迈进;远期到2049年,建成联通全球的国际枢纽中心、世界一流的内陆商贸物流中心、国家重要的金融中心、极具活力的创新创业中心、开放包容的国际交流中心、生态多元、社会公正的国际宜居大都市,实现由生产型城市向高端消费型城市的转变,成为在全球有影响力的世界城市。至此,郑州建设国家中心城市进入了新的格局。

## 三、郑州建设国家中心城市面临的态势

郑州进入5个(北京、上海、广州、天津、重庆)到6个(成都)再到8个(武汉、郑州)国家中心城市扩容的序列,在由政府和市场共同主导的中国特色的城镇化道路上获得了殊荣,承担着弥补中原城市群"缺乏支柱"的战略需要,有利于形成合理的城市层级体系和建立高效的市场分工协作机制。郑州在建设国家中心城市的征途中,既要看到优势和机遇,也要面对短板,科学规划和建设国家中心城市。

### 1. 建设基础

城市综合实力显著增强。郑州市GDP由2006年的2000亿元增加到2016年近8000亿元,综合实力先后超越沈阳、济南、福州等7个城市,居全国大中城市第14位(35个)、省会城市第7位,一般公共预算收入突破千亿元,居省会城市第6位。产业结构由2006年的3.8∶53.5∶42.7优化为2016年的2.0∶47.3∶50.7。

综合枢纽地位进一步增强。米字形高铁基本成型。郑州机场二号航站楼建成投用,2016年航空货运量45.7万吨,居全国内第7位,旅客吞吐量2000万人次,居全国第15位。四通八达的公路网络日趋完善,国家互联网骨干直联点投入使用,邮政电信业务量位居全国前列。

战略支撑平台取得新成效。郑州航空港综合实验区、自由贸易试验区、自主创新示范区和跨境贸易试验区等国家战略为郑州发展提供了战略支撑。开放平台建设取得新突破,保税区、国际陆港建设高水平推进,汽车、肉类等8个功能性口岸先后封关运营。中欧班列(郑州)覆盖全国3/4省区、24个国家120多个城市,实现每周去4回4常态化运行。跨境贸易电子商务在美国、德国、澳大利亚等6个国家建立海外仓,实现"买全球、卖全球"。国际(地区)直飞航线达到60余条,

世界500强企业落户63家,国际化水平进一步提高。

城市功能品质不断提升。新型城镇化持续协调推进,城市有机更新有序实施。城市轨道交通运营里程93.6公里。污水处理厂、生态廊道等一批城市功能设施投入使用,地下综合管廊、海绵城市建设取得新成效。城市精细化管理水平不断提升。城乡环境综合治理持续深入推进。

**2. 面临机遇**

从国际来看,全球经济和贸易一体化深入推进、互联网特别是移动互联网的技术广泛应用、航空运输和高速铁路的快速发展,全球生产方式、贸易模式、组织方式、物流体系深刻变化,不沿边、不沿海、不沿江的内陆郑州礼获深度融入国际经济大循环的历史条件。新一轮科技革命加快孕育,郑州在新业态、新模式、新产业与先进地区处于同一起跑线上,为跨越发展、后来居上提供少有机遇。

从国内来看,我国经济持续稳中有进、稳中向好,经济将保持中高速增长和向中高端迈进,世界经济重心正在向以中国为主导的东亚加快转移。作为"一带一路"支点城市为郑州跨越发展、弯道超车创造有利条件和广阔空间。国家支持中部崛起、中原城市群发展和郑州建设国家中心城市的战略意图明确、政策体系完备,航空港实验区、自贸区、自主创新示范区、跨境电商综合试验区、中国制造2025试点城市等国家战略规划、试点平台落地郑州,使郑州成为国家政策叠加优势突出的内陆城市。

从省内来看,中原经济区工业化和城镇化快速发展,以郑州为主导的"三区一群"发展战略,建设以郑州为中心,涵盖开封、新乡、焦作、许昌的"1+4"郑州大都市区,为郑州发展拓展了较大空间和腹地。

从自身来看,郑州是一亿人口大省省会,长期拥有城市化快速发展带来的人口红利,为郑州提高经济总量、提升首位度提供动力和支撑。河南城镇化的潜力巨大,城市化快速发展带来强劲经济增长动力,可以释放庞大的消费需求。

但是,郑州进入建设国家中心城市规划序列,并不表明已经是国家中心城市。郑州与国家中心城市的内涵和所承担的功能相比,与北京、上海、武汉、成都等先进城市相比差距都较大。郑州经济总量在全国35个大中城市中排名第14位,不足武汉和成都的70%;郑州的19.9%首位度与武汉和成都的38%还有较大差距,辐射带动能力明显不足。在产业结构调整、城市承载功能、科技创新能力、人才队伍建设、生态环境保护等方面都存在严重短板。此外,发展定位、发展理念更新、国际化意识、现代化能力、创新性等方面还亟待提升。同时,城市空间布局、人口资源分布、公共产品供给、综合交通治理、生态环境、人文特色和城市品质等方面,还有较大提升空间。

## 四、郑州建设国家中心城市的对策

郑州建设国家中心城市的总体思路是：以建设国家中心城市为目标，以郑州航空港经济综合实验区建设为抓手，注重国际化、现代化、生态化，大力发展枢纽经济，提升创新能力，增强综合实力，建设发展活力、人文魅力、生态智慧、开放包容的国家中心城市，建成有竞争力的国际化大都市。

**1. 做大做强做优郑州大都市区**

依托郑州中心城区、航空港区等，强化国际开放门户和多式联运物流中心功能，建设国家级"双创"示范基地和区域经济、文化、商贸中心，打造集中体现区域竞争力的大都市区核心区，进一步发挥辐射带动作用。发挥公共交通复合廊道对空间发展的引导作用，推动核心区产业和服务功能向周边县（市）拓展，培育形成特色制造中心和新增人口集聚地，打造发展新空间。提升开封、新乡、焦作、许昌集聚产业和人口能力，打造具有较强辐射力和综合服务功能的大都市区门户，促进与大都市区核心区联动发展。推进大都市区一体化综合交通网络建设，打造以轨道交通和城市快速路网为主体的通勤圈，完善一体化发展的体制机制，促进功能互补和公共服务共建共享，形成网络化、组团式、集约型的大都市区空间体系。

**2. 持续提升郑州国际综合枢纽和国际物流中心地位**

郑州区位交通优越，枢纽地位是最大比较优势。随着航空枢纽、米字形高铁网络、多式联运的优化发展，郑州由以铁路为主导的国家枢纽向以航空、高铁为主导的国际性综合枢纽转型，服务能级进一步提升，优势更加凸显。发挥枢纽地位优势，形成国际商贸流通节点，建设国际枢纽之城，是郑州建设国家中心城市最该突出和强化的路径。以郑州—卢森堡"空中丝绸之路"、高铁南站建设为提升枢纽。引进培育本土基地航空公司，完善国际货运航线，加快构建郑州国际客运航线网络。探索形成以"一单制"为核心的多式联运体系，提高多式联运无缝化衔接和一体化运营水平。枢纽是物流的依托，物流是枢纽经济的龙头。郑州依托航空港、铁路港、公路港，对接海港，形成多路并举、多港联动、快速便捷的国际物流通道，加快发展保税物流、电商物流、冷链物流等。持续巩固和扩大郑州在国内外的物流枢纽地位，优化建设以郑州为节点连通国际、辐射内陆广大腹地的国际物流中心。

**3. 对接多个国家战略平台提升对外开放水平**

紧抓全球经济一体化的发展机遇，深度融入"一带一路"，形成政府主导、企业主体、社会参与、双向开放、深度融合的开放新格局，构建内陆地区开放高地。以自贸区建设为统领，加快航空港实验区、跨境电商综试区、海关特殊监管区域等国家载体平台建设，统筹推进制度创新、平台打造和产业培育，创新完善与国际接轨的商事制度和管理服务体系,推动形成投资自由化、贸易便利化、监管法治化的国际化营商环境,打造引领中西部对外开放的示范区。发挥政策叠加优势,完善各类口岸功能,提高通关效率,依托航空港、国际陆港、跨境电商、郑欧班列不断拓展空中、陆上、网上、海上"丝绸之路",在"买全球、卖全球"商贸体系中凸显郑州优势,巩固提升"一带一路"核心节点城市地位。扩大开放合作,密切国际交往,争取国际性机构组织和有影响力的国际性活动落地郑州,支持鼓励本地企业积极走出去开拓国际市场、深度参与国际产业分工协作,形成高水平双向开放格局。

**4. 构建现代产业体系增强经济实力**

产业是经济的根基,是城市竞争力的根本体现。做强先进制造业,做大现代服务业,做优都市农业,做活网络经济,发展电子信息、汽车与装备制造、现代金融商贸物流、文化创意旅游、都市生态农业五大战略产业,统筹传统产业改造升级和新兴产业培育,实施"互联网+""标准+""品牌+"战略,推动产业高端化、智能化、绿色化、服务化。高度重视战略新兴产业培育,围绕人工智能、生物医药、可见光通讯、北斗系统应用等重点领域,深入研究产业发展规律和配套需求,强化要素保障,引进龙头企业、核心团队和领军人才,推动先进产业落地、关键技术产业化。深入研究集群招商和产业链垂直整合规律,借鉴先进经验,创新政府支持方式,降低制度交易成本、物流成本、生产配套成本,构建产业发展良好生态链,不断为提升郑州产业支撑力、竞争力打好基础。

**5. 优化创新创业生态来提升发展活力**

创新是发展的第一动力。要充分发挥科技创新的基础、关键和引领作用,以科技创新带动全面创新,形成新增长动力源泉。充分发挥国家自主创新示范区的先行先试效应,加快布局设施完善、政策配套的创新创业承接载体,实施创新型企业、高新技术企业和科技型中小企业培育计划,推进"政产学研金"协同创新、军民协同创新、中原城市群协同创新,发挥国家技术转移郑州中心、国家专利审查协作河南中心等机构的作用,建设全国重要的科技成果交易中心和转化高地。围绕优化创新创业生态,深化重点领域和关键环节改革,以自贸区为引领监管便利化改革,以"五单一网"建设为载体的"放管服"改革,以"三去一降一补"为重点的供给侧结构性改革,深化国有企业、科技创新服务体制、投融资体制、土地管理制度、政府资源配置体制等改革,建成制度创新高地。

**6. 继承创新传统文化彰显文化魅力**

文化是一个城市的灵魂,是城市特质和影响力的重要体现。充分发挥文化的引领和支撑作用,建设"书香郑州",以文化人、以德润城,让郑州人跟上时代、拥有时尚,实现文明素质的现代化。坚持在保护中开发、在开发中保护,深度挖掘嵩山文化、黄河文化、黄帝文化、商都文化、革命传统文化等资源,加强历史文化遗产保护利用,建设城市展厅、城市会客厅、国际交流场所和社区,让每一个到郑州的人都能感受到历史的厚重感和开放包容的现代感。大力发展文化事业,发展文化产业,打造体现中原文化和郑州特色的文艺精品,培养造就文化名家、艺术大师。持续办好黄帝故里拜祖大典、嵩山论坛、国际少林武术节、国际旅游城市市长论坛等重大活动,建设国际文化大都市和世界华人共同精神家园。加强文化传播能力建设,充分利用国家级媒体和境外媒体,传递郑州声音、展示郑州形象,不断提升郑州在国际上的文化影响力。

**7. 优化人才培育体系提供智力支持**

建设国家中心城市、国际化城市,需要高素质的人才队伍作支撑。以强烈的人才意识、开放的视野、战略的眼光,广聚天下英才。完善"智汇郑州·1125 聚才计划"政策体系,多方式、广领域引进国内外高层次人才,弥补高端创新资源不足的短板。大力吸引鼓励青年大学生创新创业,出台扶持政策,优化生活配套服务和创新创业环境,留住大学生,吸引外地大学生到郑州发展。创新人才教育培养模式,充分利用现有教育资源,完善"产学研用"相结合的协同育人机制,培育更多科技创新人才;充分释放人力资本红利,提升职业教育发展水平,丰富技能型人才,培养"大国工匠"。大力推进合作办学,加强与国内外一流高校的战略合作,提升高等教育的层次和质量。优化人才创新创业环境,大力弘扬企业家精神,营造勇于创新、鼓励成功、宽容失败的浓厚社会氛围,让人才的创新创业活力充分迸发。

**8. 建设生态郑州提升可持续发展能力**

绿水青山就是金山银山,"大生态、大环保、大格局、大统筹"的生态文明理念贯穿到经济社会发展的各领域,绿色发展成为全社会的自觉行为。统筹经济发展与生态保护,严格落实环境保护措施,推进污染物综合防治和清洁能源替代,高效治理大气污染、水污染和土壤污染,倒逼产业结构调整和转变发展方式。建设环都市区 2400 平方公里生活生态圈和各县城组团生态圈,构建森林、湿地、流域、农田、城市五大生态系统,加强生态廊道建设,连线成网构建城市的"绿道""绿网",全面提升城市环境自净能力、碳汇能力和生态承载能力。把环境保护、农业结构调整、农田水利建设、林业发展、旅游开发、文物保护利用、文化体育休闲、城市管理等结合起来,提升城市可持续发展能力,建设天蓝地绿水清的美丽郑州。

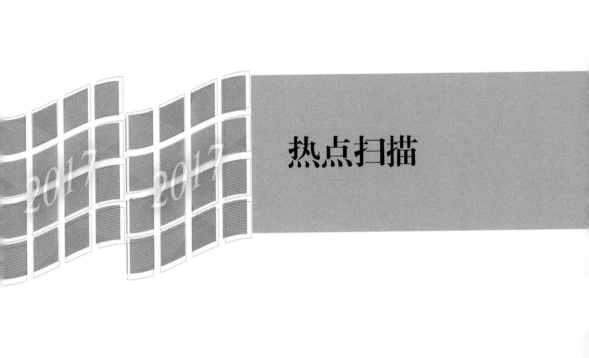

热点扫描

# 建设文化城市群,打造中国"文化高地"

## 一、中国的"文化强国"进程与河南的"文化高地"建设

习近平总书记在党的十九大报告中强调,"中国特色社会主义是改革开放以来党的全部理论和实践的主题"。关于中国特色社会主义,有一个"三个意味着"的判断。"三个意味着",即意味着近代以来久经磨难的中华民族实现了从站起来、富起来到强起来的历史性飞跃;意味着社会主义在中国焕发出强大生机活力并不断开辟发展新境界;意味着中国特色社会主义拓展了发展中国家走向现代化的途径,为解决人类问题贡献了中国智慧、提供了中国方案。这是把中国特色社会主义分别放到我国社会发展(68年)、世界社会主义发展(500年)、整个人类文明发展三个不同层次的历史方位和视野中进行思考分析,这意味着什么呢?意味着我们需要从走向"强起来"这一新的历史起点上,来全面把握中国建设"文化强国"、河南建设"文化高地"的大逻辑。

就空间定位而言,如果说国际竞争是包括经济实力、科技实力的综合国力竞争,也是争夺文化、道义制高点的文化软实力竞争,是思想理论的先进性、彻底性的竞争。世界历史证明,文化强大是国家强大的根本标志之一。一个文化弱国不可能成为世界强国。谁创造了领先世界的文化和原创性、经典性、源泉性的思想理论,谁就必然走在世界前列,谁就能成为世界强国。国家要强大,经济实力和综合国力要强大,思想文化尤其要强大。因此,中华民族伟大复兴是经济政治的复兴,但归根结底是文化文明的复兴。

就时间定位而言,现在我们处于一种怎样的定位呢?建党100年,建国100年,两个一百年奋斗目标,这是一个关乎中国从哪里来、到哪里去的问题。建党100周年进入倒计时,中国处于现代化进程的关键阶段。建党第一个百年,实现全面小康社会。后一个百年,要开启社会主义现代化建设的新征程。毛泽东的30年完成了什么?邓小平的30年完成了什么?今后的30年要完成什么?中华人民共和国的100年怎么也脱离不了这三个时代的规定性。在1949年以前,毛泽东完成了统一国家这一近代以来最艰巨的任务,新中国成立后30年,建立了国家基本政治制度。邓小平确立了社会主义市场经济的概念。30年农业,30年工业,30年文化,这是我们对历史方位的判断。

我们正在经历着中华传统文化自五四运动以来的又一次历史性变革,找回了文化的主体性。"文化自信"的提出,要和经济强国的地位相匹配。中华文化迎来一个崭新的时代,有着悠久的历史,中华传统文化在经历了百余年的历史文化冲击后,迎来了复苏的春天,日益呈现出欣欣向荣的景象。这是事物否定之否定规律的体现,如凤凰涅槃,浴火再生。一是文化转化能力,二是文化创新能力,三是文化走出的能力。过去是"中国化",今后是"世界化"。一是优秀传统文化已被唤醒,正在复兴路上:1. 传承文脉,2. 保护遗产,3. 激发活力,4. 融入百姓生活;二是创新,特别是创意要与科技相结合;三是"走出去",不要局限在"一亩三分地"上,而是要放眼"一带一路",要放眼全球,"买全球卖全球"。不只重视因果性,而且重视相关性。现在,关于雄安新区的定位,是"国之大计""千秋大业",地位堪比深圳、浦东。深圳是什么呢?先进制造业。浦东是什么呢?金融业、现代服务业。

中华文化的复兴离不开黄河文明、中原文化的复兴。华夏文明复兴,没有黄河文明、中原文化不行。省十次党代会提出了"文化高地"建设。郑州国家中心城市(18 位,有望进入新一线城市),为什么能?郑州大学、河南大学双双迈入"双一流"大学、学科建设的行列。不要"叶公好龙",要举全省之力把郑州大学、河南大学"双核"建好。这些重大利好的消息,让大家询问,河南为什么能?一、这是海权与陆权并重的时代。中华民族的命运曲线:"V"字型(过去受困于历史周期率、李约瑟之问,现在受困于修昔底德陷阱、中等收入陷阱、塔西陀陷阱),"L 型",国家安全"C 型"或"U"型。过去 500 年,海权领先。海权时代,是大国葡萄牙、西班牙、荷兰、英国、美国。其间,是工(业)资输出战略。现在,进入陆权回归的阶段,进入陆权、海权并驾齐驱阶段。中国的"一带一路"就体现了这种战略设计。在陆权回归时代,河南作为历史上的中国政治经济文化中心,得天独厚、无可替代的自然禀赋被重新激活,成为国家新一轮改革开放的区域,河南重新登上世界舞台。要深刻认识"东引西进"。"西进"战略即意味着陆权回归战略,要拥抱对外开放黄金三年、五年、十年。二、国家布局,着眼未来,着眼全局。东、中、西的平衡,东部崛起、西方开放、东北老工业基地振兴,中部崛起。三大国家主战略,在河南的国家战略布局呈现叠加效应。"三区一群"是四大国家战略。三、文化这张牌如何打好?产业转型升级、构建自主创新体系、新型城镇化建设、基础能力建设。区域、人口、粮食和文化。特别是文化这张牌有着巨大的潜能、潜力、潜质。科学推进河南新型城镇化进程,还有一个重要维度,那就是文化城市建设。要把"文化城市"的概念提出来。新型城镇化"新"在哪里,要挖掘出来。我们现在搞的是千城一面,如何把文化个性、文化血脉梳理清楚?我们经济上有六大城市,文化上也有六大城市,郑州、开封、洛阳、安阳、南阳、商丘。这样在全国打出去,文化血脉、文化烙印、文化标识就清晰了。文化城市不同于城市文化建设,城市文化是城市的灵魂所在,是城市建设的一个重要内容,包括城市精神、公共文化服务体系建设、城市形象等内容。而文化城市则是城市建设的鲜明个性,是城市建设的独特形象。河南的城镇化建设既要符合城镇化演进的一般规律,又要符合群众的意愿,更要与河南的历史文脉相一致。这就要求我们必须加强顶层设计,将城镇化视为一项系统工程,进行统筹思考和长远规划,甚至可以超前规划河南城镇化的文化维度,即文化城市建设。北京和西安、上海等都具有建设文化城市的高度自觉。上海这座国际大都市在夯实经济发展的高度、科技创新的力度的同时,不断滋养人文情怀,提升城市温度,切实增强文化软实力和国际影响力。大潮将起,中国、中部、中原将有大戏,好戏还在后头。

## 二、以郑州建设国家级中心城市为主轴,统筹文化城市群建设

城镇化是我国实现现代化的必由之路,也是我国面临的重要战国机遇期,是河南经济社会发展的重要引擎。城镇化是在特定空间要素集聚的过程。一是都市区;二是城市群;三是县城。可以说,"聚集"没有停止。比如,我们以郑州为主,形成一个布局,抓郑州、洛阳、开封、南阳、安阳、商丘,这样一讲,空间就出来了,经济枢纽门户的概念就出来了,这就要求我们要注重从经济联系上布局。就时间定位而言,我们的城市群目前来看是静态的,今后要往动态的结构上走,要不断地优化、不断地升级、不断地集聚,不断放大"十文化"的效应。

(1) 要把郑州国家中心城市做强、做大。从此以后,河南经济社会发展进入"城市导向"阶段。城市不行,区域经济也不行。靠近中心城市的发展势头强劲,其他不好。人口总量,经济总量,中心城市不行。要以更高水平、更高眼界建设郑州国家中心城市。不是对接武汉,而是对接北上广深。970万,比杭州、南京、西安多,低于武汉一点。南京,有苏锡杭,郑州要有竞争力,必须成为两千万以上的大城市。眼界要高,就是要讲好故事,文化、生态、法治、交通。中小城市的目标,发展没有动力,不是做大,而是做精、做细。中心城市,蚕食周边,膨胀自己。一直以来河南理论界有一种思考,认为郑州大都市区要实现真正的发展,应该把黄河作为内河。一方面,在郑汴一体化的基础上,把新乡纳入进来,形成郑汴新这样一种新格局。新乡、开封、郑州都曾经作为河南的省会,都是河南的核心区。黄河就成为郑州大都市的内河。历史上黄河桀骜不驯、多灾多难,而今天已经成为一条生态河、金色河,危险、风险大大降低,郑州大都市如果以黄河为内河,拥河而建,气派、格局、境界、品位就大大提升了;另一方面,建设郑州大都市区要把郑州大学、河南大学作为两核来抓,而不是郑州是郑州、开封是开封,两者汇聚起来,创新能力将大大增强。从长远发展而言,郑州作为一个国家中心城市,城市规划要尽早做出战略设计。

(2) 深入推进百城建设提质工程。河南搞新型城镇化,要把这件事情做好。陈润儿省长提的几句话:"以水润城,以绿荫城,以文化城,以业兴城",这几句话抓住了城市化里面最规律的东西。如果城市里面没有绿,能宜居吗?能田园吗?能诗意吗?如果没有水,能有灵性、有智慧吗?没有文,就没有血脉。没有业,就没有支撑。原来的郑州商城发展态势那么好,最后吃亏就吃亏在缺乏产业支撑。所以,这几句话抓住了要害,提得好,提得科学。

(3) 抓特色小镇建设。特色小镇是未来城镇化建设的微观趋势,要把这个个性的东西抓好。

(4) 抓文化城市群建设。如果河南城镇化建设不忽略文化资源的优势,充分发挥文化在城镇化进程中的作用,将改变城市建设的"同质化倾向"。在这个意义上,跑偏了的城镇化,将会损害我省新型城镇化的"大棋局",浪费文化这一宝贵的战略资源。在河南新型城镇化进程中,应选择郑州、洛阳、开封、安阳、商丘、南阳六个城市,建设文化城市。如是,城市就将成为传承中原文脉的重要载体。古建筑学家罗哲文说:"如果我们仍认为中华民族是伟大的民族,是世界文明的一个组成部分,我们就应该非常清晰地把真实和完整的内容传给后代。"保护历史文化遗产,是当代人的义务和责任,合理利用则是让文化遗产在城镇化进程中发挥有效作用。河南的一个最大资源,是历史文化丰厚。这些丰厚的历史文化资源,往往与城市的形态交织在一起,是河南城镇化建设的重要文化条件,如郑州的商文化,安阳的殷商文化,洛阳的东周文化、东汉文化、武周文化,开封的宋代文化,南阳的楚风汉韵等等。以洛阳为例,中华文明,最早的文化比较:埃及文明,巴比伦文明,印度文明。"中国"最早见于《尚书》,指西周的关中、河洛地区,偃师二里头是"最早的中国"。洛阳,一是夏商周文明的发祥地,二是丝绸之路节点城市,三是国花洛阳牡丹。河南城镇化进程如果能够把这些文化元素进行规划,使之以文化城市群的面貌出现,河南的新型城镇化进程,就将具有现代与古典相融合,科学与人文相协调、文物保护与生活环境相一致的鲜明个性。

另外,许昌(曹魏文化)、新乡(德文化与先进群体)、周口(羲皇文化和老子文化)、商丘建设(游商丘古都城,读华夏文明史,庄子文化),都有让人意想不到的惊喜。许昌"水系"建设,新乡可发展文明建设:一是崇德向善,二是文化厚重,三是和谐宜居。城市建设,"双修一养",即修复城市功能和城市生态,文化养育。

## 三、把开封建设成为更有温度的人文之城、文化城市

开封被誉为"八朝古都,一城宋韵",是中国古代的历史博物馆,既是一个完整的历史档案,也是中国递给世界的一张名片。但城市的魅力,人文景观和文物遗址都需要"温度"。

例如，开封，我们挖掘了美食、民俗和《清明上河图》，但依旧是半紫不红、半死不活。真正的文化内涵还远远没有挖掘出来，让人看到"城摞城"的厚重与深刻。一是文化符号围绕"宋学""大宋文化""大宋艺术""大宋王朝""新宋韵"如何整合，这是一个大问题，不能眉毛胡子一把抓。龙亭、包公湖、杨潘二湖、铁塔、朱仙镇年画、城摞城、五大官窑的官瓷，都有着巨大的空间。二是挖掘宋词文化，这是非常大的矿藏。行走在清明上河园，似乎就是行走在北宋东京的大街上。能碰到寇准、包拯、宗泽吗？但是如果碰到欧阳修、范仲淹、苏轼、司马光，那就不一样了。宋词那是中国古代文学皇冠上光辉夺目的巨钻。范仲淹的《渔家傲·秋思》《苏幕遮》，司马光的《资治通鉴》，其学识之深厚，感情之丰富，都令我们叹为观止。欧阳修更是与众不同，《踏莎行》《蝶恋花》皆是名作，苏轼也并非是专写恋情和离愁别绪，他把词家的"缘情"与诗家的"言志"很好地结合了起来。他不是一个玩政治游戏、做角色的人，这是他的不幸，也是大幸。他诗、词、文、书、画五绝于天下，仁宗也曾因之而动情：大宋何幸，得此奇才！三、开封是一个真正的"浪漫都市"。这种浪漫与英国伦敦、意大利罗马、德国柏林、美国纽约相比，丝毫不差。那种万邦来朝的气象，体现了千年的光荣与梦想，令我们津津乐道。四、这是一个"有情有义"的城市。这座城市身上的"侠义"精神仍然令人难以忘怀。虽然"以合侠犯禁"有着时代的局限性，但是《水浒传》《三侠五义》中体现的"情怀"仍然令今天的我们动容。在近代，我们是经济上落后了，但文化上我们仍然傲人，《韩熙载夜宴图》影响了浮世绘，影响了印象派。五、大运河文化带与"海上丝绸之路"的对接。《清明上河图》体现的繁华盖世、绝代风华。在开封，我们看到了繁盛与沉浮。这一个八朝古都的断壁残垣，体现了一个辉煌的昔日，这是令人非常震撼的。因此，对于我们的过去，我们不能不屑一顾，我们要往后看汲取前行的元气和底气，但同时我们必须往前看，往高科技上走。另外，我们也要往外看，我们必须不断创新围绕"一带一路"的文脉梳理。围绕"大运河文化带"，如何挥洒新一篇《清明上河图》呢？

  李克强总理在视察开封时，提出来要"以古文明，以新出彩"。如今，开封已经成为河南"文化高地"建设的"领头羊"。开封如同河南一样，既古老又年轻，既传统又现代。如何正确处理文明河南与文化中国的关系，建设文明河南、出彩河南是我们的重大历史使命。我们也特别祝愿开封在建设我们的精神家园方面，提升我们的文化软实力，增强老百姓的获得感、幸福感，把开封打造成一座创新之城、人文之城、生态之城，成为一座有温度的城市。

# 成都与西安:中国西部城市群建设中的"双城记"

最近一段时间,中国各城市的"十三五"规划已经纷纷出台。其中,尤为令人关注的是西部城市对自身的定位,因为这牵涉到西部大都市与城市群建设的远景目标与近期建设问题,对于西部崛起和"一带一路"倡议的落实均有重要的意义。

如果仔细对比西部两座大都市的规划和定位,可以发现一些很有意思的现象,这两座城市就是成都与西安,它们分别位于我国的西北和西南。在他们的"十三五"城市规划中,不约而同地都提出了"西部中心"或相关的目标。

成都的规划中有一些关键词:西部经济中心、区域创新创业中心、美丽中国典范城市、国家门户城市、现代治理先进城市、幸福城市。我们可以注意到,成都首先强调的是自身在西部的定位,是西部的经济中心,这里的西部显然不仅包括成都所在的四川省,甚至囊括了整个西北和西南地区,应该说这是一个颇具雄心的规划。而在2016年4月印发的《成渝城市群发展规划》中,更是上升到一个新高度。"成都建设国家中心城市的主要任务是:加快建设西部经济中心、西部科技中心、西部文创中心、西部对外交往中心和西部综合交通枢纽。"这其中每个定位都是"西部"打头,足见成都在这次城市群发展中的自信。除了四个直辖市和广州外,成都成为国家中心城市,这无疑也提高了这座西南城市在各大城市群中的位置,有利于其在未来获得更优质的发展动力。

从历史上看,成都在其漫长的历史中未曾改过名,这一点在中国的历史名城中颇为罕见,说明成都历史文化和政治地位具有超常的稳定性。尽管成都的地理位置与环境决定了它在古代并不是全国政治中心,但是作为区域中心,成都的重要性却很早就体现了出来。在魏晋南北朝,中国的城市发展呈现出"南升北降"的历史性转折,成都作为西南重镇和地方政权的中心,对这一现象的形成起到了巨大的推动作用。[①] 如果说,中国古代北方的城市,如长安、洛阳是中华民族的"心脏",长江流域的襄阳、武昌等可以比作中华民族的"肚腹",那么,成都就是整个民族的"手足",它的地位正如四川的"天府"一样,可以说几乎是所有统一王朝不可或缺的"大后方"。

---

① 傅崇兰等著:《中国城市发展史》,北京:社会科学文献出版社2009年版,第71页。

近年来,四川省城市化进程也在不断加速,根据统计"四川省农民工转移输出数量逐年增加,其中,省内转移就业增幅明显,省外转移就业逐年减少"①。这说明四川作为西部大省,其发展速度和质量正在接近东部沿海发达地区,因此人口流动出现了省内高于省外的情况,转移人口开始认同四川本省的城市环境。

成都作为西部城市,其优势和短板也是非常明显的。优势有三:

首先,成都的城市发展有着稳定而良好的外部环境,成都平原各种自然资源丰富,农业和生态环境较为优良,气候温和,因此古代被称为"天府",这对于以人为中心的城市而言是很有利的。中国很多北方的大城市在长期发展进程中面临生态环境恶化的问题,比如水土流失和沙漠化等。相比而言,成都的人居环境在西部大城市中较为优越,在以人为本的新型城市化中优势显著。成都的地理位置决定了它在西部城市具有鲜明的中心优势。成都不仅和周边的城市联系紧密,也是中国西南地区向外辐射的重要节点。

其次,成都的城市化进程在西部城市中水平较高:"目前,成都已成为中国西部经济最发达、基础设施最完善、现代化程度和城市化水平最高的重要经济区域,全市城乡面貌和经济社会发展有了翻天覆地的变化,城市化水平明显提高,城市形态由单一中心转型为'全域成都'多层次空间体系的城市,2010年按户籍人口计算的城市化率为56.6%,按常住人口计算的城市化率为65.5%,综合判断应处于城市中期的后半段,对成都现代化形成了强有力的支撑。"②这一点,西部其他的城市除了直辖市重庆之外,尚无可与之比肩者。而重庆地理位置更靠近中部,与其相比,成都作为长江上游的城市,引领长江经济带发展的潜力还远未得到释放。成都的交通设施也很完备,进一步拓展的空间也很大。

再次,成都具有作为文化中心的优势:"作为国家历史文化名城,文化资源十分丰富。它有以三星堆和金沙遗址为代表的古蜀文化,有以蜀汉政权为代表的三国文化,以佛教、道教为代表的宗教文化,以川酒、川菜、名小吃、农家乐为代表的饮食休闲文化,以川剧为代表的地方戏曲文化和革命战争文化等等。"③加之长期以来形成的市民文化更是形成现代成都文化的基础。因此,发展文化产业和建设新型城市人文精神的土壤。

但是,成都作为成渝城市群的核心之一,也有"具有整体功能初显、工业结构相似度渐高的特点,也存在大城市化与城镇化难、区域管理模式突破难的问题"④。调整产业结构和管理模式固然是当务之急,事实上很多城市都已经在进行中,成

---

① 王海蓉:《四川城市流动人口社会治理研究》,《中国名城》2017年第4期。
② 高洁:《现代化进程中的新型城镇化——以成都市为例》,《经济研究》2013年第2期。
③ 王兴国:《城市现代化与成都文化现代化》,《成都大学学报》(社科版)2014年第1期。
④ 赵驹:《成渝城市群特征及发展对策思考》,《探索》2013年第2期。

都也不例外。另一方面,从刚公布的第一期"双一流"高校及学科名单来看,四川的高等教育和陕西相比也稍逊一筹(本期"一流高校"陕西3所,四川2所;"一流学科"陕西17个,四川14个),好在差距并不大。从人文角度考量,我认为很重要的一点是成都如何跳出巴蜀文化的视野,在更广阔的视角下规划未来的成渝城市群。作为西南双核之一的成都,应该积极融入国家战略:"在长江经济带和包昆经济带等国家重要的经济支撑带上,成渝城市群作为国家重点开发区域和重点城镇化区域,显然是促进我国东、中、西部经济互动发展的重要力量,在新时期积极谋划我国区域经济发展新格局中发挥重要的支撑和带动作用。加快成渝城市群发展对优化全国区域格局,深入实施西部大开发战略,促进区域协调发展具有重要意义。"①按照这样的定位,成都的格局显然不是西部中心这么简单了,它是未来中国城市化重要的西部"发动机"。也就是说,成都不应该仅仅是巴蜀文化中的成都,而是复兴中的中国甚至是国际化的成都。

然而,从历史和文化来看,中国西部的中心,果真只有成都才能担当吗?撇开直辖市重庆不说,西北地区的十三朝古都和历史名城西安,也有可能成为西部中心城市。

我们看西安规划中的关键词:"一带一路"创新高地、内陆型改革开放新高地、"品质西安"、关中城市群。这里看似并没有提及"西部中心城市"的概念,但是潜台词中也隐约可见西安的抱负,"一带一路"是我国这一时期的重要国家倡议,这当中的节点城市其地位可想而知。西安天然具有成为西部中心的很多优势。

首先,从历史来看,西安之于中国的重要战略地位几乎从未改变。关中与成都平原同样曾经被称为"天府",而由于其位于中国陆地版图的地理中心,曾是多个古代王朝非常重视的核心政治地带,直到宋代以后,政治中心逐渐东移,最终才使得"长安"变为"西安"(西安的名称自明代开始确定下来)。成为西部中心的西安,地位依旧十分重要,科教实力在西部地区首屈一指(人才储备是城市未来发展的关键要素),而且由于它是古代丝绸之路的枢纽城市,也就顺理成章担负起了"一带一路"倡议中的枢纽重任,不仅向中国西部辐射,更可面向中亚、西亚和南亚等广袤的地区,为中国的这一重要规划提供支持,而关中城市群的地理优势也可以借此显露出来。由这些出发看西安和关中城市群,我们不难发现,虽然还未明确提及在西部的位置,但是却契合国家战略,可谓立意高远。

尽管古代中国的政治和文化中心不断东移,但不能改变的事实是:西安一直占据重要的西北交通枢纽地位,西北城市对于我国的现代科技和文化建设均具有

---

① 国家发改委国土地区所课题组:《成渝城市群的战略定位与规划目标》,《中国发展研究》2016年第13期。

重要的意义。"西安是陇海、兰新经济带上最大的中心城市,是西北各省区通往西南、中原、华东各地的门户和交通枢纽。第二座亚欧大陆桥的开通和西安国际航空港的发展,把西安与我国东、中、西部和西亚、西欧的许多城市连接起来,利于西安与世界经济一体化进程的加快。陕西省内南北运网的不断完善及西安至安康、南京铁路的修建将强化西安的交通枢纽地位。近年,西安邮电通讯业发展迅速,横跨欧亚的光缆通信干线及其他几条国家通讯电缆等扩大了西安的国际通讯能力。"[①]近些年西安的城市发展已经印证了这一点。

其次,关中城市群的人文特色显著,丝绸之路的历史为其提供了养分。西北地区地广人稀,和人口稠密的长三角、珠三角城市群有较大的差别。其广袤的空间环境决定了这里的城市文化必然是与其他地区所不同的。从文化分布看,包括异域文化、中原汉文化、边疆地区的少数民族文化在内的多种文化交汇碰撞;从时间看,包括上古时期的伏羲文化、轩辕文化、大地湾文化,到先秦文化、三国文化、隋唐宋元文化、明清文化在内的各个历史时期的文化构成了西北城市文化的发展线索,我国主要历史时期在这里留下了文化印记。丝绸之路城市文化正是在此基础上形成的,因此,在建设现代城市群文化的时候,这些要素可以为关中城市群和西北地区提供丰厚的资源。

以丝绸之路为例。古代的丝绸之路从西北通过,与当时西北的区位特征有关。陆上丝绸之路形成于公元前 2 世纪到公元 1 世纪间,到 16 世纪一直是东西方政治、经济、文化交流的主要通道。具体可分为北、中、南三条线路,但总的来说,三条线路都要经过我国的西北地区,当时西北正是中国政治军事的重心,也是汉民族的文化发生关系的窗口地区。因此,西北地区的城市群代表了古代中外文化交流的一段重要过往,本身就具有外向型文化的特质,是古代丝绸之路文化的代表与核心地区。我们可以这么说,西北城市群的人文特质必然与丝绸之路的这种文化交融性密切相关,不妨将其概括为以丝绸之路文化为核心的融合性、外向型和多层次性城市文化。

西安不仅和丝绸之路有着深刻的文化联系,而且也是新时期"一带一路"上的重要节点城市。从西安的历史积淀来看,它是中国丝路文明、政治文明甚至是汉唐文化的缩影与核心。在这个地区,古代各种异质文化相互碰撞,形成了中古时代一道独特的风景线,中国古代社会鼎盛时期的文明成果几乎都汇聚于这片地区,这也是西北历史文化遗产中最值得称道的部分。

再次,西安的城市规划设计模式理念较为先进。在当前中国主要城市群的各类经济发展指标中,西北地区的城市群是明显滞后的,但其上升速度很快。相对

---

① 姚蓉:《西安城市国际化条件评析》,《人文地理》2000 年第 1 期。

于长三角、珠三角、京津冀等城市群的高速发展而言,西北的城市群以西安、兰州、乌鲁木齐为核心的城市群正在形成,尤其是关天经济区,虽然和东部的城市群相比仍有不小的差距,但与同处西部的成渝经济区相比,经济发展的水平略高。西北城市群的发展与中东部地区有着显著的不同,因其人口密度相对较小、自然资源丰富、历史文化背景复杂、地理环境差异大等因素,必须采取更为稳健的策略。西安"城市现代化与历史文化遗产和谐共生"①的城市发展模式是值得肯定的,具体来说就是"努力把城市现代化发展的需求和历史文化遗产保护很好地结合起来,使古代文明与现代文明交相辉映,老城区与新城区各展风采,人文资源与生态资源相互依托,走和谐共生的富有西安特色的发展之路"②。这为很多历史文化古城提供了发展的范式。

但是,与很多西北城市一样,西安也面临不少问题。比如,丝绸之路城市群其实是一个十分宽泛的概念,涉及的区域面积辽阔,文化经济状况异常复杂。从城市群规划而言,可以分成中原、关中—天水、天山北坡、兰州—西宁等若干个城市群。这里面有诸多问题有待解决:"从全国范围看,主要问题是'发展不平衡',和长三角、珠三角、京津冀三大城市群相比,目前扎堆出现的中西部城市群尽管数量已远超东部,经济总量、交通基建和人口规模也有较快增长,但整体发展水平却与前者差距很大,存在城市规划、产业发展等方面的'雷同化'与'同质竞争'问题,这不仅不利于培育城市群内部良好的城市层级和分工体系,还有可能重蹈东部发达地区'先污染,再治理'的覆辙。"③在此情况下,西北的城市群不能照搬沿海地区城市群的发展模式,必须结合自身实际走出一条新路,其中可供借鉴的就是古代丝绸之路的经济文化枢纽型城市,打好"人文"这张牌,由此才有可能形成具有现代特色、融入国家战略中的西北丝绸之路城市群。很重要的一个思路就是摆脱工业化城市群的"不可持续发展"模式,吸收其他城市群的经验教训,做好城市整体规划。让丝绸之路文化成为西北城市群的灵魂,是激活这些古老城市的钥匙。

同时也应注意到,西北各省目前仍然未能有效形成城市间的良性互动,提升城市管理水平和效率是一个关键。西北地区的城市,有的是古都,有的位于亚欧大陆桥交通线上,有的是区域中心,这些原本都是发展现代人文城市群的重要元素,但地理阻隔制约了西北城市群之间的联系。有针对性地对于生态、交通、城镇化、中心城市等问题进行合理的规划和分步骤的实施,将是西北城市群成长为现代人文城市群的枢纽。西安曾经是首都,但这段历史毕竟已经过去,现如今要好

---

① 张锦秋:《和谐共生的探索——西安城市文化复兴中的规划设计》,《城市规划》2011年第11期。
② 同上。
③ 刘士林:《中国城市群的发展现状与文化转型》,《江苏行政学院学报》2015年第1期。

好谋划作为地区中心的未来。有学者认为:"西安城市国际化应突出特色、发展重点,发挥高科技优势,加快旅游业的开发借助西安地处内陆中心的区位条件,通过西安航空港和欧亚大陆桥东伸西进,加强与西亚、西欧的联系,并分阶段逐步推进城市国际化进程。"①这也是西安走向世界的重要契机。

就整个西北城市群而言,在更高层面上,还应立足未来,以现代生态文明理念,打造绿色发展的城市文化环境,实现可持续发展。正如学者所言:"生态文明视域下的文化定位应该将历史与现实统筹兼顾,尽快建立人与自然相互和谐的关系,以生态文化取代那些违背自然规律的文化形态。"②西北的各个城市群在开发的时候,必须紧紧守住环境保护的底线,才可能建设宜居的、可持续的人文城市群。在这方面,西安完全可以率先垂范。

综上所述,在我看来,成都和西安竞争西部中心的"双城记"绝不等同于一哄而上,也不只是一个名分之争,而是西部城市群发展一次千载难逢的机遇,西安、成都完全可以遥相呼应,联动发展引领西北、西南两大城市群共同造就中国新型城镇化的未来之路。

第一,西北、西南地区丝绸之路城市群的文化资源很丰富,但还需要通过一些方式与渠道转变为现代文化资源库,实现可持续发展。其中一个突出的问题就是:西部城市文化的地区特征明显,由于交通等因素长期处于相对封闭的环境中,故此原生形态的文化要素较多,但是和东部相比,西北和西南城市相对分散难以成"群"。面对这样的实际情况,有学者提出了用不同的策略相互配套组合的方式来实现跨越式发展,即"文化资源深度开发与文化资源产业发展相结合、文化品牌打造与文化品牌市场化相结合、政府主导与市场培育相结合"③。这也是一种针对西部城市实际进行的有益探索。同时,还有学者提出了西部"主动城镇化"④,即在产业结构、空间结构、公共服务、生态环境等方面综合协调,这种思路也有利于推动西北和西南地区城市文化观念的更新,使得西部城市在规划设计层面能够做好长远的考量,避免出现其他地区过度消耗自然资源带来的各种问题。

第二,充分利用新型城镇化、特色小镇和智慧城市的建设契机,建构新的文化平台,为城市文化尽快搭建起属于自身的传播网络,这样方能完善新时期西北和西南城市文化的精神体系,使"西部文化"真正蜕变为有活力、有创造力的城市群

---

① 姚蓉:《西安城市国际化条件评析》,《人文地理》2000年第1期。
② 屈彩霞:《生态文明视域下的城市文化定位研究》,《中国名城》2014年第3期。
③ 张志荣、柴国君:《中国西部城市文化产业发展战略实证研究》,北京:经济管理出版社2014年版,第32页。
④ 任保平、马莉莉、师博:《丝绸之路经济带与新阶段西部大开发》,北京:中国经济出版社2015年版,第234页。

文化象征。西部城市的文化资源不是不够丰富,而是太过丰富,并且分布极其广阔,而西部城市又属于国内城市分布较为稀疏的地区,需要利用大数据对其精准定位。将各种文化数据进行集成和分类,针对西北、西南不同的文化特征,把西部城市文化的体系建设落到实处。同时要充分考虑西部城乡差异、西北和西南的地区差异,逐步消弭"数字鸿沟",利用智慧文化建设,积极地去建立平台,把信息弱势群体纳入这个平台中,甚至要格外关注这些群体,打破过去文化资源在分享上的不平衡。让西部城市文化与国家现代化一道,真正完成现代转换。

第三,"东西方2000多年的交往历史证明,只要坚持'丝绸之路'精神,不同种族、不同信仰、不同文化背景的国家完全可以共享和平,共同发展,这是古代'丝绸之路'留给我们的宝贵启示"①。陆上丝绸之路和海上丝绸之路在新世纪具有更加鲜明的时代特色,是中国文化走向世界的重要渠道,西部城市群文化的未来就在这一大格局之中。相比较而言,东部沿海城市群的崛起有赖于国家改革开放的政策推动,西部开发和"一带一路"的国家倡议则是西部城市群的重要动力,这是新时期西北和西南城市发展的战略背景,西安和成都的发展都不会忽视甚至错过这一历史机遇。在中国的国家现代化和民族复兴的战略中,"一带一路"更是不可或缺的一环,它不仅是我国在新时期外交新格局的关键性战略,也是西部城市再度崛起和"丝绸之路城市群"借此成为西部城市面向世界的重要资本,进而促进西北和西南地区转型升级。在这当中,还有不少可以继续思考的空间,比如关中和成渝城市群如何进行有效和科学的规划,人文城市的精神内涵如何具体体现,关中和成渝地区丝路沿线众多的城市如何进行具体文化定位等等,这都是需要我们进一步思考的。②

由此,在西部城市群文化建设中,西北、西南城市完全可以借助其区位优势起到龙头和示范作用,使得其自然环境与人文特色相结合,历史传统与现代资源相结合,区域生活形态和新型城市空间相结合,不仅可以提升城市生活质量和文化内涵,更可以使西北、西南的文脉融于现代化的城市中,打造出具有中国西部特色的人文城市群。

在"十三五"规划、城市群发展规划等这些对城市未来有着战略意义的城市设计方案中,西安和成都上演的"双城记"不仅具有良性竞争的意味,更可以为我们科学制定城市规划、明确城市群分工与定位提供一种比较研究的思路。

---

① 刘华芹等:《丝绸之路经济带——欧亚大陆新棋局》,北京:中国商务出版社2015年版,第15页。
② 朱逸宁:《丝绸之路西北城市群文化的传承与现代转换——以天水和酒泉为例》,《中国名城》2016年第4期。

# 智慧城市促进产城融合发展

## 一、我国新城新区的最新态势与问题研判

2011年以来,我国新城新区的审批被冻结以后,新城新区开始步入规范和治理新阶段。与此同时,由于城镇化的快速推进和各级政府的促进产城融合政策与工作,各地的新城新区人气渐旺,产业逐渐被拉动、带动起来,一些新城新区不仅迅速繁华,有的还出现了"城市化过度"的新问题。所以在当下谈新城新区,和七八年前已有很大区别,现在的主要问题已不是什么空城、鬼城以及要不要建或建多少,而是如何发挥出规划在建的新城新区应有的作用,使新城新区的空间、人口、产业和公共服务走向更高水平的融合发展,也可以说是如何提升新城新区城镇化建设质量的问题。

新城新区不是一朝一夕就可以建成的,对新城新区的空间治理也可以从很多方面进行。但由于新城新区的物质空间、地理边界已基本稳定,同时国家在城市建设用地严格管束的新形势下,运用以大数据、物联网、云计算等为基本手段的智慧城市理念和模式,以"信息换资源"、以"虚拟空间换真实空间"、以"信息多跑路换市民多跑路",必然成为提升新城新区的空间、土地、基础设施、人力等开发和使用效率的战略思路。过去大家就普遍认为,新城新区适合建设智慧城市,但由于一直忙着拓展规模、集聚人气和布局产业,在这个方面做得并不够好。现在这些都做得差不多了,到了深耕细作、内涵建设的时代,为信息化和城镇化、智慧城市和城市建设融合发展提供持续动能。

## 二、以大数据促进新城新区空间规划和功能调整

受老城区空间紧缺、人口拥挤等现实挑战的影响,过去我国新城新区的规划建设,主要有两大驱动要素:一是疏解老城区过于密集的人口,这使很多新城新区都是从容纳50万、100万等人口规模入手的,这一点和欧美最初建设新城的目的是一致的。二是出于发展经济和投资的强烈需要,我国不少新城新区最初都是工业园、产业园就说明了这一点,但这种需要在西方新城新区规划中就不怎么明显。由此可知,分散人口和发展经济,是决定我国新城新区规划建设最重要的两大因素。

问题在于,过去新城新区规划对人口、经济、住房、交通、公共服务的测算预期,不是建立在精准的数据上,而多是根据管理城市和发展经济的政策和战略,这就使这些预测预期普遍存在着"扩大化"或"估计不足"的问题,有时完全是南辕北辙、事与愿违,这是导致很多新城新区"交通拥堵"或"人气不足"的主要原因。依据国家新型城市建设和新城新区城市治理的需要,规划修正、空间和功能的重构和微更新等,正在成为新城新区发展的主要矛盾和问题。为了避免重蹈"跟风规划"或"拍脑袋"的覆辙,在新城新区空间治理和微更新上,应采用大数据和云计算提供的人口、产业、交通等精准信息,对城市空间、建筑布局、道路系统、公共服务等进行重新定位,引导新城新区的人口分布和产业结构调整,使已经短缺的土地发挥更大的承载和服务功能。

## 三、以新型智慧城市建设提升新城新区的管理服务能力

根据上海交通大学城市科学研究院发布的《中国大都市新城新区发展报告2015》,作为我国新城新区领头羊的大都市新城新区,最大的问题是在体制机制上"创新发展不足"。新城新区的精髓在于"创新"。在建设"创新型国家"及"创新型城市"的大背景下,集聚了高新产业、先进科技、优秀人才的新城新区,本应成为转变和创新城市发展方式的先锋队。但与数量上不断增多的现实相反,新城新区体制机制的设立和改革创新,多是已有行政部门的兼并、升级与重组,主要目的是安置各种人员,没有真正引入和建立符合新城新区性质和需要的行政体制机制,这是我国多数新城新区在管理体制上越来越僵化,缺乏应有的活力和创新力的主要原因,亟待从制度和体制上加以研究和解决。

新城新区的体制机制问题不是一个新话题,各方面也都做了不少的探索。但在一些城市发展的难点上作为不大,如房地产调控、社区管理、养老等公共服务等。从效果评估上看,大多数新城新区的政务信息化都做得比较好,对解决城市管理中长期存在的行政效率低下发挥了重要作用。这启示我们,探索和完善新城新区的体制机制,可以紧紧抓住"智慧城市"这个牛鼻子。同时,鉴于过去的智慧城市建设主要是硬件和技术产品,新城新区应在以人为本、符合新城新区发展需要的"软件和服务"上下功夫,从政务管理扩展到智慧交通、智慧安防、智慧金融、智慧物流、智慧社区、智慧家庭、智慧教育、智慧医疗、智慧养老、智慧城管、智慧文娱等领域,以建设中国新型智慧城市为目标,彻底解决信息孤岛,提高互联互通水平和智慧决策能力,实现新城新区的"看不见的城市"和"看得见的城市"比翼齐飞。

城市文献

# 大运河城市群及其对中国古代文明的影响

中国大运河不仅有漫长的河道,无数的码头、船闸、桥梁、堤坝,及沿岸的衙署、钞关、官仓、会馆、庙宇和驿站,同时也是一个独特的河流文明谱系与集群性的城市文化形态,由北京、天津、沧州、德州、临清、聊城、济宁、开封、洛阳、徐州、淮安、高邮、扬州、镇江、常州、无锡、苏州、嘉兴、杭州等 22 个城市构成。它们不是一些联系松散的单体城市,借助运河文明在水文、商业、航运等方面的共通性,它们构成了一个规模巨大的城市群,是中国古代纵贯南北的"主干大街"。

城市群是一个当代的概念,也被叫作都市群、都市带或都市连绵区。1961 年,曾任牛津大学地理学学院主任的地理学家戈特曼(jean Gottmann),发表了他的纪念碑式著作《都市群:美国城市化的东北部海岸》在书中第一次提出了"都市群"概念。都市群的英语为"megalopolis",来自希腊语的"巨大城市"。城市群是一个具有中国特色的概念,大概是由于城市化水平的不够,所以在中国人们常用的是城市群。按照相关的研究,衡量城市群的标准主要有五条:一是区域内有比较密集的城市;二是有相当多的大城市,中心城市与外围地区的经济社会联系十分紧密;三是城市间有通畅便捷的交通走廊;四是人口必须达到相当大的规模,西方的标准是 2500 万人以上;五是属于国家的核心区域,并在国际联系中起到交往枢纽的作用。抛开一些历史的因素和发展阶段的差异,运河城市可以说已构成了一个古代中国的城市群。

这可以从几个方面看。第一,区域内有比较密集的城市,是不成任何问题的。以京杭大运河为例,它的城市数量已经达到 17 座。而如果以中国大运河为例,城市的数量则扩展到 22 个。第二,运河城市之间的经济社会联系十分密切固不待言,而且其中也不乏人口超过百万的大城市。如明清时代江南的中心城市苏州,首先,它是一个具有相当规模的"特大城市","在明中叶至清中叶的三个世纪中,苏州城市有显著扩大。这个扩大同时表现为城市地域范围的扩展与城市人口的增加。苏州城市变化的主要趋势,是城市从府城内扩大到城厢附郭和郊区市镇,从而形成一个以府城为中心、以郊区市镇为'卫星城市'的特大城市"[①]。其次,以苏州大都市为中心,还形成了一种十分成熟、多层级的、可以辐射全国的古代市场

---

① 李伯重等主编:《江南的城市工业与地方文化》,北京:清华大学出版社 2004 年版,第 7 页。

经济体系,"苏州不仅是江南区域市场,而且已具有全国市场的规模,它的经济辐射力已遍及全国各地,而全国各地的商品和商人都汇集到苏州来"①。第三,通畅便捷的交通走廊更不成问题,因为大运河本身就是古代中国的一条"高速公路",使核心城市之间的往来交通十分便捷。大运河是四通八达的交通枢纽,如沈括《扬州重修平山堂记》所说:"自淮南之西,大江之东,南至五岭、蜀汉,十一路百州之迁徙贸易之人,往还皆出其下。舟车南北,日夜灌输京师,居天下之七。"尽管它与今天现代化的交通系统不能相比,但在当时已是人们可以利用的最便捷、效率最高的了。正是因为这个原因,自宋太宗雍熙四年(987年)以后,南北贸易"以陆路不便,悉从水路。……自此迄于宣和不改"。第四,从人口规模与数量上看,不仅当时的苏州、杭州、扬州都是人口超过百万的"国际化大都市",即使像临清这样如今已衰落的城市,在它的繁盛时期人口也超过了一百万的规模。第五,至于运河城市作为国家核心区域则是无须论争的。如张方平《论汴河》所说:"今日之势,国依兵而立,兵以食为命,食以漕运为本,漕运以河渠为主。今仰食于官廪者不惟三军,至于京师士庶以亿万计,大半待饱于军稍之余,故国家于漕事至急至重。有食则京师可立,汴河废则大众不可聚。汴河之于京师,乃是建国之本,非可与区区沟通水利同言也。大众之命,惟汴河是赖。"当代也有学者指出:"唐宋汴河是维系唐宋王朝繁荣的支柱。唐代中叶,转运到长安的漕粮一般每年保持在四百万石左右,北宋时仅汴河就猛增至六、七百万石的数字。唐宋两代通过汴河转运的漕粮到底有多少,难于用数字表达,每年航行在汴河上的船只成千上万,一般有六、七千只之多。从唐代中叶起,汴河就是维持唐王朝存在的生命线……是真正的交通大动脉和生命线。"②最后,大运河在当时也是重要的国际交往枢纽。如田余庆先生所说:"大运河的一端通过明州港以通海外诸国,另一段则从洛阳西出以衔接横贯亚洲内陆的'丝绸之路'。可以说,大运河起着沟通陆上'丝绸之路'和海上'丝绸之路'的巨大作用。"③

正是大运河提供的地理、交通、经济与文化联系,使运河两岸的城市自身不断做大做强的同时,也在日益深化的联系中发展为一个水平更高、规模更大的城市共同体。特别值得关注的是,像这样一个城市群对中国古代社会的重要性。作为一个在经济社会发展上直接联系南北、在文化上横贯燕赵、齐鲁、吴越、河洛等区域文化的城市群,它极大地促进了中国内部在人口、物质、信息、生活方式与价值观念等方面的交换与交流,这对于改变专制体制下日趋僵化与保守的社会与文化

---

① 陈学文:《明清时期太湖流域的商品经济与市场网络》,杭州:浙江人民出版社2000年版,第256页。
② 马正林:《唐宋运河述论》,《运河访古》,上海:上海人民出版社1986年版,第14页。
③ 田余庆:《运河访古》(前言),上海:上海人民出版社1986年版,前言第6页。

结构,使其在生态上实现多样性,在实践中走向多元化具有重要的意义。这可以从两方面加以深入地了解,首先,中国古代社会有两个基本特点,一是农业经济对自然条件与环境的高度依赖,二是社会的再生产主要以"乡土中国"为中心进行。运河文明与运河城市群则与此相反,如果说商贸性是运河文明的基本特点,那么城市经济与文化则是运河城市群的本质。这两种非农业的经济要素与文化特质一旦结合起来,必然在整体上对中国古代政治、经济、社会与文化产生重要的影响。由于运河涉及的地理、人口与文化空间巨大,使得这种影响得以在一个更加广阔的范围扩展开去,并在很大程度上改变了中国古代社会的历史进程。其次,运河城市群还直接参与了中国古代城市的建构与发展。经济史学家曾将中国城市分为"开封型"与"苏杭型",前者作为政治中心,基本上是北方大都市的象征,"工商业是贵族地主的附庸,没有成为独立的力量,封建性超过了商品性","充满了腐朽、没落、荒淫、腐败的一面",后者作为经济中心,则多半以江南大都市为代表,其"工商业是面向全国的",流露着"清新、活泼、开朗的气息"[①]。这个划分也可以用来表明中国南北城市的差异。但在运河城市群中,频繁的交往与交流使两者的区别明显弱化,甚至出现了一体化的重要征兆,突破了北方政治型城市与江南经济型城市的界限。如明代朝鲜人崔溥在《漂海录》中就将山东临清与江南城市相提并论:"繁华丰阜,无异江南,临清尤为盛。"[②]江南的生活方式正是沿着运河传播到北方城市的,如临清人喜欢使用竹器与马桶,至今还留下竹竿巷、箍桶巷这样的街名。当然,交流与影响总是双方面的,大运河也为江南城市向北方与中原学习提供了桥梁,如《隋书·地理志》谈三吴地区:"毗陵、吴郡、会稽、余杭、东阳……数郡,……其人君子尚礼,庸庶敦庞。"对"运河城市群"作仔细与全面的研究,可以改变许多以往形成的"观念"与"常识",对于深入认识中国城市与中国文化是一把重要的钥匙。

  作为人类文明中独一无二的文化遗产,中国大运河不仅应该申报世界文化遗产,更要以运河城市群及其文化形态为总体战略框架,才能更深刻与全面地展示它固有的集群优势与重要地位。这不仅可直接增加世界文化遗产的丰富性与权威性,同时也是推动运河城市群在经济全球化时代走向复兴与新生、实现自身跨越式发展的重要战略契机。

---

[①] 傅衣凌:《明清时代经济变迁论》,北京:人民出版社1989年版,第158页。
[②] 转引自刘泽贵等:《独占鳌头看临清》,《平原晚报》2005年8月10日。

# 以文化型城市群引领丝绸之路经济带

2008年初,以汉代形成的穿越中亚、翻过帕米尔高原、抵达西亚的"沙漠丝绸之路"所经路线上的重要城市为主要研究对象,上海交通大学城市科学研究院在国内外首次提出"中国丝绸之路城市群"并开展系统研究。历时7年,涵盖我国境内26个丝路城市(南阳、西安、洛阳、固原、靖远、武威、平凉、会宁、兰州、酒泉、敦煌、天水、陇西、临夏、西宁、张掖、哈密、乌鲁木齐、伊宁、吐鲁番、龟兹、阿克苏、喀什、若羌、且末、于阗)的重大研究成果《中国丝绸之路城市群叙事》完成,并提出了以丝路沿线城市为主体形态,打造空间布局合理、经济联系紧密、功能互补、交通发达、文化繁荣的"丝绸之路文化城市群"战略理念,为"丝绸之路经济带"走文化型发展道路提供理论指导和顶层设计,为国家"一带一路"战略贡献上海交通大学城市文化学派的成果和智慧。

## 一、背景与意义

### 1. 作为"世界遗产"的丝绸之路

公元前119年(元狩四年),时任中郎将的张骞二次出使西域,先后抵达大宛(费尔干那)、康居(以今塔什干为中心的游牧王国)、大月氏、安息(古代波斯帕提亚王国)、身毒(印度)等国,奠定了古丝绸之路的基本干道和框架。2000多年来,以沿线城市为主要节点的中国丝绸之路,几度兴废,灯火明灭。不仅从一开始就是一个巨型的城市共同体,也为后人留下了一笔弥足珍贵的城市文化遗产。

2010年,"丝绸之路"(silk road)中的"沙漠之路"率先启动申报世界遗产,首次由中国与中亚五国实施联合跨国申报,并在中国境内初步确定了48处遗产点。这是丝路沿线城市非物质文化遗产保护、文化产业开发以及提升城市软实力和综合竞争力的重大战略契机。2014年6月22日,第38届世界遗产大会在卡塔尔首都多哈召开,中国与吉尔吉斯斯坦、哈萨克斯坦联合提交的"丝绸之路:起始段和天山廊道的路网"获准列入世界遗产名录。

### 2. 作为"国家战略"的"丝绸之路经济带"

2013年,国家主席习近平提出"建设丝绸之路经济带",并先后写入《中共中央关于全面深化改革若干重大问题的决定》、国务院《政府工作报告》等。2014年12月,中央经济工作会议提出重点实施"一带一路"、京津冀协同发展、长江经济带三大战略,丝绸之路经济带正式上升为国家战略。2015年3月28日,国家发展改革委、外交部、商务部联合发布《推动共建丝绸之路经济带和21世纪海上丝绸之路的愿景与行动》(以下简称《愿景行动》),以古丝绸之路为基本框架的丝绸之路经济带正式进入战略实施阶段。

"丝绸之路经济带"贯穿欧亚大陆,向东连接亚太经济圈,向西进入欧洲经济圈,是实现我国经济社会文化可持续发展、主动迎击西方相关国家的战略围堵、拓展中华民族生存发展的资源空间、提升中国在当今世界的话语权的重大战略规划。形成于两千多年前、历经兴废盛衰轮回的丝绸之路,是古代世界历史上最负盛名的物质贸易和文化交流大通道,也是一个在自然资源环境、交通基础设施、生产生活方式和社会文化生态方面自洽协调、一体化程度很高的巨型城市绵延带。当今世界是城市世界,改革开放以来的中国已成长为"城市中国",《国家新型城镇化规划》明确提出"把城市群作为主体形态",这就决定了丝绸之路经济带的规划建设,必然是以古代26个重要丝路节点城市、当代中原关中、兰西、宁夏沿黄、天山北坡和青海东部6个城市群为主体形态而展开的城市化蓝图。

**3. 作为"世界遗产"和"国家战略"结合部的"中国丝绸之路城市群"**

基于特殊的自然地理环境、生产生活方式、人口与社会条件等,"一带一路"既是一个由自然地理要素和商业文化要素历史形成的文化遗产廊道,也是由古代城市遗址、城市文明形态与当代文化遗产共同建构的活态文化空间;既积淀着古代中国对外政治、外交、经贸往来和文化传播交流的历史记忆,也再现着古代南亚、中亚、西亚、欧洲等地区的社会结构、生活方式及文学艺术等,最终形成了内涵丰富、功能独特的城市文化形态。在汉代穿越中亚,翻越帕米尔高原,直抵西亚的"沙漠丝绸之路"沿线,固原、靖远、武威、平凉、会宁、兰州、酒泉、敦煌、天水、陇西、临夏、西宁、张掖、哈密、乌鲁木齐、伊宁、吐鲁番、龟兹、阿克苏、喀什、若羌、且末、于阗等骆驼商队必经的城市至今犹存,与国家主席习近平2013年提出的"丝绸之路经济带"在中国境内的部分基本吻合,成为连接历史和未来的结合部,也是今天建设丝绸之路经济带最重要的基础和支点,以及承载"世界遗产"和"国家战略"双重使命的主体功能区。

当今世界是城市世界。"丝绸之路经济带"战略的规划和实施,既涉及空间、资源与经济等基础性的硬件条件,涉及外交、行政管理和公共服务等基本的制度环境,也涉及历史、文化与人的心理世界等深层次的主体要素,而这些主要集聚在丝路沿线的城市中。《中国丝绸之路城市群叙事》以文化城市群为先进理论基础,梳理和阐释了26个丝路城市的发生演化历程、文化资源结构及当代发展路径,为丝路城市研制文化产业战略、规划文化旅游线路、策划文学影视作品以及开展城市空间改造、城市景观设计和城市形象创意提供历史人文参照系统。同时,作为国内外首次对丝绸之路沿线城市的历史和现状、政治与经济、地理与人文、社会与环境、规律与特质的系统研究,在此基础上首次提出的"中国丝绸之路城市群",既可为中西部地区新型城镇化规划建设、文化资源保护和可持续发展提供战略思路,也可为中国和丝路沿线国家和地区重建文化认同和深化政治互信提供知识服务。

## 二、框架与内容

《中国丝绸之路城市群叙事》是上海交通大学城市科学研究院"中国古代城市群系列研究计划"的第二种,也是继《中国脐带:大运河城市群叙事》之后的又一重点研发项目。目标是一卷在手,"一带"战略的全局和未来在握。

目前,与丝绸之路相关的文化研究主要有两方面:一是以历史学、考古学为核心的文史研究,并主要集中在历史考古、文献整理与阐释方面,而对作为丝绸之路核心形态的城市本身触及较少;二是即使涉及城市,也是"单体"研究多而"整体"研究少。相关研究主要以洛阳、西安等大城市为中心,而对丝绸之路的中小城市、特别是它们作为一个城市共同体的综合研究相对缺乏。实际上,无论是古代丝绸之路的形成,今天的世界遗产保护还是"丝绸之路经济带"的建设,集聚着大量人口、经济、文化遗产的丝绸沿线城市,始终是最重要的支撑体系和核心节点。在新型城镇化的背景下,这一特点和地位更加突出。

从城市群的视角看,依托于独特的地理、经济与社会条件,特别是因其特有的交通型城市文明背景,丝绸之路不仅只是一条联系东西、中外文化交流的桥梁,同时也建构了具有独特文化功能的城市形态或类型。这主要体现在三方面:从文化类型上看,与古代主流性质的农耕文化不同,丝路城市本质上是一种商埠型文化;从城市功能上看,丝路城市超越了"政治型"与"经济型"的二元对立模式,也是两者在中国古代融合得最好的城市发展模式;从生活方式上看,与安土重迁、专制保守的农业社会不同,丝路城市最可注重的是其文化的开放性与生活方式的多元化。凡此种种,使丝路城市既对中国古代社会向更高水平的发展起到重要的刺激与推动作用,又在岁月沧桑中逐渐演化为一种弥足珍贵的文化资源与文明遗产,是研究中国城市社会与文化的一个弥足重要的本土性对象。借助当代文化城市群的理论与方法,对丝绸之路城市共有的历史形态、深层机制、精神内核及其现代性转换路径等进行整体性研究,既可丰富对丝绸之路文化内涵的认识和更深刻地理解中国古代文化与历史,也可为丝路城市今天的文化建设、文化遗产保护、文化创意产业研发提供基本元素与战略思路。

从发展模式看,城市化主要分为"单体式"和"城市群"两种类型:前者的突出特征是"单打独斗""以邻为壑",对外加剧了城市之间的"同质竞争",对内激化了城市内部的"恶性博弈",往往造成区域内资源、资金和人才的巨大浪费和低效配置,并直接损害了城市社会应有的公平、正义及人的精神生态。后者是通过建立合理的城市分工和层级体系,解决区域内以"产业同质竞争、项目重复建设、空间批量生产"为特征的"粗放型城市发展模式",促进都市、城市、乡镇、农村的协调、均衡和可持续发展。自20世纪60年代以后,城市群成为城市化进程和区域发展的主流趋势。"丝绸之路经济带"的规划建设,需要沿线各城市通力合作,建构科学合理的层级分工体系。但就现状而言,与名分、资源、投资、项目、客源等相关的"单打独斗"和"恶性竞争"已经山雨欲来。以《国家新型城镇化规划》提出的"把城市群作为主体形态"为中心,以上海交通大学具有自主知识产权的"文化型城市群"为理论指导,密切结合丝路沿线城市历史文化资源丰富的优势和生态环境条件恶化、工业化程度较低等弱点,建设丝绸之路文化城市群,应成为丝绸之路经济带的战略必选和首选。

建设丝绸之路文化城市群,先要知道丝绸之路有哪些重要的城市及重要的城市文化资源。由于恶劣的自然环境和复杂的政治、战争等因素影响,曾经无比繁华的丝绸之路在20世纪以来已经破败衰落。城市衰败,文化亦然。本书从城市自然环境与城市史、城市社会与城市生活方式、城市发展的现代阐释三方面,试图寻找和重建丝绸之路上一大堆"失踪的城市",同时在叙事风格上突出两点:一是以学术研究为基础的"新知";二是以审美感受为基础的"美文"。在强调要有新理念、新知识、新体验、新阐释的同时,力图为读者提供一种喜闻乐见、通俗易懂的行文,做到思想性、学术性与趣味性的统一。藉此为建设丝绸之路经济带提供一个全面了解其历史文化风貌的简明城市文化读本。

## 三、关于写作经过与心路历程

丝绸之路的历史,大体可分为三个阶段:从丝绸在江南出现到丝绸之路在西北开通,大约经历了2000多年的艰难跋涉;从汉代丝绸之路的兴盛到明清以降走向彻底没落,大约也蔓延了2000年的跌宕时光;从1918年孙中山《建国方略》提出修建旨在贯通欧亚的乌鲁木齐到伊犁的铁路,到2013年国家主席习近平在哈萨克斯坦纳扎尔巴耶夫大学演讲时提出建设"丝绸之路经济带",又是一百多年的蹉跎岁月过去。这历史上近四五千年的光阴,还有今天丝绸之路经济带所辐射的近30亿人口,使丝绸之路这个话题,不能不显得过于深沉、厚重,甚至是庄严和神圣。

和丝绸之路的历史一样,本书的写作也是一波三折。2008年初,我们团队开始和丝绸之路结缘。当时《中国脐带:大运河城市群叙事》刚出版,反响很好。受其鼓舞,我们很快拟定了研究中国古代城市群计划,主要意图是系统梳理中国古代的区域城市资源,为当代城市群的规划和建设提供历史人文参照。而首先进入视野的是长三角、珠三角和京津冀三大城市群,并由于研究过江南文化的缘故而首先启动了"江南城市群"研究。与此同时,丝绸之路申遗的声音已此起彼伏,我们的目光也随之被引向与江南很不相同的西北大漠。直到一天突然开悟:既然已做了大运河城市群这"东南一纵",为什么不再做一下丝绸之路那"西北一横"。于是,调整计划,兵分两路,开辟了"江南城市群"和"丝绸之路城市群"两个战场。

但和丝绸制作、丝绸之路开通一样,在接下来 6 年多的日子里,与江南城市群研究的顺风顺水相比,"挺进大西北"的进程十分艰难,不仅很多城市都已湮灭,文献资料零碎不全,而且由于地理、社会和人文的差别很大,阐释与解读也时有无处置喙之感。计划中那壮阔苍凉浩瀚的 26 个城市,很快成为令人心烦意乱的学术鸡肋,研究过程几度中断。"到底能不能做完""最后能做成什么样子",大家越来越没有把握和信心。

在困顿和疲惫中真正帮助我们坚持下来的,除了西域本身巨大的魅力和吸引力,还有两个极其特殊的当代重大事件。

2010 年,"丝绸之路"中的"沙漠之路"率先申报世界遗产,并首次由中国与中亚五国实施联合跨国申报。文化产业,信息先行。由于信息缺乏、研究不足而导致的决策失误,很多申遗城市不仅负债累累,同时"建设性破坏"也日趋严重。基本的信息参照、深入的学术论证、创造性的现代设计与前瞻性的战略规划,是降低申报成本、规避发展风险及实现文化遗产可持续发展最重要的前期工作与准备。这个想法激励我们努力前行。但由于实际中遭遇的困难和障碍很多,此后就一直处于山重水复和忧欣交替中。

就在团队颇感"英雄气短"之际,"一鼓作气"的时刻终于来临。2013 年 9 月 7 日,国家主席习近平在哈萨克斯坦纳扎尔巴耶夫大学作重要演讲,首次提出了建设"丝绸之路经济带"的战略构想。而"丝绸之路经济带"在境内的主体形态,和我们研究的"丝绸之路城市群"基本吻合。这使我们深刻意识到手边这项寂寞困顿工作的价值和意义,也极大地鼓励了我们重整旗鼓,以弘毅精神奋力前行,并在 2014 年暑期完成此役,在城市研究中再一次实现了自我超越。

尽管本书的研究对象限于国内,不包括其他国家的丝路重要节点城市,整个研究也有"书被催成墨未浓"的痕迹,但作为首次对我国丝路城市的系统梳理和研究,我们的心血和寂寞都不会落空。在世界城市化的大背景下,要建设丝绸之路经济带,最起码需要知道古代丝绸之路有哪些重要城市,它们的历史和现状、政治与经济、地理与人文、社会与环境等,唯此才能做到有的放矢。而为了更好地和丝路沿线国家和地区进行对话与交流,也需要先知道丝绸之路城市的普遍规律和特点,以此为基础探索重建文化认同的路径。最重要的是,在丝绸之路研究中,我们使用的是具有自主知识产权的"文化城市群"理论,这与丝绸之路经济带的主要性质是经济和人文,也可以说是天作之合。我们既希望以此来纪念和缅怀那些为开辟和疏通丝绸之路而奋斗牺牲的无数先烈前贤,同时也希望它能够为即将大规模开展建设的丝绸之路经济带尽一份绵薄之力。

(刘士林等著:《中国丝绸之路城市群叙事》(ISBN978-7-5473-0812-7),上海:东方出版中心2015年8月第1版,600千字,1000余幅照片)

# 向全球化的世界讲述中国海上丝绸之路城市故事

## 一、概述

从陆地到海岸,从西北到东南,刘士林团队推出《中国丝绸之路城市群叙事》姊妹篇——《中国海上丝绸之路城市廊道叙事》。

历时三年,芰夷频仍,融合城市科学理论、精美诗性话语和深沉文化情怀,遍寻文史图册,深切城市文脉,叩问兴替原始,谋划复兴大略,生动讲解和阐述27座节点城市的"前世、今生和前程",在城市时代的人类世界中接续中国海上丝绸之路的旧都新命。

日月之行,若出其中;星汉灿烂,若出其里。

在辽阔壮丽的中国海陆版图上,自东北至西南,依次布列着大连、天津、烟台、蓬莱、青岛、南京、扬州、苏州、上海、嘉兴、湖州、杭州、宁波、泉州、福州、厦门、漳州、高雄、汕头、深圳、香港、广州、澳门、湛江、海口、三亚、北海27座名都名城,它们共同构成了本书籍以追溯过往、阐释当今和展望未来的对象。本书立足于"文化城市群"理论,一方面,通过历史与人文、古代与现代、海内与海外、政治与经济等多方面的梳理和研究,努力还原古代海上丝绸之路城市的真实发展历程。另一方面,按照"一个人的生命史"的方式再现"一个城市的发展史",用生动的历史情节讲述城市故事和阐释其精神。作为上海交通大学城市科学研究院"中国城市群研究计划"又一核心产品,《中国海上丝绸之路城市廊道叙事》与《中国丝绸之路城市群叙事》堪称丝绸之路城市史研究的双璧,主旨在于为普通读者深入了解海上丝绸之路提供一个"城市读本",同时也为国家在"一带一路"战略中"重建文化认同,连接古今中外"提供支持。

## 二、学术历程:十年辛苦不寻常

从2007年开始,上海交通大学城市科学研究院拟定了"中国城市群研究计划"并一步一步坚毅地走到今天。十年之后,回顾一下,积累已有不少。古人说:"桃李不言,下自成蹊",仅开一个简单目录如下:

在城市史方面,主要有《中国脐带——大运河城市群叙事》(2008)、《中国丝绸之路城市群叙事》(2015)、《江南城市群文化研究》(2015)。

在当代城市群与区域方面,主要有《广西北部湾经济区文化发展研究》(2009)、《广西西江经济带文化发展研究》(2011)、《广西桂西资源富集区文化发展研究》(2012)、《中原文化城市群建设研究》(2013)等。

在研究项目方面,主要有《长江经济带三大城市群比较研究》(国家发展和改革委员会发展规划项目,2016);《丝绸之路经济带城市发展战略研究》(上海高校智库内涵建设计划,2016);《中外城市群比较研究对京津冀一体化发展的启示研究》(首都师范大学文化研究院重大研究项目,2015);《长三角城市群四维文化体验创意与图像支持系统研究》(上海交通大学文理交叉项目,2014);《中国城市群发展指数研究》(上海交通大学文理交叉专项基金项目,2011);《江南城市群的历史源流与都市文化研究》(教育部哲学社会科学研究后期资助重大项目,2010);《世博会与京杭大运河自驾游房车游线框架研究》(上海市决策咨询研究课题项目,2008);《长三角世博主题体验之旅》(长三角城市经济协调会专题合作项目,2008)等。

在文章发表报告发布上,主要有《从大都市到城市群:中国城市化的困惑与选择》(《江海学刊》2012年第5期);《城市群的全球化进程及中国经验》(《学术界》2012年第6期);《城市群的中国经验及中西比较》(《文汇报》2012年10月22日文汇学人B版);《我国城市群发展面临的挑战》(《人民日报》2013年7月14日5版);《"把城市群作为主体形态"》(《文汇报》2013年12月19日第5版);《明清江南城市群研究及其现实价值》(《复旦学报》2014年第1期);《城市群:未来城镇化的主平台》(《光明日报》2014年6月3日11版);《中国城市群的发展现状与文化转型》(《江苏行政学院学报》2015年第1期);《追寻失踪的丝绸之路城市群》(《光明日报》2015年5月12日10版);《关于我国城市群规划建设的若干重要问题》(《江苏社会科学》2015年第5期);《城镇化"主体形态"如何协调发展——我国城市群的发展现状与对策》(《光明日报》2016年5月4日10版);《城市群不是简单的经济群——刘士林教授在南京市委党校的演讲》(《解放日报》2016年5月24日15版)等。

特别是在城市科学研究、指标体系研发、数据库建设基础上发布的《中国城市群发展年度报告》(已出版三种为《城市群蓝皮书:中国城市群发展指数报告(2013)》《中国城市群发展报告2014》《中国城市群发展报告2016》),目前研究对象拓展到京津冀、长三角、珠三角、成渝、中原、山东半岛、武汉城市圈、环长株潭、环鄱阳湖9个城市群,涉及城市总数达到118个。该报告以城市人口指数、城市经济指数、城市生活指数、城市文化指数和城市首位比指数为5个一级指标,已成为国内外了解中国城市群发展趋势、评价中国城市群规划建设的重要参照。

## 三、《中国丝绸之路城市群叙事》姊妹篇

早在东晋时期,法显就从陆上丝绸之路到达南亚诸国,又从海上丝绸之路回到中国;13世纪威尼斯旅行家马可·波罗,也是从陆上丝绸之路来到中国,又从海上丝绸之路回到意大利。

1877年德国地貌学地质学家李希霍芬提出丝绸之路之说,指代中西陆上通道;在此基础上,法国汉学家沙畹提出海上丝绸之路之说,指代中外海上通道。丝绸之路从陆海两方面实现互联互通,成就了世界性的贸易网络,在人类文明与文化史上的意义是无与伦比的。

丝绸之路是一个有中国特色的全球性文化符号,代表着中国连通东西、走向世界的历史:政治上和平交往、经济上共同繁荣、文化上跨区域交流、个体上自由与传奇;丝绸之路寓意着友好、融合、交流和对话,是人类历史上规模最大的文化线路,并得到了全世界的广泛认同。

2008年年初,上海交通大学城市科学研究院运用具有自主知识产权的"文化城市群"理论,启动了中国陆上丝绸之路城市群研究,以当代城市群研究为先进理论基础,全面介绍中国陆上丝绸之路沿线26个主要城市的沿革与兴衰、社会与文化、文学艺术创造等。在此期间,中国国家主席习近平在出访中亚和东南亚国家期间,先后提出共建"丝绸之路经济带"和"21世纪海上丝绸之路"的重大倡议,得到国际社会的高度关注。国务院总理李克强参加中国—东盟博览会时强调,铺就面向东盟的海上丝绸之路,打造带动腹地发展的战略支点。2015年3月28日,国家发展改革委、外交部、商务部联合发布了《推动共建丝绸之路经济带和21世纪海上丝绸之路的愿景与行动》。2015年,《中国丝绸之路城市群叙事》完成并出版,因顺应了中国"文化强国"的时代要求,符合国家提出的"一带一路"发展战略,在社会上引起了极大的反响。

此后,上海交通大学城市科学研究院很快将目光转向了中国海上丝绸之路。

海上丝绸之路是陆上丝绸之路的延伸,但运输的商品、路径、方式及体现出来的文化精神,与陆上丝绸之路相比却有着很大的不同。陆上丝绸之路自中国出发的货物,主要是质量较轻的丝绸;海上丝绸之路自中国出发的货物,已经变成丝绸、茶、瓷器、金、银、书籍等大宗货物。海上丝绸之路通过船只在海上航行,航线更为自由,路径比陆上丝绸之路更多。在海上丝绸之路上所形成的城市廊道,也比陆上丝绸之路更为壮观。中国的丝绸之路文化,可谓"花开两朵";而海上丝绸之路,在一定程度上代表着半部中国城市文化史。

同样是基于"文化城市群"理论,以古代海上丝绸之路重要节点——港口城市为对象,进行历史与文化、古代与现代、海内与海外、政治与经济等方面的梳理和

研究,还原古代海上丝路的发展历程,理清其重要节点城市的历史文化资源与深层结构,探寻沿线城市发展的普遍规律,为"重建文化认同,连接古今中外"提供知识和思路。

## 四、向世界讲述中国海上丝绸之路城市故事

讲好中国海洋故事。其重要任务是要讲好海上丝绸之路。海上丝绸之路是古代中国与世界其他国家和地区进行经贸往来和文化交流的海上通道,是陆上丝绸之路的延伸,海路运输的商品与陆路相比更加多元化。主要有东海航线和南海航线,东海航线主要是前往日本列岛和朝鲜半岛,南海航线主要是通往东南亚及印度洋地区。古代中国人下东洋、下南洋、下西洋,留下了无数精彩纷呈的故事,郑和七下西洋更是一件国际盛事。

《中国海上丝绸之路城市廊道叙事》各章分叙一个城市。每章将以一个最具象征性的事件、事物、人文细节开始讲述,体现出一种"从头开始说"的气魄;其后在呈现整体地理面貌的前提下,将"细节放大",以强烈直观的方式形成城市总体印象;坚持"历史叙事情节化"的原则,把"一个城市"的发展史写成好像"一个人"的生命史;围绕城市风俗和生活方式等内容来写,给人以鲜活的感受;突出城市人物以及其中蕴涵的城市精神,以城市个体的命运为中心去阐释城市的命运;介绍重要的文化典籍、学术流派、艺术流派、民间艺术的源流等,写出城市文化的厚重感;通过"深描"的方式展示该城市在整个城市廊道中的构造意义,具有文化区域整体有机感;注重城市间的大交通,突出以海上交通为优势进行经济、文化、宗教方面交流的特点;精选古代的城市地图、古代海上航线图、古代生活风物图片、人物图像与古籍书影等,做到图文并茂。

突显沿海城市性格。海上丝绸之路所代表的中国海洋文化,最突显之处是冒险精神。中国传统的农耕文化守土意识特别强,扎根土地、安土重迁,顺其四时、自给自足,文化的骨子里就缺乏冒险精神。西汉的张骞冒着外敌威胁、流沙覆盖、道路不明等危险,开辟了直达西域的丝绸之路,"不入虎穴焉得虎子"的冒险精神被广为赞颂。但张骞的"凿空",是有"路"可循的,之前的丝绸之路已经以"节节相连"的方式,被沿途的行旅们一一贯通;之后的丝绸之路也以"互联互通"的方式存在,每过一个国家或城市都需要"通关文牒"。与之相比,海上丝绸之路的冒险,是"御风而行",行进在水里而非陆上,以直通而非间接的方式,直接到达沿岸或彼岸国家和地区的经济核心地区。

海上丝绸之路所代表的中国海洋文化核心在于市场意识。海外市场奇货可居,海上丝绸之路不计风险地去开拓,主要目的是为了寻求巨额的经济利得,这有助于沿海一带市场与港口城市的形成。城市是商业和人口集聚的地方,也是市

的所在。陆上丝绸之路所历经的城市,往往是山川险阻、城墙护卫、重兵把守,因而政治文化异常发达,政治攫取了绝大部分的经济利得。海上丝绸之路所历经的港口城市往往是物产丰富、河海相连,商业文化比较繁盛,冒险行为有利于通过市场交易获得超额收益。丝绸之路与海上丝绸之路促进了各自城市群(廊道)的兴起和繁荣,相较而言,陆上丝绸之路的城市大多是政治型的,易随政治的兴衰而兴衰,曾经许多繁盛的城市已湮灭在历史的尘埃之中;海上丝绸之路的城市大多是工商型的,亦随着市场的发展而发展,如海上丝绸之路的繁荣就促进了中国江南地区市场经济的发育和资本主义的萌芽。

探索和谐共荣精神。海上丝绸之路所代表的中国海洋文化,还在于宗教信仰。从事海上丝绸之路贸易,存在着极大的人身和财物风险,光有巨额经济利得的外在驱动是不够的,还需要有内在的坚定信仰。海上丝绸之路不仅是旅人与货物的通道,还是佛教、伊斯兰教、基督教等宗教进入中国的重要渠道。佛教从印度传入中国,有学者认为最早藉丝绸之路,也有学者认为最早藉海上丝绸之路。东晋的法显为求佛法,从丝绸之路到达印度,并由海上丝绸之路到斯里兰卡并返回中国。普陀山扼守海上丝绸之路东海航线,"苦海常作渡人舟"的观音信仰,可谓影响深远。伊斯兰教、基督教等宗教也随海上丝绸之路传入中国。妈祖作为中国的海神,源于海上丝绸之路起点城市泉州,所形成的妈祖信仰是中国最有代表性的一个民间信仰,并远播海外。

海上丝绸之路所代表的中国海洋文化,集中体现在文化的多元。中国传统文化里有浓厚的"家乡情结""家国观念",随着海上丝绸之路的不断拓展,更多中国人远离家乡,侨居异国他乡,成为华人华侨,这一方面传播了中国文化,一方面也拓展了中国的心胸。与此同步,阿拉伯等国家和地区的许多商人也通过海上丝绸之路来到中国并定居中国。这种人员交流是双向的、和平的,体现了一种"和而不同"的开放融合精神。传统观念认为中国在唐朝时期文化是最包容的,日本的遣唐使和鉴真大师的东渡可作为明证,而这正是海上丝绸之路发展的结果。其后,意大利旅行家马可·波罗在元朝为官并通过海上丝绸之路返回故乡威尼斯,明朝官员徐光启向意大利传教士利玛窦学习西方科学技术,并将德国传教士汤若望作为自己修订崇祯新历的助手,海上丝绸之路所形成的和平、开放、融合精神不可低估。

## 五、《中国海上丝绸之路城市廊道叙事》的写作风格

与陆上丝绸之路相比,海上丝绸之路沿线城市,数量更多,线路更长,规模更大,许多城市相对独立,海洋起到了通道和阻隔的双重作用,为此我们在国内外首次将之命名为"城市廊道",主要包括大连、天津、烟台、蓬莱、青岛、南京、扬州、苏

州、上海、嘉兴、湖州、杭州、宁波、泉州、福州、厦门、漳州、高雄、汕头、深圳、香港、广州、澳门、湛江、海口、三亚、北海等港口城市先后兴起，形成了一道蔚为壮观的中国海上丝绸之路城市廊道。其中，泉州被联合国教科文组织确定为海上丝绸之路的起点，宁波是中国海上丝绸之路东海航线的中心城市，广州是中国海上丝绸之路南海航线的中心城市。

同时，与《中国丝绸之路城市群叙事》一书相比，《中国海上丝绸之路城市廊道叙事》所写城市，不仅个个存活下来，而且越来越具有发展活力。而这就是海上丝绸之路所代表的经济型城市，与陆上丝绸之路所代表的政治型城市，在历史文化命运上的最大不同。

最后，由于篇幅等原因，中国海上丝绸之路城市廊道中的一些城市，比如被列入首批海上丝绸之路申遗城市的莆田、丽水、江门，被列入中国沿海开放港口城市的秦皇岛、连云港、南通、温州，并不在列。在写作过程中，发现许多作者更了解这些城市的大陆文明，而对其海洋文明有所疏离，这从另一个侧面证明中国海洋文化长期以来被严重遮蔽了，连知识界也不例外，从而也印证了本书的可贵。这些缺憾，我们希望在日后的研究中进一步补充和完善。

（《中国海上丝绸之路城市廊道叙事》，刘士林等著，上海：东方出版中心2017年5月第1版，600千字，200余幅图片）

# 后　　记

惟日孜孜，无敢逸豫。《2017中国都市化进程报告》已告竣工。非常感慨的是，我们这本报告，在各位师友的支持和关心下，今年已走过了10个年头。

自《2007中国都市化进程报告》以来，我们不断地摸索和前进，在中国大规模城镇化背景下，希望将"都市化"进程中的重要事件和关键经验记录下来，从中找出某些重要线索，发展一些内在规律，呈现一些鲜活的案例。2010年，本报告入选教育部哲学社会科学发展报告首批建设项目，不仅给予我们最初的研究团队以巨大鼓舞，也因此获得了各界更多的关注和支持。在持续10年的研究过程中，我们形成了"记录关键要素、再现本土经验、分析内在矛盾、阐释深层结构、创新发展理念、推动城市转型"的主旨，并努力践行在琐碎和寂寞的日常工作中。

新世纪以来，中国城镇化速度大幅加快，带动了经济结构、空间布局、社会和文化结构的深度转型。2005年以后，以大都市和城市群为主体，大规模、高速度的城市化给各地带来了巨大的发展机遇，同时也带来了新的挑战。随着人口和资源的都市化，我国大都市的功能层级持续攀升，国家城镇层级体系的"塔尖"也调整为国家中心城市，在国内承担着最高层级的中心城市调控功能，在国际上肩负着树立中国城市形象和开放交流的重担。本年度主题报告即围绕"国家中心城市"展开，对目前的八个国家中心城市进行评估，并对相关问题进行研究。除主题报告之外，本年度报告的研究类型更加丰富，包括专题报告、决策咨询、调研报告、城市镜像、热点扫描和城市文献，对都市化进程中的各类问题进行了更深入的探讨，提供了更丰富的资料。各报告的主笔人如下：

**前沿观察**
协力开创中国品牌建设新时代（范恒山）
"十三五"中国城镇化仍将保持中高速增长（刘士林、马娜）
省级空间规划的问题与应对（杨滔）

**主题报告**
2017国家中心城市发展报告（刘士林、盛蓉、刘学华、王晓静、张亚军）

**专题报告**
2017中国大都市治理与公共政策报告（唐亚林）
2017中国城市群竞争力评价报告（张凡、娄羲阳、宁越敏）

2017世界设计之都创新发展报告(张立群)
2017城市科学发展趋势与全球科研实力排名报告(汤莉华)
2017世界都市文化发展报告(盛蓉)

### 决策咨询
雄安新区战略解读与主题规划(刘士林)
我国"土地财政"的成因、效应及前景(周刚志)
全球科技资源配置中心的内涵解读与经验借鉴(刘士林)
城市转型发展与宁波"东方文明之都"的建设(黄文杰、杨燚峰)

### 调研报告
从公共产品供给模式入手的社会治理创新——深圳市龙岗区"社区民生大盆菜"的经验和启示(林家彬)
农业转移人口市民化成本测算及分担机制研究——以山东省淄博市为例(张欣炜、宁越敏)
中国小城镇开发建设的现状与趋势(刘士林、王晓静、苏晓静)

### 城市镜像
武汉和郑州算不算国家中心城市?(刘士林)
找准国家中心城市战略定位 全面提升城市的综合竞争力(李庚香)
郑州建设国家中心城市的理论探索与实践进程(郑广建)

### 热点扫描
建设文化城市群,打造中国"文化高地"(李宜馨)
成都与西安:中国西部城市群建设中的"双城记"(朱逸宁)
智慧城市促进产城融合发展(刘士林)

### 城市文献
大运河城市群及其对中国古代文明的影响(刘士林)
以文化型城市群引领丝绸之路经济带(刘士林、孔铎)
向全球化的世界讲述中国海上丝绸之路城市故事(刘士林、姜晓云、孔铎)

回首十年,心潮跌宕。再次感谢一直关怀和支持我们的领导、专家学者、媒体朋友和各位读者。上海交通大学城市科学研究院城市科学研究部副主任盛蓉博士、我的博士研究生周枣为本报告的编辑、出版做了大量的琐碎工作,一并感谢。

刘士林<br>
2017年11月5日

# 上海交通大学城市科学研究院简介

上海交通大学城市科学研究院成立于2011年5月,系上海交大与国家发展改革委员会地区经济司、国家发展改革委员会城市与小城镇改革发展中心、国务院发展研究中心社会发展研究部、国务院发展研究中心信息中心、教育部社会科学司、新华社瞭望周刊社、人民日报社中国城市报等签约共建的智库机构,入选中国智库索引(CTTI)首批来源智库。院长、首席专家刘士林教授系国家"十三五"发展规划专家委员会委员、文化部文化产业专家委员会委员、光明日报城乡调查研究中心副主任。

城研院主要研究领域在纵向上涵盖了城市群、大都市、城市、小城镇和传统村落五个空间层级,在横向上涉及人文城市、都市文化、智慧城市、智慧村镇、新城新区、工业遗产、设计之都、艺术之城、城市景观、资源型城市、城镇化率预测、城市现代化等具体方面。主持发布教育部《中国都市化进程年度报告》《2016—2020中国城镇化率增长预测报告》《中国城市群发展年度报告》《中国大都市发展指数报告》《中国大都市新城新区发展报告》《全球智慧城市发展态势研究报告》《中国智慧城市发展战略研究报告》《全球城市科学研究水平发展报告》《中国城市科学研究水平发展报告》等。重要著作包括《都市文化原理》《江南城市群文化研究》《都市美学》《中国丝绸之路城市群叙事》《中国海上丝绸之路城市廊道叙事》《中国脐带——大运河城市群叙事》《中原文化城市群建设研究》《广西北部湾经济区文化发展研究》等;自主研发有《中国城镇化率分析预测系统》《中国城市群发展指数框架》《中国大都市发展指数框架》《区域城市规划实施评估指标体系》《小城镇开发评价标准体系》《智慧城市评价标准体系》《中国传统村落评估认定指数系统》等;主办"上海交通大学城市科学论坛"(春季、秋季)及多个内部闭门会议等。

上海交通大学城市科学研究院以创建"中国人文城市学派"为己任,原创理论成果包括都市化进程、中国式城市化、都市文化学、文化城市、文化型城市化、文化型城市群、人文型智慧城市、特色文化小镇、文化型传统村落等。主持或参与国家、部委多项战略规划及政策制定,研究报告多次得到党和国家领导人重要批示。